国家社科基金（15BJY099）
湖北省社会科学基金（2018183）资助
水库移民研究中心湖北省高校人文社科重点研究基地开放基金（2018KQ02）

水稻规模种植户经营效率评价及提升路径研究

刘颖 王嫚嫚 著

中国农业出版社
北京

图书在版编目（CIP）数据

水稻规模种植户经营效率评价及提升路径研究 / 刘颖，王嫚嫚著．—北京：中国农业出版社，2019.12
ISBN 978-7-109-26254-6

Ⅰ．①水…　Ⅱ．①刘…　②王…　Ⅲ．①水稻栽培—规模化经营—研究—中国　Ⅳ．①F326.11

中国版本图书馆 CIP 数据核字（2019）第 275131 号

水稻规模种植户经营效率评价及提升路径研究
SHUIDAO GUIMO ZHONGZHIHU JINGYING XIAOLÜ PINGJIA JI TISHENG LUJING YANJIU

中国农业出版社出版
地址：北京市朝阳区麦子店街 18 号楼
邮编：100125
责任编辑：边　疆　赵　刚
版式设计：史鑫宇　　责任校对：周丽芳
印刷：北京印刷一厂
版次：2019 年 12 月第 1 版
印次：2019 年 12 月北京第 1 次印刷
发行：新华书店北京发行所
开本：880mm×1230mm　1/32
印张：7.75
字数：202 千字
定价：45.00 元

摘要

现阶段，我国农村劳动力大量转移对保障国家粮食安全带来了潜在威胁：一是小农经济条件下，种粮成本上升，种粮收益逐年减少，而城镇化和工业化的快速发展，农民择业机会增多，务农机会成本上升，大量有知识、有文化的青壮年劳动力向城市及非农产业转移；二是因农村劳动力非农就业的刚性增长，我国从事粮食生产的劳动力数量和质量发生显著变化，“农民断层”问题严重，中老年人和女性成为粮食生产的主要劳动力；农业生产投入用工不足的危机渐显，农村劳动力的大量转移在一定程度上弱化了粮食生产的基础；农业劳动力结构不合理，农业从业者的科技素质降低，投入粮食生产的人力资本水平下降。但是，农村劳动力的大量转移也为我国农业现代化创造了重大机遇：发达国家的经验表明利用农业人口大幅下降所带来的历史机遇，大踏步完成农业规模化经营，能够显著提高农业收益率，实现农业现代化。可见，农村劳动力转移是我国改造传统农业，实现农业规模经营的重要历史契机。

目前，政府和主流农业经济学界已经对我国的农业生产方式基本达成共识，即突破土地分散细碎的家庭小农经营组织方式，将耕地等资源集中使用，形成规模化、集约化、区域化经营，发展家庭农场、农民专业合作社、农业专业大户等新型经营主体。发展适度规模经营，核心在于“适度”。确定“适度”的标准，关键在于“效率”。产量最大化和收益最大化分别是政府保障粮食安全与粮农追求经济收益的两个目标。两种不同目标下测算出的粮食生产效率不同，用“效率”衡量出的“适度规模”也因此出现差异。长江中下游平原是我国主要水稻产区，发展农业规模经营对保障地区粮食安全和促进农民增收意义重大。

本书以水稻种植户为研究对象，围绕“为何要提高水稻种植户的经营规模效率”“何种水稻规模种植户有效率”“如何提升水稻种植户经营规模效率”三个现实问题依次展开分析。首先，对相关文献进行梳理，结合我国农业经济发展实际，分析研究背景，确定本研究的目的及研究意义；通过综述国内外有关农业经营规模与生产效率间的关系、农业适度规模经营以及水稻经营规模效率的研究，提出本研究有待解决的问题。其次，基于宏观视角，分析长江中下游平原粮食品种构成、水稻种植比较优势的时空差异，并从劳动力要素和水稻生产成本收益等方面分析水稻生产投入产出特征；基于微观视角，从水稻生产者的个体特征、家庭经营特征以及水稻生产特征进行描述性分析，并深入剖析典型水稻规模经营案例，解析水稻种植户规模经营困境。再次，利用超越对数和C—D生产函数构建水稻种植农户投入产出模型和生产利润模型，并在不同目标下确定水稻种植的适度规模区间，同时为进一步验证适度区间的可靠性，运用DEA方法测算并比较不同目标下水稻经营规模效率，并以此确定不同目标下水稻种植的最优规模。在此基础上，构建Tobit模型和效率损失SFA模型，分析影响水稻经营规模效率的因素，同时，进一步分析水稻种植户规模经营意愿的影响因素，以此探究提升水稻规模经营的路径。最后，在总结上述研究的基础上，系统地提出提升我国水稻种植户规模经营效率的对策建议。研究的主要结论如下。

第一，长江中下游平原最主要的粮食作物是水稻，该地区水稻生产在全国占有重要地位，而中稻和一季晚稻是该地区最主要的水稻类型。当前，长江中下游平原水稻生产正处于稳定增长时期，但其产量周期性波动仍随时可能发生。与此同时，长江中下游平原各省水稻种植存在明显的差异，不同种植类型在不同省份之间显示出不同的比较优势，但湖北省能够兼顾长江中下游平原其余省份的相应生产特征，对长江中下游平原具有良好的代表性。对湖北省中稻的投入产出特征分析发现，农村劳动力向非农产业转移的趋势明显，农林牧渔业从业人员数量大幅度下降且呈现出明显的老龄化趋势、男性农业劳动力减少、受教育程度普遍较低等问题，现阶段水稻生产面临着农业劳动力数量减少且质量下降的困局，同时，中稻净利润较高且具有明显的增长趋势，其成本利润率也相对较高。

第二，水稻种植的青壮年劳动力严重偏少，中老年人是主要农业劳动力来源，水稻种植者的文化程度相对不高，兼业收入是水稻种植者在农业收入之外重要的收入来源。农户的经营耕地面积较小，仅有少部分农户的经营耕地面积达到较大的规模，耕地流转行为多发生在“熟人社会”里，以小规模流转为主，流转过程中以口头约定为主，流转期限不确定较多，耕地租金差别较大，耕地流转市场尚不健全，农民实行耕地规模经营面临的不确定性因素较多，但相比较来看，水稻规模种植户的耕地流转规模较大，流转过程中签订合同的形式也较为常见。农业机械的作用越来越重要，节省劳动力的农业技术是水稻生产技术推广的重要内容。企业资本介入农业影响了稻农利益，增加农产品附加值是提高经营收益的主要方式。规模经营效益由多种因素综合决定，经营规模并非越大越好，而应遵循适度原则。政府组织耕地流转有利于耕地规模化经营，在一定程度上避免了寻租行为，能够保护集体资产，促进耕地有序流转，但是，耕地租金价格过高，严重挤占了承租者的利润空间，对稻农的种植积极性打击较大，租期过短，既增加了招标制度的运行成本，也极大地影响了规模耕作者的长期经营计划。

第三，基于产量最大化目标的水稻种植适度规模区间同基于收益最大化目标的水稻适度种植规模区间存在着差异。运用超越对数和C—D生产函数构建水稻种植农户投入产出和生产利润模型，分别分析了水稻不同种植规模区间对水稻总产出和净利润的影响，结果表明，产量最大化目标下水稻种植适度规模最优区间为120～160亩①，次优区间为80～120亩，收益最大化目标下水稻种植适度规模最优区间为160亩以上，次优区间为80～120亩。两种目标下水稻种植适度规模最优区间不一致，但次优区间一致，为80～120亩。

第四，基于产量最大化目标的水稻经营规模效率同基于收益最大化目标的水稻经营规模效率往往存在着较大差异，但依据规模效率确定的两种目标下水稻种植适度规模区间与运用生产函数测算的结果具有一致性。运用DEA分析产量最大化目标下水稻经营规模效率的结果表明，实现水稻经营规模效率最优的规模区间是32～36亩，其次是80～90亩。运用DEA分析收益最大化目标下水稻经营规模效率的结果显示，在一定程度上扩大水稻种植规模能够增加种植收益，但是，当规模过大时，水稻生产的收益反而会下降。收益最大化目标下，实现水稻经营规模效率最优的规模区间是115～150亩。两种目标下水稻经营规模效率最优区间不一致，但是次优范围区间一致，为80～90亩，这与运用生产函数测算的结果具有一致性。

第五，对产量最大化和收益最大化两种目标下水稻经营规模效率均具有一定程度影响的因素有：文化程度、租种耕地占耕地面积的比重、总的物质投入和水稻种植单块耕地的平均面积等四个因素，因此，通过构建农民教育培训体系、增强农民规模经营能力，促进耕地集中连片流转、积极引导适度规模经营，合理配置水稻生产物质投入结构、促进农业生产服务发展等路径能够有效提升水稻经营规模效率。水稻种植面积和平均销售价格两个自变量对收益最大化目标下水稻经营规模效率具

① “亩”为非法定计量单位，1亩=1/15公顷。——编者注

有较为显著的影响，因此，通过扩大水稻种植面积，有效保障水稻销售价格、防范价格波动风险能够提高水稻种植户在收益最大化目标下的水稻经营规模效率。是否为新型农业经营主体、是否获得技术指导和对当前农业技术水平的满意度等因素对产量最大化和收益最大化两种目标下水稻经营规模效率的影响均不显著，这主要是由于现阶段农业技术推广体系尚不健全、新型农业经营主体的带动作用尚未发挥所致，因此，应该完善农业技术推广体系、培育新型农业经营主体，以促进水稻经营规模效率的提高。

第六，显著影响水稻种植户规模经营意愿的因素有：年龄、农业机械拥有数量、实际经营耕地面积、租种耕地占耕地面积的比重、对实际经营规模的满意度、对水稻销售价格的满意度等六个方面。这表明，青壮年水稻种植户、拥有农业机械数量更多的水稻种植户、实际经营耕地面积更大的种植户、租种耕地占耕地面积的比重更大的水稻种植户、对实际经营规模不满意的水稻种植户以及对水稻销售价格满意的水稻种植户等六种水稻种植户的规模经营意愿明显比其他农户更强，因此，具体可通过鼓励青壮年劳动力扩大经营规模，开展农业机械服务、提升农业生产机械化水平，优化水稻销售方式、着力保障水稻销售价格，规范耕地流转制度、积极引导适度规模经营等路径提升水稻规模经营意愿。对规模经营意愿影响不显著的因素包括：文化程度、兼业收入、家庭人口、农业生产对家庭收入的重要程度、对当前农业技术水平的满意度和对农业支持政策的满意度六个方面，这主要是由于农业支持政策对水稻规模经营的促进效应不足所致，因此，可通过转变农业支持政策实施方式、有效促进新型农业经营主体发展等路径提升水稻规模经营意愿。

本研究可能的创新主要体现在以下两个方面：

(1) 研究视角上，本研究将宏观视角的水稻生产投入产出特征与微观视角的农户水稻生产经营调研有机结合起来，将产量最大化的国家粮食安全目标和收益最大化的农民粮食生产目标统一起来，以经营规模效率为切入点展开分析。新颖的研究视角和明确的研究目标有助于提升研究结论的针对性和可靠性。

（2）研究方法上，不同于以往对农业规模效率的研究过度偏重实证分析而忽略案例研究，本研究实现了定性分析和定量分析相互补充：在定性分析上，通过对典型案例的深入解剖，分析水稻种植户的经营情景，从感性上解读水稻经营规模效率；在定量分析上，运用超越对数和C—D生产函数测算了产量最大化和收益最大化目标下水稻种植适度规模区间，同时为进一步检验结果的可靠性，利用DEA模型测度两种目标下水稻经营规模效率最优区间，并结合传统成本产粮率与成本收益率等指标确定了水稻经营规模效率的最优规模，在此基础上，构建Tobit模型和效率损失SFA模型，识别影响水稻经营规模效率的因素，并构建二元Logistic回归模型探索水稻种植户规模经营意愿的影响因素，从而为提出提升水稻经营规模效率的具体路径提供了充分的依据，这对进一步稳定水稻生产，促进水稻经营规模效率提升，进而保障国家粮食安全具有重要的理论意义和实践指导价值。

目 录

第二部分　农户水稻生产经营环境

第三部分　水稻规模经营效率评价

第一部分　导论和理论框架

第一章 导 论

一、研究背景与问题的提出

（一）研究背景

粮食作为人类生存的基础物质，关系着社会经济的发展与国家的战略安全，历来被政府高度关注。保障粮食的稳定供给是党和国家施政的重要目标。自 1999 年起，粮食连续减产，2003 年产量为 20 世纪 90 年代以来最低点，粮食产量逐年下降与粮食需求逐年增长的矛盾导致年度产需平衡缺口不断扩大，粮食产需形势开始转向供不应求。2004—2015 年，在一系列政策支持下，粮食产量实现连续十二年增产，我国粮食供求形势发生重大变化，因粮食产量不足导致饥荒的可能性大大降低，长期困扰我国的粮食问题看似得到了有效解决。其实不然，我国粮食安全面临的威胁仍然存在，并且以不同的形式日渐凸显。现阶段，我国农村劳动力大量转移对保障国家粮食安全带来了潜在威胁，但是也为促进农业规模经营创造了重大机遇。

1. 小农经济条件下，种粮成本上升，种粮收益逐年减少

当前，我国农业生产的小农经营特征仍然非常鲜明：在农地经营方面，耕地规模小而分散；在生产手段方面，农业机械化程度还不够，对农业劳动力的依赖性较强；在生产目的方面，生产的农产品以满足家庭消费为主，商品化销售较少。农业的自然特征与社会经济特性决定了粮食生产的经济收益偏低，这不利于提高粮农的种粮积极性进而影响国家粮食安全（罗静，2010）。对此，国家采取了一系列补贴政策来提高农民的种粮收益。但是，巨额的国家农业补贴对于单个小农经营者而言，也仅仅是增加了数百元的收入，想通过农业补贴实现较高水平的农业收入近乎不可能（王为农，2002）。近年来，由于化肥、农药、农用柴油等农业生产资料价格上涨和人工成本上升，农民种粮成本大幅增加，收入呈逐年下降趋势（贾贵浩，2014）。

2. 农民择业机会增多，务农机会成本上升

随着城镇化和工业化的快速发展，大量有知识、有文化的青壮年劳动力向城市及非农产业转移（Charlotte，2009；Mancinelli et al.，2010；王跃梅等，2013）。随着我国城镇化水平不断提高，工业化的快速发展，非农就业需求量持续增加，农民择业机会增多，务农的机会成本上升（徐莉，2010）。在此背景下，农业劳动力大量由农村流向城市，由欠发达地区流向发达地区（王迎春、张婧等，2013）。目前，农村劳动力大量外流尚未对我国粮食安全产生实质性影响，其主要原因在于主产区的粮食生产“内卷化”严重（黄宗智，1992），劳动力外流能够起到疏解作用。同时，技术创新和制度创新能够抵消劳动力外流带来的负面影响。而主产区粮食产出的持续上升又弥补了主销区粮食产出的下降。以上三个因素保证了我国粮食生产的总体水平不降反升（王跃梅等，2013）。我国粮食产量得以实现连续十二年增产，其根源在于现代农业中资本对土地和劳动的替代，源于不可再生能源对可再生自然资源的替代（纪志耿，2013）。就长期发展趋势而言，农村劳动力大量流出对国家粮食安全具有巨大风险。

3. 因农村劳动力非农就业的刚性增长，我国从事粮食生产的劳动力数量和质量发生显著变化

一是“农民断层”问题严重，中、老年人和女性成为粮食生产的主要劳动力。从我国农村劳动力的组成上看，粮食主产区种粮农民以中老年人和妇女为主（王迎春、张婧等，2013；张茜，2014）。蔡昉研究发现，农村剩余劳动力中40岁以上的占50%，而这个年龄段的劳动力在农业生产中就业比例竟然高达85.5%（蔡昉，2007；蔡昉，2008）。ZHU QIZHEN在山东省荣成市抽样调查显示，在所调查的农业劳动力中，女性占60.5%，远高于男性的

39.5%（ZHU QIZHEN，2011）。二是因劳动力不足导致农业生产投入用工不足的危机渐显。农村劳动力的大量转移在一定程度上弱化了粮食生产的基础：如农业基础设施建设滞后造成农业生产发展后劲不足（匡远配，2010）；农业抗灾能力下降（王跃梅等，2013）；“多熟制”主销区的复种指数明显下降，精耕细作的传统正在被放弃，粗放经营甚至撂荒现象日趋严重（王跃梅等，2013）。秦立建、张妮妮等（2011）基于安徽省的调查数据研究发现，劳动力的转移减少了农业生产用工量，降低了粮食生产的效率。当前，粮食生产弱质化、兼业化、粗放化使得家庭联产承包责任制的边际效用已经递减。土地利用率下降，或粗放耕种，或缩小粮食作物种植面积和投入，或弃耕撂荒，会引起粮食产量下降（匡远配，2010；张兴华、熊菊喜，2014）。最终，核心劳动力的流失将使土地规模经营失去发展的力量（王跃梅等，2013）。三是农业劳动力结构不合理，农业从业者的科技素质降低，投入粮食生产的人力资本水平下降（韩纪江、孔祥智，2001），加大了农业新技术、新机械、新方法的推广难度（吕新业，2003），严重地影响了农业技术进步，阻碍了农业生产现代化的推进（蔡昉，2008）。

4. 农村劳动力的大量转移为我国农业现代化创造了重大机遇

我国农村劳动力转移历程显示，通过将剩余农村劳动力转移出去，在一定程度上能够提高我国农业生产者的边际生产率（李实，1999）。农村劳动力的转移能够显著增加农民收入，促进农村经济的发展，缩小地区与城乡收入差距（林毅夫，2004；王小鲁、樊纲，2004），有利于推动现代农业的发展（白南生，1996；盛来运，2007）。梅建明（2003）研究发达国家城镇化和工业化的发展经验发现：发达国家的农业劳动力占劳动力总数量的比重随着工业化的发展不断降低。截至1980年，英国农业劳动力占劳动力数量的比重降为2.6%，美国降为3.5%，日本降为11.2%。参照发达国家历史经验，Johnson（2000）认为，农村人口向城市转移是中国城镇化和工业化的必经之路，是发展现代农业的基础。王跃梅等

（2013）认为发达国家很好地利用了农业人口大幅下降所来的历史机遇，大踏步完成了农业规模化经营，显著提高了农业收益率，实现了农业现代化。由此表明，农村劳动力转移是我国改造传统农业，实现农业规模经营的重要历史契机（陈池波、韩占兵，2013）。

（二）问题的提出

如何面对农村劳动力大量转移所造成的粮食安全威胁，又怎样把握农业现代化的发展机遇是我国政府制定农业政策的重要考量，也是农业经济学者的重大研究课题。目前，政府和主流农业经济学界已经对今后我国的农业生产方式达成共识，即突破土地分散细碎的家庭小农经营组织方式，将耕地等资源集中使用，形成规模化、集约化、区域化经营（王为农，2002；周波、万洁等，2008；张建杰、张改清等，2014；何秀荣，2016），发展家庭农场、农民专业合作社、农业专业大户等新型经营主体（黄祖辉、俞宁，2010），是解决“谁来种地”难题（姜长云，2014），保障国家粮食安全，促进我国现代农业发展的必由之路。2013 年以来，中共中央、国务院在连续四年的中央“1 号文件”中都将建设新型农业经营主体放在重要位置，并对我国发展适度规模经营提出了明确要求，为此，还制定了一系列扶持政策。

发展适度规模经营，核心在于“适度”。由于我国国土面积广博，地形地貌多变，气候环境复杂，社会经济发展水平各异，不同地区的耕地资源数量与利用方式差别很大。受之影响，各地区对于发展适度规模经营的“适度规模”各有不同认定。因此，根据实际情况来确定多少规模是“适度规模”是各地区发展适度规模经营的重要前提。确定“适度”的标准，关键在于“效率”。农业生产行为的主要目标是衡量“效率”的重要尺度。当前，我国粮食生产目标主要有两点：一是对政府而言生产更多的粮食才能保障粮食安全，因而其粮食生产目标是粮食产量最大化；二是对粮农而言获得更多的收入才能满足家庭生活需求，因而其粮食生产目标是收益最大化。两种不同生产目标下测算出的粮食生产效率不同，用“效率”衡量出的“适度规模”也因此出现差异。此时，如何确定最佳规模值得深思。又是哪些因素影响了“效率”更值得进一步研究。

长江中下游平原地跨湖北、湖南、江西、安徽、江苏、浙江、上海等7省市，其中湖北、湖南、江西、安徽、江苏既是我国主要的粮食生产省份，同时也是农村劳动力输出大省。据相关统计资料显示，2015年湖北、湖南、江西、安徽农村外出从业人员数量分别为1 119.43万人、1 502.4万人、842万人、1 850.2万人，分别占各省农村劳动力比重的43.8%、41.7%、40.2%、55.0%。由此看来，长江中下游平原一方面担负着保障国家粮食安全的重任，另一方面，农村劳动力大量流出也威胁着该地区粮食生产的长期稳定。对此，长江中下游平原稳定粮食生产的关键在于农业适度规模经营。但是，多少规模为“适度”？哪些因素影响了经营规模效率？如何提升经营规模效率？怎样保障该地区粮食生产稳定？对这些问题进行深入分析即为本研究的重要课题。

二、研究的目的与意义

（一）研究的目的

本研究以长江中下游平原水稻规模经营为主要研究对象，分别从粮食生产投入产出的宏观环境、稻农水稻生产的微观实践、水稻经营适度规模与规模效率的测算、水稻经营规模效率的影响因素、稻农规模经营的意愿及其影响因素等视角展开较为系统的研究。其研究的具体目标包括：①明晰长江中下游平原粮食的品种构成及产量波动，厘清水稻种植比较优势的时空布局、劳动力要素投入与成本收益变化等方面的特征；②明确水稻种植者的个体特征、家庭经营规模与水稻生产特征，梳理水稻生产的典型案例，探究稻农实行水稻规模生产面临的实际困难；③分别以产量最大化和收益最大化为目标，利用超越对数和C—D生产函数构建农户投入产出和生产利润模型，进而确定两种目标下的适度规模区间，同时为验证结果的可靠性，利用DEA模型分别测算在产量最大化和收益最大化两种目标下水稻经营规模效率，进而从规模效率角度分析两种目标下的最优规模；④构建Tobit模型和效率损失SFA模型，分析水稻经营规模效率的影响因素，以便为提高水稻经营规模效率提供参考；⑤分析水稻种植者的规模经营意愿，并构建二元Logistics模型分析水稻种植者规模经营意愿的影响因素，以便为推动水稻种植户实施规模经营提供决策参考。

（二）研究意义

对水稻经营规模效率的研究具有重要的理论价值和应用意义。①理论价值方面：农业规模经营是我国发展现代农业的重要理论。农业规模经营是一种生产方式，在宏观上由社会经济环境因素决定，在微观上受执行者个体特征的影响，在实施中还存在着不同的组合方式。农业规模经营不是最终目的，而是实现目标的方式。本研究分析农业规模经营的宏观环境和微观种植者特征，剖析规模经营的典型案例，并测算经营规模适度区间与规模效率及其影响因素，对丰富农业规模经营理论内容，拓展农业规模经营研究思路具有重要的理论价值。②应用意义方面：水稻是我国人民的主食，长江中下游平原是我国最重要的水稻产区之一。以该地区水稻规模经营为研究对象，深入探究水稻生产面临的问题，分析水稻种植的投入产出，测度水稻的最优经营规模，识别影响水稻经营规模效率的因素，并提出提升水稻规模种植户经营规模效率的对策，有利于促进水稻生产，稳定区域粮食生产，这些对保障国家粮食安全和促进农民增收具有积极的实践意义。

三、文献综述

基于本书的研究内容，结合国内外对农业规模经营的相关研究，从国外农业经营规模与生产效率间的关系、我国农业经营规模与生产效率间的关系、对我国农业适度规模经营的研究以及对水稻生产效率的研究等四个方面梳理相关文献，并进行文献述评。

（一）对国外农业经营规模与生产效率间关系的研究

国外学者对农业经营规模与生产效率间关系的研究开展较早，根据不同国家经济发展水平的差异，可以分为对发展中国家的研究和对发达国家的研究两种情况。

1. 对发展中国家的研究

在南亚地区的印度，1998 年诺贝尔经济学奖获得者，印度籍著名经济学家 Amartya Sen（1962）较早研究了农场经营规模与生产效率间的关系，发现农场的经营规模越大，生产效率越低。对此现象，Amartya Sen（1964）深入研究发现，随着农场经营规模的扩大，以单位耕地产出水平衡量的生产效率下降了，但是，以全要素生产率衡量的生产效率提高了。究其原因，Amartya Sen（1966）认为，发展中国家的小农家庭农业劳动力过剩，但由于农村劳动力市场的不完全，过剩的农业劳动力从事非农产业的机会较少，为了获得尽可能多的收入，小农家庭能够不计成本地投入比规模较大的农场更多的劳动用工。通过这种精耕细作，小型农场能够获得较高的单位耕地产出水平。而从全要素生产率来看，这种劳动力投入是不经济的。

在 Amartya Sen 的研究基础上，学者们又从印度的国内经济发展差异、耕地质量以及生产者特征等方面进行了研究。Deolalikar A. B.（1981）比较了 20 世纪 70 年代初期印度较为发达地区和欠发达地区的农业生产状况，发现在较为发达地区，农业生产技术更为先进，大型农场的生产效率比小农场更高，而在欠发达地区，农业生产技术较为落后，小型农场的生产效率比大农场更高。Bhalla S. S.（1988）从耕地质量的角度出发，对被调查农户进行回顾分析发现，在较小的区域内，耕地质量同质的情况下，农场经营规模同生产效率之间不存在负相关关系，但是，在全国范围内，耕地质量不同，农场经营规模同生产效率之间存在负相关关系，这表明耕地质量对农场经营规模同生产效率之间的关系具有一定影响。Newell et al.（1997）对 Gujarat 地区的 400 个农场进行调查研究后认为土地贫瘠的地区人口相对较少，大规模农场较多，土地肥沃的地区人口较多，农场的平均规模较小。由于土地肥沃地区的劳动—土地比例较高，单位土地面积能够投入更多的劳动力，因而同土地贫瘠地区相比，土地肥沃地区的土地生产效率更高，即小规模农场的生产效率高于大规模农场。Carter（1984）对 Haryana 地区的 376 户农民的生产数据研究显示，同大型农场所有者相比，小型农场所有者更加关心耕地产出，因而小型农场的土地生产率更高。

在南亚地区，学者们还对巴基斯坦、孟加拉国和尼泊尔等国家的农业经营规模与生产效率间的关系进行了研究。其中，Heltberg（1998）分析了巴基斯坦 930 户农户的农业生产数据，提出该国土地单位面积的农业净收益同经营规模之间是负相关关系。Hoque（1988）测算出孟加拉国的最优土地经营规模是 7 英亩，不足 7 英亩时，土地经营规模和生产效率间是正相关，超过 7 英亩则变为负相关。Wadud M. A.（2000）发现在孟加拉国平均地块面积更大的农户的农业技术效率更高。在尼泊尔，Sridhar Thapa（2007）发现小型农场的农作物单产很高，其主要原因在于农业基础设施建设和农业技术的使用。

在东南亚，瑞定杰、康赛优（2000）对菲律宾的研究表明，该国农业生产的最佳规模是 4 公顷，规模过小的农场生产效率比较低，而规模超过 4 公顷后，农场的生产效率则会随着规模的扩大而下降。Ana R. Rios（2005）对越南的咖啡种植农场的研究发现，咖啡种植场的规模越大，生产效率越高。在非洲，Zimmerman F. 和 Carter M. R.（1996）对西非 Sahil 地区的农场进行了研究，发现从单位面积产量看，小型农场的生产效率更高，更适合非洲的发展实际。Reardon T. 和 Kelly V. 等（1996）在卢旺达的研究也给出了相同的结论。

在巴西，Berry 和 Cline（1979）在 20 世纪 70 年代就对该国北部地区的农户调查进行了研究，发现规模在 10 公顷以下的农场单位土地面积的净收益远远高于规模在 500 公顷以上的农场。Steven M. Helfand（2003）对该国中西部地区的农场最佳规模进行了测算，发现规模在 1 000～2 000 公顷时农场的生产效率最高。此外，Steven M. Helfand et al.（2004）还分析了中西部地区的农业全要素生产率变化及其原因，他认为现代农业技术的进步，农业机械和化肥等农业生产资料的大量使用使农业经营规模与生产效率间的关系由负相关转变为正相关。

2. 对发达国家的研究

在美国，Hall B. F. 和 LeVeen E. P.（1978）研究了加利福尼亚州的农业生产，发现中等规模的农场能够较好地节约成本，从而提高经济效率。Bagi F. 和 Huang C.（1983）利用超越对数生产函数对田纳西州农户的技术效率进行了测算，认为大型农场的技术效率比小型农场的高。夏益国和宫春生（2015）对美国大型农场的数量与规模变化特征进行了分析，他们发现，面积超过 2 000 英亩[①]的特大型农场占总农场数量的比例以及占耕地面积的比例上升趋势明显，美国的耕地向特大型农场集中的趋势较为明显。

在欧洲，Helis Luik 和 Juta Seilenthal 等（2009）运用数据包络分析法研究了爱沙尼亚的粮食生产效率，他们发现粮食生产的技术效率随着政府对农业补贴金额的增加而提高。Hilde BjOrkhaug（2012）回顾了 20 世纪 60 年代挪威的农业经济发展历程，提出随着经济发展，农村劳动力向非农领域转移，挪威的农业生产规模不断扩大。James M. Mac Donald 和 Penni Korb 等（2013）回顾了法国农业发展历史，指出法国农业经历了小规模农场数量减少，中型规模农场数量增加的过程，在这个过程中，法国的总体农业竞争力得到了提高。

在日本，速水佑次郎和弗农·拉坦（2000）发现农业机械化普

① “英亩”为非法定计量单位，1 英亩≈0.405 公顷。

及是发展土地规模经营的重要条件。他们认为农业机械化水平越高，大型农场越能发挥经营优势，若取消土地制度限制，日本的耕地将会从小型农场向大型农场集中。郎秀云（2003）对日本家庭农场规模变化的变迁历史进行回顾后认为在政府的鼓励下日本家庭农场的平均规模已经明显扩大。卢荣善（2007）对日本实现农业现代化的经验进行了总结，他发现为了鼓励规模经营，日本政府对大型农场给予了高额的财政补贴，这是大型农场能够实现较高生产效率的重要原因。

（二）对我国农业经营规模与生产效率间关系的研究

自改革开放以来，我国率先在农村实施了家庭联产承包制改革，有效促进了农业生产效率的提高。对此现象，我国学者围绕农业经营规模与生产效率间的关系进行了探索，主要可以分为三种观点。

一是认为农业规模经营不利于生产效率的提高。任治君（1995）基于当时的背景，提出我国农业生产的主要目标是提高粮食产量，而实施规模经营会导致粮食单产下降，不利于粮食增产。万广华和程恩江（1996）通过实证研究表明在当时的耕地制度和技术条件下粮食生产并不存在规模效率。罗必良（2000）基于制度经济学视角，从农业的产业性质、资产专用性、组织管理费用、市场交易特征以及垄断利润等方面论证了农业并不存在显著规模经济效率。为论证上述研究成果，学者们还对不同省份展开了研究。其中，罗伊·普罗斯特曼和蒂姆·汉斯达德等（1996）对江苏省吴县的农业规模经营进行了调查，认为农业生产的规模经济效益很微小。刘凤芹（2006）对东北农村进行了研究，发现同普通农户相比，农场和种植大户并没有表现出明显的单位产量优势和全要素节约优势。贺雪峰（2011）基于对安徽省繁昌县的调查，提出小规模农户在抗风险能力、单位面积粮食产量和单位面积收益等方面都优于大规模农户。

二是认为规模经营有利于生产效率的提高。Nguyen 和 Tin

(1996) 等估算了我国水稻、小麦和玉米三种谷物的柯布—道格拉斯生产函数，他们发现耕地的平均地块面积同三种谷物的产量呈正相关关系，即扩大耕地规模能够实现规模效益。张光辉（1996）借鉴了发达国家农业发展历史经验，认为实施规模经营能够提高土地生产率，这是我国农业发展的未来趋势。张忠根和黄祖辉（1997）认为小农经济提高了农业生产的单位产出成本和交易费用，是我国农业比较收益较低的原因，实施农业规模经营是促进农业发展的重要途径。黄祖辉和陈欣欣（1998）对浙江省不同规模粮食生产者的调查显示，农业规模经营者通过使用新技术和农业机械能够提高劳动生产率，因而，农业规模经营与劳动生产率间是正相关关系。郑少峰（1998）认为对于小规模农户，适当扩大经营规模有利于农地和劳动力要素的有效配置进而使产出增加。夏永祥（2002）提出土地和资本要素的配置关系是决定要素生产效率的重要因素，在资本要素充足，农地较少的情况下，扩大经营规模能够提高成本利润率。谭淑豪，曲福田等（2003）、田传浩，陈宏辉等（2005）基于耕地细碎化视角分析了小农经营对农业生产效率的不利影响，提出促进农地流转，扩大农地经营规模能够有效提高生产效率，降低生产成本。宋伟，陈百明等（2007）以江苏省常熟市为例，分析了农户粮食生产函数，发现耕地的经营规模同单位面积产量间呈正相关关系。刘玉铭和刘伟（2007）对黑龙江的农户面板数据进行了研究，他们认为对规模农业经营者而言，大型农机具的利用效率更高，能够降低生产成本，提高生产能力，同时，规模农业经营者适应市场的能力更强，同小规模农户相比，规模农业经营者的全要素生产率更高。

三是根据对生产效率的不同定义分析农业经营规模。李谷成和冯中朝等（2010）利用湖北省农场固定观测点数据构建实证模型，基于土地生产率、劳动生产率、全要素生产率和成本利润率的视角检验了农户效率和农户规模的关系，他们的研究表明土地生产率与农户规模呈负相关关系，劳动生产率与农户规模呈正相关关系，全要素生产率与农户规模不相关，成本利润率与农户规模呈正相关关系。王建军，陈培勇等（2012）的研究也表明规模农业经营者的水稻生产单位面积净收益更高，而小型农户的水稻生产单位面积产量更高。李文明等（2015）利用全国 22 个省 1 552 个水稻种植户的调查数据研究认为，土地经营规模更大的农户，更接近于“理性经济人”的假设，其在经营行为上更加注重生产要素的配置和成本的节约，这在一定程度上能够增加粮食产出和促进粮农增收，但经营规模相对较小的农户是否满足“理性经济人”的假设，并未得到经验的支持。

（三）对我国农业适度规模经营的研究

农业的规模经营是指在农业生产过程中各种生产要素（土地、资金、劳动力和技术等）的合理规模化使用，特别是生产资料的规模化（朱颖，2012）。目前，规模经营有利于实现规模效率，提高农业经营效益已经获得主流学术界的认同。规模经营能提高经营效率主要原因集中在以下方面：一是扩大经营规模可以降低劳动成本（张忠根、史清华，2001）；二是规模经营可以降低耕地的零分碎割带来的效率损失（罗必良，2014）；三是规模经营有利于培育专业的农业生产者，通过使用农业机械代替劳动力，采用新技术、新品种、科学合理种田，能降低生产成本，增加生产收益，提高种粮收入（朱颖，2012）。土地是粮食生产中最基本的投入要素和生产资料，因而土地适度规模化是农业规模经营的基本特征（朱颖，2012；李文明等，2015；王嫚嫚等，2017）。

当前，我国对农业的规模经营只提出了“适度”原则，围绕“适度”标准，学者们进行了一系列研究，取得了较为丰富的研究成果。陈锡文（2013）认为生产者自身经营能力是决定经营规模的基础，经营规模并不是越大越好，只有适合生产者经营能力的规模才能实现资源利用最优，达到经济效益最高。郑风田（2013）根据我国各地不同的实际情况提出发展规模经营要因时因地制宜。朱启臻（2013）认为随着耕作技术的进步，耕地条件的改善，适度规模经营的规模标准会不断地提高。周应恒和严斌剑（2014）认为，农业部界定的土地适度规模标准是当地户均土地面积的10～15倍，这符合我国现阶段的实际情况。张侠和葛向东等（2002）认为影响土地经营规模的因素主要有资源禀赋、劳动者素质、生产力水平、经营环境、农业社会化服务体系、风险和不确定因素、政策性配套措施、市场发育和交通条件等社会经济因素，他们根据粮食生产环境将全国各地区分为耕地资源较丰富地区、耕地资源紧张经济较为发达地区和耕地资源不丰富且非农经济欠发达地区三类，分析了各区的农业发展方向，并提出了各地计算农业生产适度规模的方法。

对于适度规模经营的研究，除定性分析外，学者们还基于定量分析对我国不同省份的最优经营规模进行了测算。从研究时间顺序来看，相关研究有以下内容。张忠根和史清华（2001）以浙江省农村固定观察点的数据为研究对象，分析了1986—1999年农地利用结构及经营效益的变化，比较了不同规模农户的农地生产率，基于当时的生产条件及比价水平，他们认为经营规模在5～10亩的农户家庭资源利用效率最低，合适的农地经营规模应该在10亩以上。邵晓梅（2004）以鲁西北地区农村固定观察点数据为研究对象，在对粮食生产水平、农户人均收入水平以及农户投工水平三者与农地经营规模间的关系进行分别比较的基础上，分析了不同规模的农业经营效益，提出该地区经营规模在0.13～0.27公顷和0.67公顷以上的农户生产率最高。钱贵霞和李宁辉（2004）构建了农户劳动力转移模型与农户土地规模经营决策模型，并在此基础上分析了我国粮食主产区河北、辽宁、吉林、黑龙江、江苏、山东、安徽、河南、湖北和四川等10个省不同农作物的农户最优土地经营规模。

胡初枝和黄贤金（2007）以江苏省徐州市铜山区农户生产数据为研究对象，构建了多元回归模型，经过测算，他们认为以单位播种面积净收益最高为标准，农地经营的最优规模是14.17亩。侯亚南和倪锦丽等（2007）利用1984—2005年吉林省松辽平原农户的农业经营数据，通过建立人均耕地、人均经营性收入、人均纯收入和每公顷耕地种植业收入线性回归预测模型，预测出2010年、2015年以及2020年松辽平原户均土地经营规模分别为2.8公顷、

3.2 公顷以及 3.9 公顷。刘维佳和邱立春等（2009）通过构建 DEA 模型分析了辽宁省的家庭农业经营状况，他们认为，农业机械化得到充分使用的家庭农场的最优规模是 133.33 公顷。辛良杰和李秀彬等（2009）以吉林省 1 002 户固定观察农户 2004—2006 年的粮食生产数据为研究对象，运用数学方法，对土地资源利用率和农户的土地规模之间的关系进行了调查研究，他们认为农户经营土地的适度规模为 30 亩。张忠明和钱文荣（2010）分别采用相关分析法、聚类分析法和 DEA 分析法研究了吉林省 722 户农民的粮食生产数据，他们认为，当农户的经营规模在 0～0.20 公顷、0.20～0.40 公顷以及 6.67～7.73 公顷三个规模范围时，粮食的生产效率与规模效率均为最优。罗艳、王青（2012）构建 Logistic 函数模型分析了安徽省金安区农户的农业生产数据，提出该地农户的最佳经营规模为 8.40 公顷。周清明（2013）根据湖南省粮食生产的实际情况，提出该省适度规模经营的范围在 2～20 公顷。黄新建和姜睿清等（2013）分析了江西省水稻种植与当地经济发展水平，提出农业规模经营的下界规模是使农户农业生产收益与务工收入相当，为 69.53 亩，上界规模为农业生产的亩均纯收益最高，为 150 亩。罗丹、李文明等（2017）基于 3 063 户种粮户的问卷调查数据，从产出和利润两个维度分析了我国粮食生产经营的规模效应，提出从粮食争议生产层面来看，农户种植粮食的适度规模在 150～200 亩，但由于各地自然禀赋、生产方式等方面存在显著差异，不同地区不同粮食品种的适度规模应视具体情况而定。

（四）对水稻种植效率的研究

水稻种植主要集中分布在东亚、东南亚和南亚等地，在其他地区的种植较少。学者们对水稻种植效率的研究按照地域来看，可以分为对国外的研究和对我国的研究两部分。

1. 对国外水稻种植效率的研究

在泰国，Wirat Krasachat（2003）用非参数方法分析了水稻种植效率，他认为水稻种植效率低的主要原因是区域差异，水稻种植规模与灌溉条件对规模效率没有显著影响，纯技术效率低下是影响水稻技术效率低下的主要因素。Richard Y. Tao 和 Gerald E. Shively（2007）构建面板数据模型分析了菲律宾的水稻生产，他主要研究了灌溉条件和劳动力素质对水稻生产的技术效率的影响。Kelvin Balcombea 和 Iain Fraserb 等（2008）构建 DEA 两阶段模型分析了孟加拉国的水稻种植效率，他们认为耕地规模、金融支持和交易培训能够提高水稻的技术效率，劳动者年龄越高，水稻种植的技术效率越低。在韩国，Chang Hoon Lee 和 Ui Gum Kang 等（2008）探索了氮肥、磷肥和钾肥的长期施用对水稻生产效率的影响。在土耳其，Tolga Tlpi 和 Mural Yildiz 等（2009）通过构建 DEA－Tobit 二阶段模型分析水稻种植效率及其影响因素，他们认为，耕地规模和劳动者参与合作社能够提升水稻种植的技术效率，田块数量、劳动者年龄以及非农收入同水稻种植技术效率呈负相关关系。在科特迪瓦，Sherlund S. M. 和 Barrett C. B. 等（2002）分析了小农户的水稻生产技术效率，他们也认为耕地规模大的农户水稻生产技术较高。

2. 对我国水稻种植效率的研究

我国学者基于不同省份的实际环境分析了各地水稻生产效率。从省市分区来看，相关研究有以下内容。

在浙江省，陈庆根和廖西元等（2000）基于对稻农的调研数据分析了水稻生产的种植模式、经营规模和经济效益，并提出促进水稻生产的相应对策。

在吉林省，张越杰和霍灵光等（2007）基于 8 个县（市）1994—2005 年的水稻生产面板数据构建了非参数 HMB 指数模型，对水稻生产的效率变动进行了研究，在此基础上，还运用数据包络分析法探索了影响粮食生产效率的因素，他们认为技术进步水平低下、规模效率不足是导致该省水稻生产全要素生产率下降的主要原因。

在上海市，叶乐安和吴永兴等（2007）深入研究了稻农的经营规模效率，通过运用柯布—道格拉斯生产函数分析了影响粮食产量的主要因素，他们认为耕地规模的扩大不能提高水稻产量，但是能够通过提高劳动生产率增加稻农纯利润。此外，叶乐安和吴永兴等（2008）还认为粮食补贴政策对稻农的生产经营决策行为具有较大影响。

在江西省，王征兵（2011）基于农民外出务工收入分析了水稻种植的合理规模，他认为该省水稻种植的规模为32亩时，稻农能够与外出务工农户获得相同的收入。黄祖辉和王建英等（2014）运用一步随机前沿分析法研究了783个水稻生产地块的投入产出数据，提出水稻耕作面积在2公顷以上的稻农和流转入耕地的稻农能够获得较高的水稻生产技术效率，土地细碎化程度和水稻生产技术效率之间呈负相关关系。S. Feng（2008）分析了水稻生产的技术效率，发现农场劳动力的转移不会影响水稻生产的技术效率，耕地流转市场越发达，水稻生产的技术效率越高。谭淑豪和Nico Heerink等（2012）探索了耕地细碎化对水稻生产效率的影响，他们认为稻田平均地块面积对水稻生产的技术效率具有正向影响；申云和刘志坚（2012）构建Probit模型实证分析了306个水稻种植户的生产决策行为，他们认为受教育程度、农地流转价格、农户家庭收入和生产资料拥有数量是影响稻农种植决策行为的主要因素。

在江苏省，李寅秋和陈超（2011）应用改进的柯布—道格拉斯生产函数分析了450个水稻种植户的投入产出效率，他们也认同耕地细碎化同水稻生产效率之间是负相关关系。王全忠和周宏等（2013）基于2010年度农村固定观察点810户农民的水稻投入产出数据构建了超越对数生产函数模型，分析了水稻种植面积和生产要素投入间的替代关系，他们认为水稻播种面积的扩大在一定程度上能够节约要素成本。

此外，还有学者同时研究了多个省份的水稻种植情况。廖洪乐（2005）基于湖北省潜江市和江西省吉安县水稻生产数据构建了柯布—道格拉斯生产函数，他认为播种面积和水稻产量有着正相关关系，农场劳动力的老龄化对水稻生产具有负面影响。王建军和陈培勇等（2012）分析了湖南、湖北、安徽和江西四省243个稻农的生产经营状况，并比较了不同规模条件下水稻的经济效益，他们认为规模较小的稻农单位面积产量较高，规模较大的稻农单位面积经济收益较高。江松颖等（2016）运用DEA分析法测算了我国谷物的全要素生产率，研究指出我国谷物的全要素生产率增长的地区差异显著，其中，粮食主销区虽以水稻生产为主，但其规模效率偏低。在粮食主产区水稻的全要素生产率要明显较小麦和玉米更具优势。

（五）文献研究述评

综上所述，前人分别从规模经营与效率间的关系、我国农业适度规模经营以及水稻种植效率三个方面展开分析，这些研究为本书提供了坚实的理论基础和丰富的经验借鉴，也对后续研究提供了重要启示。一是任何课题都需要基于地区差异，结合社会经济环境，因地制宜展开研究。以上文献运用定性分析和定量分析方法得出了不同结论，这些研究结论成立的关键在于不同国家不同省份的社会经济发展水平不一致。例如，在欠发达地区的研究多认为耕地规模同农业生产效率是负相关关系，但是，在发达地区则是耕地规模同农业生产效率是正相关关系。二是判断生产效率的标准不同会导致研究结论产生较大差异。例如，上述研究表明，若以单位面积产出衡量，规模越大，生产效率越低；若以单位面积经济收益衡量，规模越大，生产效率越高。三是对于粮食生产效率的研究必须立足于农民的生产实际。上述文献中既有对印度、巴基斯坦、孟加拉国、菲律宾、巴西、美国等国家或地区的研究，也有对我国浙江、吉林、江西、江苏等省份的研究，这些研究的共同之处在于紧密联系了农民的实际生产行为。鉴于此，提出本书可以深入研究的方向：一是以长江中下游粮食生产的客观条件和环境为基础，运用定性分析和定量分析方法研究该地区各省水稻种植比较优势的时空差异，并根据水稻种植投入产出状况深入研究水稻生产的经济效益，这符合因地制宜的研究思路；二是衡量水稻适度经营规模问题，当前研究或以增产为标准，或以增收为目的，而规模经营问题的讨论应建立在一定的政策目标基础之上将二者兼顾才具有现实意义，对此本书将综合增产增收两种目的，测算出水稻生产的适度经营规模。

四、研究的思路、内容与方法

（一）研究的思路

由于农业的弱质性，追求经济利益最大化的“理性人”会将稀缺的资源投入非农产业，而这种行为加重了农业生产资源的稀缺性，导致作为国民经济基础产业的农业不稳，威胁着国家粮食安全。政府通过“有形的手”引导农业资源配置，促进农业规模经营，发展新型农业经营主体，对提高资源生产效率，破解农业弱质性困局，稳定农业，保障国家粮食安全具有重要意义。

基于上述理论，本书以水稻种植户为研究对象，围绕“为何要提高水稻种植户的经营规模效率”“何种水稻规模种植户有效率”“如何提升水稻种植户经营规模效率”三个现实问题依次展开分析。首先，对相关文献进行梳理，结合我国农业经济发展实际，分析研究背景，确定本研究的目的及研究意义；通过综述国内外有关农业经营规模与生产效率间的关系、农业适度规模经营以及水稻经营规模效率的相关研究，提出本研究有待解决的问题。其次，基于宏观视角，分析长江中下游平原粮食品种构成、水稻种植比较优势的时空差异等宏观生产环境，并从劳动力要素和水稻生产成本收益等方面分析水稻生产投入产出特征；基于微观视角，从水稻生产者的个体特征、家庭经营特征以及水稻生产特征进行描述性分析，并深入剖析典型水稻规模经营案例，解析水稻种植户规模经营困境。再次，利用超越对数和C—D生产函数构建水稻种植农户投入产出模型和生产利润模型，并在不同目标下确定水稻种植的适度规模区间，同时为进一步验证适度区间的可靠性，运用DEA方法测算并比较不同目标下水稻经营规模效率，并以此确定不同目标下水稻种植的最优规模。在此基础上，构建Tobit模型和效率损失SFA模型，分析影响水稻经营规模效率的因素，同时，进一步分析水稻种植户规模经营意愿的影响因素，以此探究提升水稻规模经营的路径。最后，在总结上述研究的基础上，系统地提出提升我国水稻种植户规模经营效率的对策建议。研究技术路线图如图 1-1 所示。

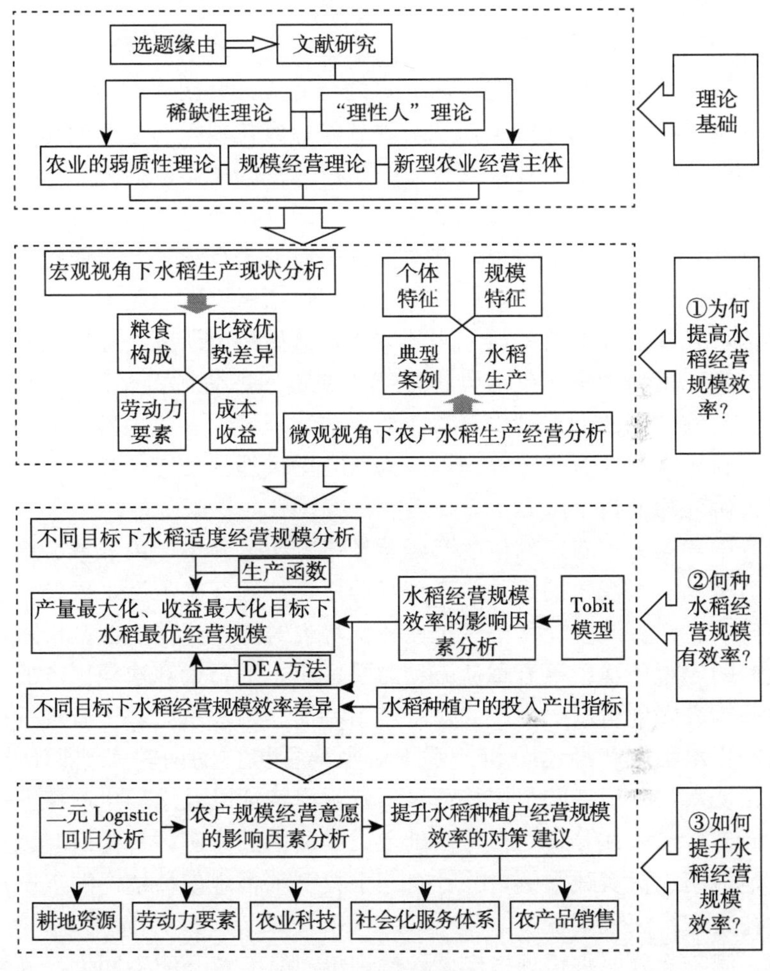

图 1-1　技术路线图

（二）研究的内容

根据本书的研究思路，全书共分为五个部分十三个章节，详细阐述水稻种植的宏观背景、微观现状、规模经营适度标准、经营规模效率及其影响因素以及规模经营的提升路径等。各部分及章节具体研究内容如下。

第一部分：导论和理论框架。其中，第一章为导论，首先分析了研究的背景并提出问题、研究目的与意义。其次，在对国内外相关文献进行梳理的基础上，从对国外农业经营规模与生产效率间关系的研究、对我国农业经营规模与生产效率间关系的研究、对我国农业适度规模经营的研究以及对水稻经营规模效率的研究等四个方面阐述了前人的研究成果，并对前人的研究进行述评，进而提出本研究所需关注的课题，在此基础上，阐释了研究的思路与本书整体结构，并简要介绍研究所采用的方法，最后指出研究可能的创新之处。第二章为理论基础与分析框架，通过回顾资源的稀缺性理论、经济学的“理性人”理论、农业的弱质性理论、农业规模经营理论以及新型农业经营主体等理论，为研究提供理论支撑，并进一步提出了研究的分析框架。

第二部分：农户水稻生产经营环境分析。其中，第三章、第四章为基于宏观视角的水稻生产现状分析，从长江中下游平原粮食品种构成、产量波动、水稻种植比较优势的时空差异等方面分析水稻生产的宏观环境。第五章从劳动力要素、土地要素和水稻生产成本收益等方面分析水稻生产的投入产出特征。第六章为基于微观视角的农户水稻生产经营分析，基于对水稻种植户的两轮实地调研资料，从水稻种植者的个体特征、经营规模特征以及水稻生产特征等方面进行描述性分析，在此基础上，以黄梅县为例，着重研究该县耕地规模经营实践案例，并针对三个典型水稻规模种植户的生产经营行为进行深入剖析。

第三部分：水稻规模经营效率评价。第七章介绍不同生产函数特征以及各函数之间的差异，为水稻适度规模经营评价提供理论基础。第八章为水稻种植户适度经营规模分析，通过超越对数和 C—D 生产函数构建水稻种植农户投入产出模型和生产利润模型，以此分析不同种植规模区间对水稻总产出和水稻生产净利润的影响，进而确定产量最大化目标和收益最大化目标下水稻种植的适度规模区间。第九章为水稻种植户的经营规模效率分析，为进一步验证第八章结果的可靠性，通过构建水稻种植户的投入产出指标体系，运用DEA方法测算并比较产量最大化目标下和收益最大化目标下水稻经营规模效率值，进而确定两种目标下水稻经营的最优规模。

第四部分：水稻规模经营的提升路径分析。其中，第十章和第十一章为水稻种植户经营规模效率的影响因素分析，在第三部分分析的基础上，构建Tobit模型和效率损失SFA模型，对产量最大化和收益最大化两种目标下水稻经营规模效率的影响因素分别展开分析，进而为提高水稻规模效率提供参考。第十二章为农户规模经营意愿的影响因素分析，构建二元Logistic回归模型，分析了农户的个体和家庭特征、耕地经营特征以及农业生产环境等三个方面的因素对农户规模经营意愿的影响，以此提出推动水稻种植户实施规模经营的路径。

第五部分：结论与建议。本部分也即第十三章为研究结论与对策建议，在全书研究的基础上，系统总结与阐述全书的主要研究结论，并从耕地资源、劳动力要素、农业科技、水稻生产的社会化服务体系以及水稻销售等五个方面提出水稻种植户经营规模效率提升的对策建议，最后，对后续研究进行展望。

（三）研究的方法

本研究以经济学理论分析为基础，宏观统计数据和微观调研资料为基本素材，注重定性分析和定量分析的有机结合，综合运用了文献研究法、实地调研法、案例分析法、比较分析法以及数理模型分析法等五种研究方法。

1. 文献研究法

本研究通过收集、阅读并整理有关我国粮食生产现状、国内外粮食规模经营效率、我国适度规模经营、水稻经营规模效率以及粮食生产投入产出状况的相关文献和统计年鉴，形成了对水稻经营规模效率研究的整体认知，并通过对文献的深入研究，确定了本研究的思路和方向，为本书的研究打下了坚实的理论基础。

2. 实地调研法

本研究有针对性地设计调查问卷，遵循随机抽样的原则，选择水稻主要产区的种植户进行了实地调研，通过开展访问座谈，获取了珍贵的一手资料，真实地了解了水稻生产主体的个体特征、家庭经营特征以及水稻种植投入产出特征，这是本研究得以顺利进行的必要条件。

3. 案例分析法

本研究以黄梅县湖田招标为典型案例对水稻规模种植效率进行了深入解剖，分别对湖田招标的运作机制、优缺点以及三个典型水稻种植户的水稻生产投入产出状况展开了详细描述，并对案例进行总结，案例分析法较为全面地展示了水稻规模种植户的生产经营模式，是本研究的重点内容。

4. 比较分析法

根据研究目的与样本特征，本研究对调查的水稻种植户数据进行整理归类并比较分析，主要包括两个方面：一是对三个典型水稻种植户的生产经营模式进行比较，以探索影响水稻生产行为决策的因素；二是对产量最大化和收益最大化两种不同目标下水稻经营规模效率进行分析，比较不同规模的水稻生产效率。

5. 数理模型分析法

本研究基于微观调研数据，运用 DEA 方法测算并比较产量最大化和收益最大化两种不同目标下的水稻经营规模效率，进而得出水稻经营的最优规模，在此分析的基础上构建了 Tobit 模型以研究水稻经营规模效率的影响因素；同时，本研究还构建了二元 Logistic 回归模型以探索影响水稻种植户规模经营意愿的因素。

五、研究可能的创新

同以往的相关研究进行比较，本研究可能的创新主要体现以下两个方面：

（1）研究视角上，本研究将宏观视角的水稻生产投入产出特征与微观视角的农户水稻生产经营调研有机结合起来，将产量最大化的国家粮食安全目标和收益最大化的农民粮食生产目标统一起来，以经营规模效率为切入点展开分析。新颖的研究视角和明确的研究目标有助于提升研究结论的针对性和可靠性。

（2）研究方法上，不同于以往对农业规模效率的研究过度偏重实证分析而忽略案例研究，本研究实现了定性分析和定量分析相互补充：在定性分析上，通过对典型案例的深入解剖，分析水稻种植户的经营情景，从感性上解读水稻经营规模效率；在定量分析上，运用超越对数和C—D生产函数测算了产量最大化和收益最大化目标下水稻种植适度规模区间，同时为进一步检验结果的可靠性，利用DEA模型测度两种目标下水稻经营规模效率最优区间，并结合传统成本产粮率与成本收益率等指标确定了水稻经营规模效率的最优规模，在此基础上，构建Tobit模型识别影响水稻经营规模效率的因素，并构建二元Logistic回归模型探索水稻种植户规模经营意愿的影响因素，从而为提出提升水稻经营规模效率的具体路径提供了充分的依据，这对进一步稳定水稻生产，促进水稻经营规模效率提升，进而保障国家粮食安全具有重要的理论意义和实践指导价值。

第二章　理论分析框架

一、基本概念界定

（一）经营规模与农业经营规模

经营规模是指生产力要素（生产所需材料、劳动力要素、配给资金等）在生产经营过程中的集中程度、配置比例、组合方式以及规制格局，是一个表示范围和数量的界限。将这个概念扩充到农业领域则代表的是一个综合概念，表示在农业生产单位中生产力要素（土地、劳动力、流动资本、固定资本）的集中程度和组合方式作用所产生的范围和数量界限。农业经营规模除了能够表示某一种投入要素的生产经营规模外，也可表示多种生产要素有效配置后的综合规模，比如耕地经营规模、资本经营规模是单一生产要素规模，粮食经营规模则是一个综合规模，土地作为粮食生产的最重要基础生产要素，当土地要素达到一定数量时，其余生产要素也合理配置，则实现粮食规模经营。本研究中，主要以水稻种植为主要研究对象，由于耕地是水稻生产中最基本的生产要素，是决定其他生产要素投入规模的基础，因此，水稻的经营规模首先由耕地资源的数量决定。故本书中衡量农业经营规模的指标是农业生产主体拥有的耕地资源数量。

（二）规模经营与农业适度规模经营

规模经营是一个严格区别于经营规模的概念，根据规模经营所涉及的主体，它可以分为内部规模经营和外部规模经营，是生产经营的一种特殊形式，指在特定的经济水平和技术服务水平下，各投入要素为获得最佳经济效益而实现最优配置的一种生产经营形式。

农业适度规模经营，是指一定的生产技术水平下，为使投入要素（土地、劳动力和资金、技术）的技术效率或经济效益达到最大，各农业生产要素的最优配置（陈飞，2015）。农业生产所需的各要素间具有一定程度的替代关系，但这种替代关系又因其在生产经营中的作用和影响不完全相同，各农业生产要素均会对农业生产效率和效益产生重要影响。生产者会根据要素的相对价格、自身资源禀赋以及生产技术水平调整要素配置比。当农业生产技术一定时，土地通常被认为是农业生产中最重要最稀缺的生产要素（万广华等，1996；Wan、Cheng，2001；许庆，2011），其他要素的投入量均以土地为准则，此时，农户所拥有的土地数量及质量共同决定农业生产规模及要素投入量。由此可得，农业规模经营是指通过耕地的合理集中，凭借现代化的生产工具，采用科学化的生产手段进行农业生产，以实现规模经济，获取最大化收益。当农业生产技术提高时，农业生产规模及其他投入要素则会形成新的配置结果。

（三）农业经营规模效益与农业经营规模效率

农业经营规模效益是指农业生产者投入的农业生产要素等比例增加时，农产品产出增加值大于投入增加值，该概念研究的是投入和产出间的关系。生产成本和价格共同决定了通过扩大规模是否能够提高经济效益。如果农业经营的规模效益能够提高，则农业生产者扩大经营规模的意愿会随之增强，这对促进农业规模经营具有重要的积极作用。农业生产者会在规模效益的刺激下，通过优化生产资料配置，扩大经营规模，实现经济利益最大化。农业经营规模效率是指在耕地规模一定的情况下，单位面积的实际农产品产量与最大潜在产量的比例，或是在农产品产量一定的情况下，耕地要素的最小潜在投入量与实际投入量之间的比例。

（四）规模报酬与规模经济

“规模报酬”和“规模经济”是用来评价规模经营的两个主要方面（张红宇，2002）。规模报酬主要强调的是生产者按照不变比例增加或者减小各生产要素的投入时，产出随之变化的状况。当产出量与各要素投入量等比例增加时，则称此种生产为规模报酬不变；当生产经营中产出增加比例大于所需各投入要素增加比例时，此种生产经营则被认定为规模报酬递增；当产出量的增加比例明显小于生产所需的各投入要素增加比例时，此种生产经营活动被认定为规模报酬递减。规模报酬强调的是生产经营过程中要素投入所带来的经济效益，偏重于价值。

规模经济是根据生产经营活动中所需的生产要素投入比例和数量的变化，对企业或者其他经营实体的规模（即生产力因素的聚集程度）进行选择和控制，并通过这种方式获得的增产或成本节约的生产行为。道格拉斯·格林沃尔德（Douglas Greenwald）将规模经济定义为“大规模生产的经济”，这意味着“在技术条件一定的某些部门中，该部门所经营的企业规模与生产经营中的要素投入产出可能达到的最低平均生产成本之间存在着一定的关系。若将企业生产设备的生产效率作为衡量企业规模的标准，那么企业生产经营的平均成本会随着经营规模的增加而降低，这种通过扩大经营规模来降低生产经营平均成本的方式被称为规模经济，当成本被下降至最低时为该生产经营活动的最低成本最适规模”。

相较于规模报酬，规模经济主要从技术角度分析研究不同生产要素组合及其带来的效率变化。但在《新帕尔格雷夫经济学大辞典》对这两个概念做出不同的解释，认为“规模经济”和“规模报酬”本质上是一个问题，只是阐述视角来源于两个不同的方面：“在特定的环境条件下（弗斯、麦克法登，1978）生产经营活动的规模收益增减在一定程度上能够等同于规模经济（或规模不经济）”。“规模经济”（或“规模报酬递增”）产生的原因较多，具体包含：生产经营活动的专业化、生产技术水平提高、行业内部管理水平上升、行业间学习效应等。

（五）适度规模经营目标

规模经营的核心在于对“度”的把握，而对度的正确把握则需要依靠合适的衡量标准。农业适度规模经营是指通过选取与经济、社会、技术、生产习惯等相适应的最佳经营规模，以实现要素优化配置及各生产环节的有效组织，从而实现规模效应的过程。规模效应目标包含两个方面，一个是通过规模经营，实现经济效益上的最适，另一个是技术视角上的最适规模，技术上的最适经营规模是指从生产效率的视角实现适度规模经营。

从农户收入水平视角，即农业生产经营的最低经营规模应该确保劳动生产者的人均收入不低于该农户所在地农户平均收入水平，这是一个简单的下限。张海亮等（1998）从劳动力转移的角度对适度规模设置了上限，认为在进行适度规模经营定量分析时，应确保农村剩余劳动力有地可种，认为适度经营规模应该小于等于集体组织耕地总面积与具有较高生产技术水平的农业生产者之比，以保障从事农业生产的农村剩余劳动力的经营面积。这也间接表明，农业经营规模与农村劳动力转移的量相关。目前关于经济效益最大化，则主要从边际产出与边际成本的视角进行分析（许庆等，2011），当各生产要素的边际产出等于边际成本时，经济效益达到最大。

关于技术视角的适度规模经营，最开始是从农户生产力水平角度进行考虑的，即土地经营规模应该符合该地区该阶段的农业生产力水平，如单位劳动力适宜耕种的最大规模，一定机械水平下的最适规模等（农业部农村改革试验区办公室）。技术效率最大化与种植环境、耕种模式、劳动力种植技术以及农户的个人特征等因素密切相关。研究影响农业生产效率及其影响因素对于提高农业生产技术效率具有一定的现实意义。

二、理论基础

（一）资源的稀缺性理论

资源的稀缺性是经济学理论的基础假设，该理论认为生产要素的供给数量总是无法满足人类的需求欲望。造成资源的稀缺性主要原因有两个：一是在一定期限内，资源数量是有限的；二是利用资源的技术水平是有限的。资源的稀缺性使得人们必须学习如何高效地分配有限的生产资源来满足无限的多样化需求，此为“经济问题”。即人类的一切活动都需要面临选择问题，如决定利用有限的资源去生产什么，如何生产，为谁生产以及在稀缺的消费品中如何进行取舍及如何用来满足人们的各种需求。经济学理论则围绕这一问题提出观点和论证。罗宾斯是将“稀缺性”引入经济学理论的第一人，他指出“经济科学研究的是人类行为在配置稀缺手段时所表现的形式”。萨缪尔森提出，承认资源稀缺性的现实存在，为了最有效地利用资源，必须研究社会如何组织。当稀缺资源具有多种用途的时候，经济主体需要做出选择，以确定资源的某一种用途，此时，这种选择的成本就是机会成本。即在资源有限的情况下，用某种资源从事某项活动就不得不放弃从事其他活动所付出的代价或丧失的潜在利益（保罗·萨缪尔森、威廉·诺德豪斯，2004）。这种代价或潜在利益是有机会从事其他活动可能获得利益最高的估价。经济问题的解决被归结为如何使得选择的机会成本达到最低。

生产要素“稀缺性”的假设同样也适用于农业生产资源，作为主要利用自然资源生产要素从事生产活动的农业来说，其受生产要素限制的因素更为严重。农业生产资源的稀缺性主要表现在三个方面。一是耕地资源的稀缺性。农业生产受地形地势条件和气候环境双重因素的制约，因此，对于某一族群或地区而言，适合从事农业生产的耕地资源是有限的，不可能随意扩大。而随着经济的发展，城镇化工业化扩张对可耕作土地不断挤占，以往用于农业耕作的土地被非农用地所替代，耕地资源供给相对减少。与此同时，因人类不合理利用耕地导致的水土流失、土壤沙化等灾害也使耕地资源数量减少。此外，人口数量的增长和生活水平的提高，人类对食品数量与质量提出了更高的要求，致使土地资源的稀缺性进一步加剧。二是农业资本的稀缺性。相较于非农产业，农业的相对效益较低，为获取更高报酬，资源所有者会将稀缺的资源用于效益更高的非农产业，因而导致农业资本的相对稀缺。基于农业资本的稀缺性现实，为保障农业生产，更需要利用好每一份农业资本，如以相对富足的要素替代相对短缺的要素，提高农业生产资源的利用水平，合理有效配置农业生产资源，提高农产品生产效率。三是农业劳动力的稀缺性。改革开放后，市场经济不断发展，城乡劳动力自由流动的限制被打破，农民外出就业的机会增多，且外出务工获得的收入高于务农收入，农村劳动力从事农业生产的机会成本越来越高。结果是农村劳动力数量大量减少，尤其是青壮年农业劳动力流失严重，农业劳动力的稀缺性愈发凸显。

（二）经济学的“理性人”理论

“理性人”理论由英国古典经济学家亚当·斯密在其著作《国民财富的性质和原因的研究》中首次提出。亚当·斯密提出，在社会和市场的各种约束下，每一个“理性人”都能够根据自身所处的实际环境做出理性判断，使其经济行为达到物质利益的最大化，而在社会环境里，参与经济活动的无数个经济主体都是为了使自身的经济利益最大化，在这个过程中，整个社会的经济福利因此增加。此后，该理论不断得到各国经济学家的补充完善，形成现今成熟的“理性人”理论。具体而言，“理性人”是指理性人完全了解自己所处的环境、具备良好的计算能力和逻辑推理能力、能够对其偏好排序，在趋利避害的原则下，面对给定的约束条件实现利益的最大化。该理论包含三个层面的经济学内涵：首先，人是自利的，由于资源的稀缺性，每个人都会选择对自己最有利的经济行为；其次，极大化原则，即在约束条件下，经济主体以幸福最大化或痛苦最小化为目标；第三，经济主体之间的自利行为存在着一致性，即单一经济主体自利行为发生的前提是该自利行为会与社会中其他经济主体的自利行为互相作用。

由于农业生产的特殊性，早期经济学家认为农户的经济行为是非理性行为，其代表人物是俄国农业经济学家恰亚诺夫。他认为农户从事农业生产的主要目的并不是为销售农产品实现利润的最大化而是为满足自身消费。在时间的约束下，农户需要选择在一定的期限内分配自己的劳动时间。一方面，由于农业生产属于繁重的体力活动，辛苦且乏味，因而对农户而言，农业生产行为具有负效用，即从事农业生产活动越多，其身体越辛苦，负效用越大。另一方面，农业生产活动能够使其获得满足生活所需的农产品，即从事农业生产活动越多，其可能获得的农产品越丰富，正效用越大。此时，农户就需要在避免繁重的劳作和获取足够满足其需求的农产品之间取得平衡，而不是经济学“理性人”在成本最小化和利润最大化之间做出选择，恰亚诺夫的理论被称为劳动—消费均衡理论。该理论认为，在满足其生活需求的前提下，农民可能为追求安逸而放弃生产资料，因而从经济学视角而言，农民是非理性的，他们的生产要素配置效率是低下的。对此观点，西奥多·舒尔茨在其代表作《改造传统农业》中进行了驳斥。他指出，在竞争的市场经济条件下，农民是“理性人”，能够根据市场需求与机会充分利用各类生产要素并使生产要素配置效率最大化，因而，传统家庭农业是“贫穷但有效率”。比较两个观点可知，劳动—消费均衡理论的潜在前提是传统农业社会中较少存在商品的自由交换，农民的生产生活资料以自给自足为主。西奥多·舒尔茨的主要前提是竞争性的市场经济。虽然两者的前提不一致，但两者对农民追求“最大化或最小化”的目的是一致认可的。由此可以认为农民是“理性人”。

（三）农业的弱质性理论

农业的弱质性从表象看是指同其他产业相比，农业在生产、流通以及消费等方面处于不利地位。造成农业弱质性的根本原因在于农业自身的属性。具体而言，可从三个方面进行解释。首先，从生产方面看，农业是人类在自然环境下通过利用生物的生长机能获取所需要的农产品的社会生产部门，其本质特征是自然再生产和经济再生产相交织。自然再生产是生物在自然环境下通过自身的新陈代谢实现的，是农业的自然基础。生物的新陈代谢活动受到自然环境诸多因素（如热量、水分、光照等）的直接影响，使农业产出具有不稳定性。经济再生产是人类在遵循自然规律和经济规律的前提下，根据自身需要，投入劳动对自然再生产进行引导与强化的过程，是农业的经济保障。由于生物生长的周期长，农业生产的劳动时间（指人类在农业生产中实际投入劳动的时间）小于生产时间（指农业的自然再生产全过程耗费的时间），农业生产劳动无法连续作业，农业劳动分工及专业化很难展开，生产效率受到影响。这种不一致还导致了农业生产要素的投入呈现出季节性，农产品收获则具有间断性，最终致使农业资金的收支不平衡。其次，从流通方面看，尽管农业生产具有季节性和周期性，但是农产品的消费却具有日常性和连续性，这种差异导致流通中的农产品价格同农产品的供求出现巨大时间差，农业生产者无法及时对农产品的价格变化做出反应。最终，在市场自由调节下，农产品的供给变化无法匹配价格波动，导致农产品供给过剩或需求不足的信号无限放大，农业经营者因无法建立起稳定的价格预期而面临很高的市场风险。此外，因农产品具有易腐性，对加工、储藏、运输和销售的要求较高，加大了流通环节的成本。再次，从消费方面看，农业为人类提供的是满足其生存必需的食物以及其他生活用品，在人类的需求层次中属于最基本的需求。这表明，作为商品的农产品需求弹性较小，一般而言，农产品的消费数量并不会随着其价格的波动出现大幅度变化。在人口数量不变的情况下，农产品的需求数量会保持在一个相对稳定的水平，即农业的市场空间相对有限。

对于农业的弱质性理论，国外学者早有研究。配第比较了不同从业人员的收入水平，发现农业劳动者的收入显著低于工业和服务业劳动者。克拉克在配第的研究基础上提出随着国民收入水平的不断提高，劳动力会逐渐从第一产业向第二产业转移再进一步向第三产业转移。库兹涅茨指出，从长期来看，农业在国民经济总产值中所占的份额会逐渐下降，农业劳动力会不断减少，而工业和服务业部门在国民经济总产值中所占的份额会不断增加，其劳动力数量也会呈增长态势。上述三位学者的分析一致表明，随着生产力的进步，工业和服务业部门的迅速发展，农业部门所占的体量会逐渐减小。因而，究其内涵，农业弱质性是指同其他产业相比，农业的比较收益较低，其根源在于自然再生产属性的农业生产行为较难进行分工，导致了农业生产率低。

尽管农业的弱质性客观存在，但是关于农业的弱质性理论，有四点需要注意（高帆，2006）。一是农业的弱质性并不是永恒的。农业的弱质性是在生产力发展背景下经济结构改变过程中，因农业同工业或服务业的生产率差异而出现的相对概念。随着农业技术的发展和农业生产组织关系的改进，农业生产率相对较低的状况将得到有效弥补。二是农业的弱质性并不是普遍存在的。由于各国资源禀赋不同，社会经济发展水平存在差异以及国家发展战略的不一致导致了各国农业弱质性程度的差别。三是农业的弱质性并不影响农业在国民经济中的基础地位。农业对国民经济发展提供了必不可缺的食品和工业原料，为工业化贡献了资本积累和劳动力资源，为工业产品的销售提供了市场。农业是国民经济的基础产业。四是农业的弱质性并不意味着要盲目地实施农业保护政策而忽视了市场机制作用。既不能夸大了农业保护政策对农业弱质性的弥补功能，也不能忽视了市场机制对农业生产率的引导提高作用。要破解农业的弱质性困局，应从以下两方面着力：一方面，要促进农村劳动力向非农产业转移，引导农业生产要素有序集聚，扩大农业生产规模，提高农业经营的集约化、规模化水平。另一方面，大力发展种植大户、家庭农场以及农民合作社等新型农业经营主体，提高农业生产的专业化经营水平。

（四）比较优势理论

比较优势理论最初是由大卫·李嘉图于 19 世纪在《政治经济学及赋税原理》一书中提出的，至今已经是经济学中特别是国际贸易领域运用最广泛的理论之一。李嘉图的比较优势的理论模型如下：假设两国各自生产两种产品，并只使用一种生产要素（如劳动），即使一国生产的两种产品都比另一国具有绝对劣势（如所耗费的劳动都要多于另一国），但只要劣势国生产的两种产品的劣势程度不同，一个劣势较大，一个劣势较小，则这个国家在劣势较小的产品生产方面拥有比较优势，优势国则在优势较大的产品生产方面拥有比较优势。如果贸易国双方均专业化生产且大量出口该国具有相对优势的产品，进口具有相对劣势的产品，贸易参与双方均能够从贸易活动中获益，且利益总和大于两国各自生产两种商品且不贸易的情况。

20 世纪以来，比较优势理论得到了发展。赫克歇尔和俄林在李嘉图比较优势模型的基础上，提出了使用多种生产要素（如劳动、资本等）生产产品的模型。赫克歇尔和俄林认为生产不同的产品需要生产要素具有不同的投入量，有些产品需要投入大量的劳动，有些产品则需要更多的技术或者资本，于是相对应的分为劳动密集型产品和资本密集型产品。另外，有的国家的生产要素禀赋是不同的，有的国家具有较多的人口，有的国家因为发展得较早而拥有较多的资本，则这些国家相对应的分为“劳动充裕”和“资本充裕”的国家。所以“劳动充裕”的国家应大量生产并出口劳动密集型产品，少量生产并进口资本密集型产品；“资本充裕”的国家则相反。这样两国都能获得更多的利益。

20 世纪 60 年代，波斯纳在赫克歇尔和俄林模型的基础上提出了技术差距模型，他认为工业化国家之间的相互贸易，很大一部分是由于技术差距所导致的。20 世纪 70 年代，弗农提出了产品生命周期模型，即由技术垄断优势向管理销售型转化的一个动态模型。这两种模型考虑了时间变动的因素，因而可以看作是赫克歇尔和俄林模型的动态扩展。

20 世纪 80 年代，克鲁格曼和赫尔普曼在前人的基础上，从规模经济的角度来分析比较优势；到 20 世纪 90 年代，梯伯特认为比较优势源自递增性内部规模收益。这种理论认为在影响贸易的各种因素（如技术、要素禀赋或需求偏好等）相同的情况下，只要有规模经济存在，两国就能产生互利的贸易。总之，比较优势理论在最初由李嘉图提出来后，还在不断发展完善当中。

纵观整个比较优势理论的发展过程，其可对一个国家或者区域的资本、劳动力、技术、偏好等方面作出较为准确的考察。在规模经营研究方面，我国东部、南部地区多平原、资本丰富，而西部、北部地区多山地、少水，且各地区农业生产品种和模式具有自身偏好，根据比较优势中的禀赋理论，各地区适宜发展拥有自身特色的适度规模经营。在微观研究方面，不同的农户，其自身特征、资源禀赋、生产技术存在差异，通过比较其生产经营产量、利润和生产成本，获得适合目前农户生产经营条件的最适规模经营。

（五）区域经济学

区域经济学发展历程不是很长，只有六十年左右，所以对于区域经济学的概念和观点尚存在争议。一般认为，区域经济学是经济学和地理学的交叉学科，借用地理“区域”的概念来研究区域的规划与经济发展，它通常会涉及产业集聚与扩散、城乡发展、区际贸易、区域政策等方面。

理论上，区域经济学划分的“区域”与地理学划分的“区域”存在着一定的区别。区域经济学的“区域”的实质是空间经济组织，以生产和交易为核心。所以，划分区域的标准是专业化分工与均质性、自组织能力、交易的分层结构与城市等级系统、监管的层级结构与地方政府；区域经济的特点是块状经济，是由不完全流动的生产要素，局部的知识溢出和不能完全区分的经济活动，以及地方财政和地方政府的补偿作用所导致的。

区域经济学的研究对象，其一是经济活动的区域分布，包括产业、劳动力以及公共设施的区位选择；其二是经济活动协调，即区域内外经济活动相互匹配协调；其三是区域决策，包括组织、引导经济，纠正“市场失灵”等。区域经济学的研究内容主要是区域的经济活动、区际的市场与分工、区域的结构联系以及区域的相关经济政策等。

发展适度规模经营需要综合考虑各种约束条件和主观因素，我国国土面积广阔，地形多变，各地气候、土壤和农作物都存在一定差异，目前来看并不存在一个普遍适用的标准，例如土地碎片化种植现象，对于我国平原地区多是不经济且不合理的，但对于山地丘陵地区，则存在其合理性。因此基于区域经济学来研究我国农业规模经营，一方面既建立在科学的经济学理论基础上，另一方面又符合目前我国农业发展的适度规模经营的现实情况。江汉平原作为湖北省重要的水稻产区，气候条件良好，土地肥沃，拥有丰富的农业生产资源，为保障我国粮食安全发挥着重要作用。所以从区域经济学出发，结合当地自然资源禀赋、经济发展水平以及其他生产条件来划分不同区域，进而研究与其相应的适度规模经营更具现实指导意义。

（六）新型农业经营主体

2012 年以前，“新型农业经营主体”的概念主要在部分理论研究中被提及。2012 年 6 月，浙江省在《关于大力培育新型农业经营主体的意见》中首次官方定义了新型农业经营主体，即“在家庭承包经营制度下，经营规模大、集约化程度高、市场竞争力强的农业经营组织和有文化、懂技术、会经营的职业农民”。2012 年底，中央农村工作会议正式提出要培育新型农业经营主体。文件中指出新型农业经营主体的范围涵盖了联户经营、专业大户、家庭农场、新型农民合作组织和多元服务主体等。新型农业经营主体的特征是集约化、专业化、组织化、社会化。2013 年初，中央 1 号文件也提出创新农业生产经营体制，稳步提高农民组织化程度。并将新型农业经营主体的范围定为联户经营、专业大户、家庭农场、新型农民合作组织和龙头企业等类型（宋洪远，2014）。目前，学术界对新型农业经营主体的内涵都围绕 2013 年中央 1 号文件进行界定，并认同新型农业经营主体的主要类型为：家庭农场、专业大户、农民合作社、农业产业化龙头企业和经营性农业服务组织。

新型农业经营主体是相对于传统家庭农业经营提出来的概念，是满足我国社会经济发展需求，适应农业生产力发展趋势的产物。同传统农业家庭经营相比，新型农业经营主体的特征主要有四点。一是具有一定的生产规模。规模经营是新型农业经营主体的基础。由于农业的比较效益较低，传统农业家庭经营的收入微薄，受农业人口众多，人均耕地资源紧张的制约，传统农业家庭经营很难扩大经营规模。随着经济发展，农村基础设施的改善，农业生产机械的普及，特别是农村劳动力向非农产业大量转移，农地资源得到释放，农业生产经营者扩大经营规模成为可能。实施规模经营的新型农业经营主体正是适应时代需求而发展起来。二是生产资料集约化。传统农业家庭经营面临着农业技术缺乏的困境，也无力购置大量农药、化肥以及新的生产工具，提高农产品产出的主要方式是增加劳动力投入。相较而言，新型农业经营主体在一定经营规模的基础上，具有更加充裕的资金，能够获得良好的农业技术保障，使用更加先进的农业生产装备，通过这些优势的综合发挥与有效集成，能够提高农产品产出，最大限度地获得农业经营收入。三是生产模式专业化。传统农业家庭经营讲究的是“小而全”的生产模式，即农业生产中，无论规模大小，尽可能各种农产品都生产一点。相较而言，新型农业经营主体讲究的是专业化生产，在农产品种类上以少数几种农产品生产为主，在农业生产环节上集中在少数几个环节。四是生产农产品商品化。传统农业家庭经营生产的农产品主要用于满足家庭消费，拿到市场上销售的农产品较少。相较而言，新型农业经营主体主要根据市场需求组织生产，且生产的农产品主要是用于出售。

三、分析框架

基于上述理论，本书以农业规模经营为核心问题，围绕政府和农民两个主体，以“为何要提高水稻种植户的经营规模效率”“何种水稻规模种植户有效率”“如何提升水稻种植户经营规模效率”三个现实难题为切入点展开研究。

农业规模经营是本书的核心问题。本书从两个方面对发展农业规模经营的原因展开分析。一方面，运用文献研究法，首先梳理相关理论，主要从农业的弱质性理论和农业规模经营理论来论证发展农业规模经营的必要性；其次梳理前人研究成果，总结学术界对农业规模经营的主要观点与共识。另一方面，运用数据分析法和实地调研法，基于宏观微观视角分析我国粮食生产的实际困境，据此提出发展农业规模经营的现实紧迫性。

理论论证与实践分析则表明农业规模经营并非越大越好，需要讲究“适度”，即在合理的经营规模范围内农业生产才能达到最优水平。核算生产规模是否达到合理范围的重要指标是“效率”。在投入一定的前提下，产出是衡量“效率”的主要标准，而生产主体不同，产出的标准也有差异。本书研究的两个主体是政府和农民。其中，在宏观视角下，政府主体的理性选择是稳定粮食生产，保障国家粮食供给，因而粮食产出的最大化是政府所追求的目标。在微观视角下，农民主体的理性选择是实现种粮收入的最大化。因此，农业适度规模经营的标准应该是实现粮食产出最大化和种粮收入最大化两个目标的均衡。

为实现农业规模经营的“适度规模”，促进农业规模经营效率的提高，宏观政府与微观农民应该从哪些方面着手去努力，此为本研究的重点课题。社会主义市场经济条件下，为适应农业规模经营的趋势，政府提出通过发展新型农业经营主体实现农业适度规模经营。本书对家庭农场的典型案例进行深入剖析，并力求从土地、劳动、资本以及技术等方面提出相关建议以提升农业规模经营效率。

第二部分　农户水稻生产经营环境

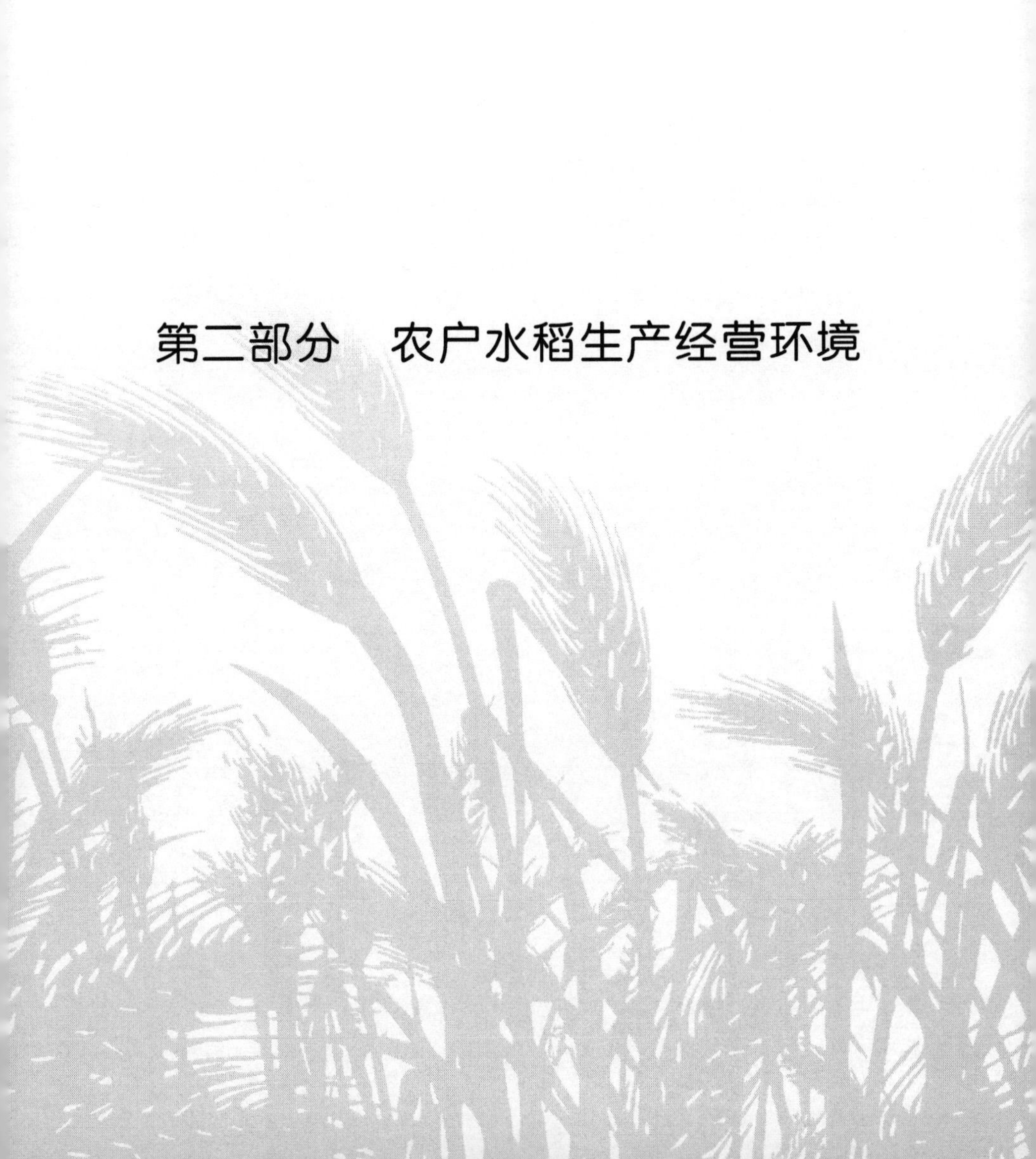

第三章　长江中下游平原主要粮食作物的构成分析

一、我国水稻种植情况细分

（一）水稻种植模式划分

根据其播种、生长和成熟所经历的时间区间不同，水稻可被划分为早稻、中稻和晚稻三大类。一般早稻的生长期为 90～120 天，中稻为 120～150 天，晚稻为 150～170 天。由于各地区气候地理条件存在显著差异，各种类水稻的播种期和收获季节也各有不同。因而，各区域形成适合其自身农业发展的种植模式。目前比较常见的有：单季稻种植，包含单季早稻、单季晚稻以及中稻种植，其中中稻种植较为普遍；双季稻种植，一般指早稻—晚稻这种种植模式。不同种植模式按地区形成各具特色的稻作区①，大致划分如下。

华南双季稻种植区，该地区以南岭作为分界线，其南部的广东、广西、福建、海南岛和台湾是五个主要区域，水稻生产季节高达 260～365 天，作为全国的主要水稻种植区域，该区域水稻播种面积约占全国总播种面积的 22%。

华中单双季稻种植区，该区域跨度秦岭以南、南岭以北，其所包含的地区具体有安徽的中南部、重庆、湖北、湖南、江西、江苏、上海、四川（除甘孜藏族自治州外）、浙江等 9 个区域。该区域水稻生产季节高达 210～260 天，播种面积占全国总播种面积约 59%，早稻和中稻主要种植籼稻，晚稻则籼稻和粳稻均种植。

西南单双季稻种植区，该区域主要包括云贵高原和青藏高原，

---

① 资料来源：http：//www. tuliu. com/read－31901. html。

具体行政单位区划有贵州省大部分区域、湖南省南部地区、青海全省、四川省甘孜藏族自治州、西藏自治区和云南省中北部。所属区域水稻生产季节有180～260天，所包含地区的水稻播种总面积占全国总播种面积的6%。

北部单季稻种植区，其中华北、东北、西北的水稻播种面积占全国总播种面积的9%、3%、1%，品种主要是粳稻，其中西北地区以早粳稻为主。

（二）水稻栽培方式划分

水稻种植各环节中，对水稻生产影响最大的是其栽培方式，根据其是否存在移栽环节分为直播和移栽两大类。直播主要有人工撒播和机械直播，移栽分为人工移栽、人工抛秧和机械移栽。直播作为水稻的种植方式之一，其具有杂草难以清除、单产低下的特性，因而被视为广种薄收的种植方式（陈风波等，2011）。人工移栽正好可避免此种弊端，且便于田间管理，后发展成为中国农户主要选择的水稻栽培方式（曾雄生，2005）。

表3-1　水稻不同栽培方式特点分析

栽培方式	直播稻	机械移栽	人工移栽	人工抛秧
种植特点	总体光合物质生产能力比人工移栽和机械移栽稻弱； 分蘖成穗、籽粒灌浆等弱于机械移栽和手工移栽稻	采用高密度、短秧龄栽培模式； 成穗率较高	总体光合物质生产能力高于机械移栽和直播稻； 分蘖成穗、籽粒灌浆等高于机械移栽和直播稻	光合生产系统结构良好、规模较大； 分蘖成穗率低
病虫害	真菌性与种传性病害较移栽稻重	较直播稻重	较其他栽培方式轻	病虫害总体发生重于人工移栽稻
伏倒	与其他方式比较，易伏倒、伏倒程度大	抗倒能力介于手工移栽和直播稻之间	抗倒伏性较直播稻和机械移栽稻好	抗根倒能力弱
草害	较移栽稻重	较手工移栽重	较其他栽培方式轻	危害期长且重

（续）

栽培方式	直播稻	机械移栽	人工移栽	人工抛秧
技术类型	劳动、资金节约型	劳动节约型	土地节约型	劳动、资金节约型
产量	中等	高	高	中等
收益	高	中等	较低	较高

不同栽培方式的水稻不止具有各自迥异的技术类型，因技术差别使其在生理生态特征方面也有不同，播种期、生长期等的差异使其面临不同的生长环境，对水稻生长及产量具有重要影响。移栽稻较直播稻和人工抛秧稻而言在总体光合物质生产能力上更具优势，温光资源利用率更高，同样，移栽水稻的分蘖成穗、籽粒灌浆率高于直播稻和人工抛秧，但手工移栽水稻在各生育生长阶段状态是最佳的。在病虫害、草害以及抗伏倒方面，人工移栽稻均优于其他栽培方式，机械移栽稻仅次于人工移栽。

技术主要通过其经济价值、突破性、被专利保护的范围、技术类型、技术的特殊性和缄默性等方面来评判的（田莉等，2009），农业生产技术的采用也依照相同的标准，其中最吸引农业生产的指标是产量和收益。直播稻和人工抛秧是属于劳动资金节约型的生产技术，机械移栽和人工移栽则分别属于劳动节约型和土地节约型，后两者在粮食产量上具有绝对的优势，但直播稻在水稻的经济收益上独占鳌头。农户生产个体作为“理性经济人”，对利益的追求是最直接的，因而近年来直播稻逐渐成为农户水稻种植的主要栽培方式。

二、长江中下游平原主要粮食作物的品种构成分析

（一）长江中下游平原主要粮食作物品种构成空间分析

长江中下游平原粮食主产区主要涉及湖北、安徽、湖南、江西、江苏、浙江、上海等七个省（市）。如表 3 - 2 所示，2016 年长

江中下游平原粮食总产量分别为 2 554.12 万吨、3 417.4 万吨、2 953.2 万吨、2 138.11 万吨、752.2 万吨、3 466.01 万吨、99.16 万吨，长江中下游平原粮食总产量占全国粮食总产量的 24.96%。其中主要粮食作物的品种构成及产量分别为：谷物产量总计为 14 631.15 万吨，占全国谷物总产量的 25.88%，占长江中下游平原粮食总产量的 95.13%；豆类产量总计为 340.11 万吨，占长江中下游平原粮食总产量的 2.21%；薯类产量总计为 408.95 万吨，占长江中下游平原粮食总产量的 2.66%。

表 3-2　2016 年长江中下游平原各省主要粮食作物品种构成（万吨）

地区	粮食产量	谷物产量	稻谷产量	小麦产量	玉米产量	豆类产量	薯类产量
湖北	2 554.12	2 428.47	1 693.52	428.22	296.61	28.94	96.71
安徽	3 417.4	3 252.5	1 401.8	1 385.9	462	135	29.9
湖南	2 953.2	2 805.2	2 602.3	5.9	188.7	36.5	111.5
江西	2 138.11	2 029.85	2 012.6	2.6	13	33.78	74.48
浙江	752.2	655.99	593.75	25.39	30.45	32.75	63.46
江苏	3 466.01	3 360.58	1 931.39	1 119.55	233.91	72.64	32.8
上海	99.16	98.56	81.81	12.09	2.09	0.5	0.1
总计	15 380.2	14 631.15	10 317.17	2 979.65	1 226.76	340.11	408.95
全国	61 625.05	56 538.12	20 707.51	12 884.5	21 955.15	1 730.76	3 356.17

数据来源：中国统计年鉴。

从谷物的品种构成来看，长江中下游平原稻谷产量总计为 10 317.17 万吨，占全国稻谷产量的 49.82%，占长江中下游平原谷物总产量的 70.52%；长江中下游平原小麦产量总计为 2 979.65 万吨，占长江中下游平原谷物总产量的 20.37%；长江中下游平原玉米产量总计为 1 226.76 万吨，占长江中下游平原谷物产量的 8.38%。综合上述数据分析来看，长江中下游平原水稻生产在全国占有重要地位。

进一步来看，表 3-3 显示了长江中下游平原七省（市）稻谷产量占全国稻谷产量的比重及其在全国的排名，具体表现为：湖南、江西、江苏、湖北、安徽、浙江、上海稻谷产量分别在全国稻谷总产量中的排名为第一、第三、第四、第五、第七、第十二、第二十一，稻谷产量分别为 2 602.3 万吨、2 012.6 万吨、1 931.39 万吨、1 693.52 万吨、1 401.8 万吨、593.75 万吨、81.81 万吨，占全国的比重依次为 12.57%、9.72%、9.33%、8.18%、6.77%、2.87%、0.39%。上述数据分析显示，从长江中下游平原地区构成来看，七省（市）稻谷产量存在明显的差异，湖南、江西、江苏、湖北、安徽为主要的稻谷生产地区。

表 3－3　2016 年长江中下游平原稻谷产量地区分布情况

地区	稻谷产量（万吨）	占全国稻谷总产量的比重（%）	全国排名
湖南	2 602.3	12.57	1
江西	2 012.6	9.72	3
江苏	1 931.39	9.33	4
湖北	1 693.52	8.18	5
安徽	1 401.8	6.77	7
浙江	593.75	2.87	12
上海	81.81	0.39	21
全国	20 707.51	100	

数据来源：中国统计年鉴。

综合上述分析来看，长江中下游平原水稻生产在全国具有重要地位，从其地区构成来看，湖南、江西、江苏、湖北、安徽为主要的水稻生产省份。

（二）长江中下游平原主要粮食作物品种构成时间序列分析

根据图 3－1 不难看出，长江中下游平原主要粮食作物产量变化大致可分为三个阶段，第一个阶段是 1984—1997 年，该阶段粮食产量稍有波动但整体平稳，粮食产量平均为 13 213.7 万吨。

1998—2003 年为第二阶段，该阶段粮食产量逐年下降，从 1998 年的 13 292.44 万吨降至 2003 年的最低水平 10 265.19 万吨。第三个阶段为 2004—2016 年，粮食产量整体呈现均匀上升趋势。谷物产量与粮食产量总体变化趋势相同，各个阶段变化也基本一致。但稻谷产量与上述粮食产量和谷物产量的变化趋势稍有区别，1984—1997 年稻谷产量在波动中整体保持平稳，平均产量为 9 670.05 万吨，1998—2003 年稻谷产量下降明显直至 7 175.06 万吨，2004—2016 年稻谷产量有微小的上升趋势，平均达到 8 949.33 万吨，低于 1984—1997 年这个阶段的平均稻谷产量，即稻谷产量在一定程度上出现“阶梯式”下降的趋势。综合上述分析可以看出，长江中下游平原水稻生产正处于平稳增长时期，但其周期性波动的特征并未改变，产量下降的可能性依然存在。

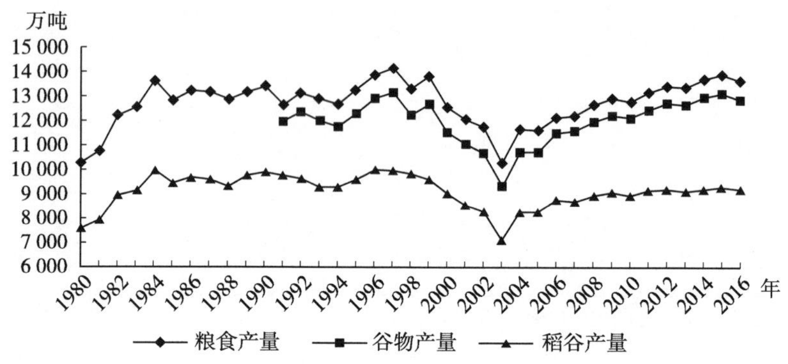

图 3-1　1980—2016 年长江中下游平原主要粮食作物产量变化

数据来源：中国统计年鉴。

进一步来看，水稻的不同种植类型呈现出差异明显的内部规律。图 3-2 展示的是长江中下游平原水稻不同种植类型的产量变化，中稻和一季晚稻的产量随时间变化逐年上升，且与早稻产量、双季晚稻产量的差距逐渐扩大。1980—1991 年，三种水稻种植类型的产量差异不显著。1992—2003 年中稻和一季晚稻的产量继续保持增长，而早稻、双季晚稻的产量则逐年下降，与中稻和一季晚稻产量差距逐渐拉开。2004—2014 年，水稻不同种植类型的产量均缓慢上升，但三者之间的差距依然显著且保持平稳状态，中稻和一季晚稻的平均产量较早稻和双季晚稻的平均产量分别高出 3 597 万吨和 3 352 万吨，由此可以看出，中稻和一季晚稻是长江中下游平原最主要的水稻种植类型。

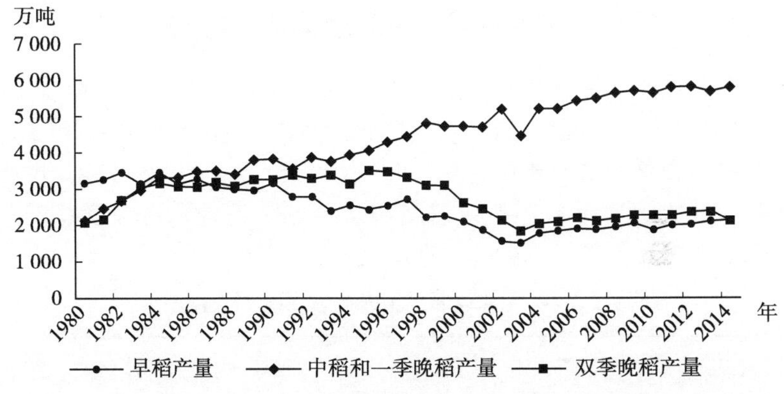

图 3-2 1980—2014 年长江中下游平原水稻不同种植类型的产量变化

数据来源：中国统计年鉴。

三、湖北省粮食生产的品种构成和产量波动分析

湖北省位于我国中部偏南，长江中游，洞庭湖以北，经纬度介于北纬 29°05′～33°20′，东经 108°21′～116°07′，东接安徽省，东南部和南部连江西省、湖南省，西邻重庆市，西北靠陕西省，北与河南省为邻。从气候条件看，湖北省大部分为亚热带季风性湿润气候，热量丰富，全年平均太阳辐射量为 85～114 千卡/厘米^2，平均气温是 14～17℃，无霜期有 230～300 天左右；光照充足，年平均实际日照时数为 1 100～2 150 小时；降水丰富，年均降水量达 800～1 600 毫米。全省雨热条件好，大部分地区冬冷、夏热，雨热同期，适合粮食作物的生产。从地形条件来看，湖北省内地形地势多

样，西部、北部和东部三面为山区，中部及南部为平原湖区，山地、丘陵和平原湖区占全省总面积的比例分别为56%、24%和20%。截至2013年底，湖北省耕地面积为3 409.91千公顷，占全省面积的18.34%，占全国耕地总面积的2.52%。优越的气候环境与地势地形决定了湖北省粮食生产在全国的重要地位。

（一）湖北省主要粮食作物的品种构成分析

从湖北省主要粮食作物的品种构成来看，如表3－4所示，2014年湖北省粮食总产量为2 584.17万吨，其中，谷物产量2 454.53万吨，占粮食总产量的比重为94.98%；豆类产量36.42万吨，占粮食总产量的比重为1.41%；薯类产量93.22万吨，占粮食总产量的比重为3.61%。

表3－4　2014年湖北省主要粮食作物的品种构成

粮食品种	粮食	谷物	稻谷	小麦	玉米	其他谷物	豆类	薯类
产量（万吨）	2 584.17	2 454.53	1 729.47	421.6	293.65	9.81	36.42	93.22
占粮食产量的比重（%）	100	94.98					1.41	3.61
占谷物产量的比重（%）		100	70.46	17.18	11.96	0.40		

数据来源：湖北统计年鉴。

从谷物的品种构成来看，稻谷产量为1 729.47万吨，占谷物总产量的比重为70.46%；小麦产量为421.6万吨，占谷物总产量的比重为17.18%；玉米产量为293.65万吨，占谷物总产量的比重为11.96%，其他谷物产量为9.81万吨，占谷物总产量的比重仅为0.4%。

表3－4表明，在湖北省，产量第一的粮食作物是水稻。如表3－5所示，2014年全国水稻生产排名前五的省份依次为湖南、黑龙江、江西、江苏和湖北，其产量依次为2 634万吨、2 251.05万吨、2 025.15万吨、1 912万吨和1 729.47万吨，占全国水稻总产量的比重依次为12.75%、10.90%、9.81%、9.26%和8.37%，

五省产量之和为 10 551.67 万吨，占全国水稻总产量的 51.09%。该数据显示，湖北省水稻生产在全国占有重要地位。

表 3-5　2014 年我国主要水稻生产省份的水稻产量及所占比重

序号	省份	水稻产量（万吨）	占全国水稻总产量的比重（%）
1	湖南	2 634	12.75
2	黑龙江	2 251.05	10.90
3	江西	2 025.15	9.81
4	江苏	1 912	9.26
5	湖北	1 729.47	8.37
	全国	20 650.74	100

数据来源：中国统计年鉴。

按照生产时节不同，水稻可以分为早稻、中稻和晚稻三类。如表 3-6 所示，2014 年湖北省的早稻产量为 238.67 万吨，占水稻总产量的比重为 13.8%；中稻和一季晚稻的产量为 1 167.89 万吨，占水稻总产量的比重为 67.53%；双季晚稻产量为 322.91 万吨，占水稻总产量的比重为 18.67%。该数据表明，中稻和一季晚稻是湖北省最主要的水稻类型。

表 3-6　2014 年湖北省水稻的类型构成

指　标	稻谷	早稻	中稻和一季晚稻	双季晚稻
产量（万吨）	1 729.47	238.67	1 167.89	322.91
占水稻总产量的比重（%）	100	13.80	67.53	18.67

数据来源：湖北统计年鉴。

（二）湖北省粮食产量波动分析

1. H-P 滤波分析法

粮食生产具有周期性，表现为总产量在一段时期内会围绕一定趋势线上下波动，这种波动是长期趋势和短期波动两种因素共同作用的结果。采用 H－P 滤波法能够从粮食产量的变化中分离出长期趋势序列和短期波动序列，其中，长期趋势序列是粮食实际产量在较长时期内表现出的总体波动水平和特征，较为稳定，可用于预测粮食产量；短缺波动序列是粮食实际生产情况对长期趋势的偏离，体现了周期性、季节性变动，可用于对波动进行分析（林燕、丁冷，2006）。H－P 滤波法由 Hodrick 和 Prescott 提出（Robert J. Hodrick、Edward C. Prescott，1997），其基本原理如下（高帆，2009）：

假设存在时间序列 Y_t，该序列由长期趋势和短期波动共同组成，存在一个时间估计序列 X_t。首先，对 Y_t 进行整理使其实际值和样本点的趋势值最小化：

$$\min_{X_t, t=1,2,\cdots,T}\left\{\sum_{t=1}^{T}(Y_t - X_t)^2 + \lambda[(X_{t+1} - X_t) - (X_t - X_{t-1})^2]\right\}$$

为消除时间序列的异方差，对上式中时间序列 Y_t 的所有样本值取对数；X_t 为 Y_t 的趋势成分；λ 是对趋势成本 X_t 波动的折算因子，若使用年度数据，$\lambda=100$。

假设 $C_t=Y_t-X_t$，其中，C_t 是周期成分，若 C_t 和 $\Delta^2 X_t$ 都是正态分布，且相互独立，则 $\lambda = \dfrac{\text{var}(C_t)}{\text{var}(\Delta^2 X_t)}$ 时，H－P 滤波效果最佳。

此时，$X_t = [1+\lambda(1-L^2)^2(1-L^{-1})^2]Y_t$；

$$C_t = \frac{\lambda(1-L^2)^2(1-L^{-1})^2}{1+\lambda(1-L^2)^2(1-L^{-1})^2}$$

2. H－P 粮食产量滤波结果分析

本书利用 Eviews6.0 软件，基于 H－P 滤波法分离出粮食产量的长期趋势和短期波动，在进行对数化处理的基础上得出粮食产量的滤波结果（如图 3－3，*Q* 为粮食总产量的对数；*Trend* 为趋势序列；*Cycle* 为波动序列）（高帆，2009）。

就长期趋势而言，1978—2014 年，湖北省粮食总产量表现为先增长后减少再恢复增长的三阶段波动特征。1978—1997 年为第一阶段，湖北省粮食生产呈波动增长，总产量由 1978 年的 1 725.5

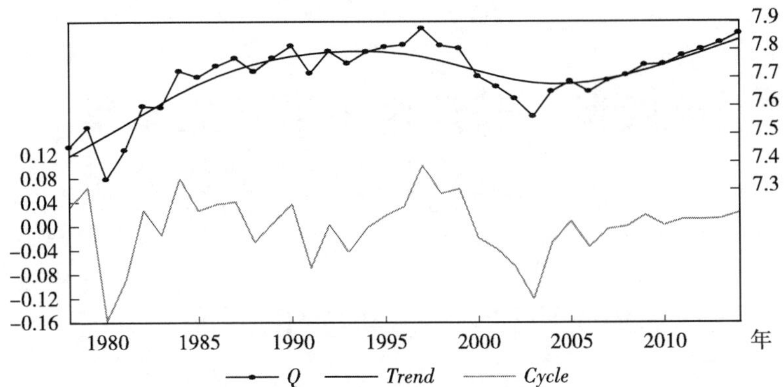

图 3-3　1978—2014 年湖北省粮食总产量的 H-P 滤波示意图（lambda＝100）

万吨增长到 1997 年的 2 634.4 万吨，累计增长了 52.67%。1998—2003 年为第二阶段，粮食总产量持续减少，2003 年粮食总产量仅为 1 921.02 万吨，是 1997 年的 72.92%。2004 年以后，粮食生产进入恢复增长时期，截至 2014 年全省粮食总产量达到 2 584.17 万吨，已接近 1997 年的历史最高产量。就短期波动而言，按照“峰—峰”的形态特征形成一个完整的波动周期，则 1978 年至今粮食总产量存在 5.5 个波动周期：1978—1982 年，1983—1987 年，1988—1992 年，1993—1999 年，2000—2009 年，2009 年至今。前 3 个波动周期的波动频率为 5 年，第 4 个、第 5 个周期的波动频率分别为 7 年和 10 年，由于第 6 个波动周期尚未完成，可计为半个周期。从波动幅度看，第一个周期的波动幅度最大，超过－15%～4%，第五个周期的波动幅度次之，达到－12%～4%。总体上看，下跌的幅度明显大于上涨的幅度，其中“断崖式”下跌的现象多次出现（1979—1980 年，1987—1988 年，1990—1991 年，1999—2003 年）。

综上可知，湖北省粮食生产正处于稳定增长时期，但其周期性波动特征并未改变，粮食产量大幅下跌的威胁仍然存在，因而采取措施稳定粮食生产，降低粮食产量的波动幅度，对于平衡粮食供给，保障粮食安全具有重要作用。

第四章　长江中下游平原水稻生产的比较优势分析

一、水稻生产比较优势研究的意义

水稻是我国主要的粮食生产和消费作物，在我国粮食安全战略中举足轻重。为促进粮食生产有序发展，我国政府自 2004 年起，实施“三减免，三补贴”政策，从补贴力度、粮食收购价格等各方面实行惠农政策，但我国部分粮食产区仍然存在季节性撂荒，双季稻改种单季稻，经济作物替代粮食作物等问题。现阶段粮食生产存在的问题会直接影响粮食生产的空间布局（祝美群等，2000；刘珍环等，2013）。因此，研究区域粮食生产空间分布有利于引导区域粮食生产。

水稻种植模式受社会背景、经济条件、自然资源、历史传统等因素的共同影响（唐博文等，2010）。中华人民共和国成立以来，我国南方水稻种植先后经历了单季稻转双季稻，再回到种植单季稻的反复过程（陈风波等，2011），科学选取种植模式，合理布局水稻种植，既能克服不利生产条件，实现资源的最佳配置，又能保障农户收入，实现农业的可持续发展。已有研究从水稻生产成本、栽培技术、劳动投入、经济效益、政策扶持等多方面进行研究，发现双季稻的产投比、利润率均低于单季稻，农户单方意愿明显（杨若珺等，2013）。钟甫宁（2004）和陈风波等（2006）认为，目前双季稻改单季稻的主要原因是农户非农生产增加，且农业生产效益低下。在城镇化和工业化的快速发展过程中，农户根据其自身需求改变土地利用行为决策，水稻种植模式改变便是其结果（杨海龙等，2010）。

我国水稻品种结构和生产力布局发生很大改变，南方双季稻区“单转双”现象严重（辛良杰等，2009），南方粮食主产区地位下降，粮食运输格局由“南粮北运”转变为“北粮南运”（郭玮，1999；郑有贵等，1997）。刘书通等（2014）运用比较优势理论确定了中国水稻产量、播种面积和综合优势区，为我国的水稻生产以及粮食安全提供保障。陈印军等（1999）研究发现南方各省水稻种植具有明显的优势。张大瑜等（2004）认为，吉林省水稻生产经营效率较其他省更具有优势，但是种植规模则差强人意。前人的研究主要集中在国家和省域层面对粮食或某一具体作物的生产优势以及区域布局上，关于不同种植模式，则是主要研究农户行为选择和影响因素，并未将不同种植模式的水稻与区域比较优势结合起来。

由于各地区气候地理条件存在显著差异，我国形成各具特色的稻作区，华南、西南和北部区域水稻播种面积约占全国总播种面积的22%、6%和13%，而包含安徽、湖北、湖南、江西、江苏、上海、浙江等省（市）的长江中下游水稻种植区播种面积占全国总播种面积约59%。长江中下游平原水稻生产对于保障国家粮食安全具有重要作用。但是近年来，全国水稻种植由双季稻转为单季稻现状严重，对粮食种植面积以及粮食产量影响显著，因此对不同模式水稻种植规模时空变化分析具有现实意义。影响水稻种植的各市域资源禀赋、经济水平、生产技术等因素的差异较大，跨区域水稻竞争力和优势分析并不能反映各地区的实际情况。因此本章分别从省域和市域角度出发，利用比较优势分析法，比较研究了长江中下游平原各省和以湖北省为例各市域不同种植模式水稻规模和效率时空变化情况，对形成水稻集中优势产区、优化农业生产力布局以及适度规模经营发展具有一定的现实意义。

二、研究方法

农产品比较优势的研究重点是对农产品的区域比较优势的测定，以便为形成农产品集中优势产区、优化农业生产力布局服务。

其研究方法主要包括要素比例分析法，概率优势分析法，专家调查法模糊评估，国内资源成本分析法和“显示性”比较优势指数法等。实证研究中，如何量化区域比较优势是关键，本书采用显示性比较优势指数法，从生产经营规模和效率两个方面对水稻生产区域间比较优势进行测算。

（一）水稻生产规模优势指数

规模优势指数是指区域内某种水稻种植类型的种植面积和该区域内水稻种植总面积的比值与上一级区域同一比值的比例。本书通过水稻种植面积和水稻产量共同表征水稻生产规模，因此，本书采用的规模优势指数计算方法如下。

$$SCA_i = \sqrt{(\frac{X_i}{X} \div \frac{Y_i}{Y}) \times (\frac{M_i}{M} \div \frac{N_i}{N})} \tag{4-1}$$

其中，SCA_i 是水稻种植类型 i 的规模优势指数，X_i、X 分别表示某区域内水稻种植类型 i 的产量以及该区域的水稻总产量，M_i、M 分别表示某区域内水稻种植类型 i 的种植面积以及该区域的水稻种植总面积，Y_i、Y 分别表示上一级区域内水稻种植类型 i 的产量以及该区域的水稻总产量，N_i、N 分别表示上一级区域内水稻种植类型 i 的种植面积以及该区域的水稻种植总面积。

（二）水稻生产效率优势指数

效率优势指数是指区域内某种水稻种植类型的单产占该区域水稻平均单产的比重与上一级区域某种水稻种植类型的单产占上一级区域水稻平均单产比重的比例，表达式如下。

$$ECA_i = \frac{U_i}{U} \div \frac{V_i}{V} \tag{4-2}$$

其中，ECA_i 是水稻种植类型 i 的效率优势指数，U_i、U 分别表示某区域内水稻种植类型 i 的单产和该区域的水稻平均单产，V_i、V 分别表示上一级区域水稻种植类型 i 的单产和上一级区域的水稻平均单产。

（三）综合比较优势指数

综合比较优势指数是评判某个农产品区域内外生产优势程度的直接指标，也是农业区域布局结构调整的重要参考标准之一，由生产规模优势指标和生产效率指数综合作用表达。

$$CCA_i = \sqrt{SCA_i \times ECA_i} \tag{4-3}$$

其中，CCA_i 是水稻种植类型 i 的综合比较优势指数，$CCA_i>1$ 则表明区域内水稻种植类型 i 相对上一级区域该类型水稻的生产具有比较优势，相反，$CCA_i<1$ 则表明区域内水稻种植类型 i 相对上一级区域该类型水稻的生产具有比较劣势。相应的，规模优势指数和效率优势指数评判标准也是如此。

三、长江中下游平原地区水稻生产区域比较优势分析

（一）不同水稻种植类型比较优势的时间序列分析

通过查找《中国统计年鉴》，可得到1980—2014年浙江、安徽、江西、湖北、湖南、江苏六省早稻、中稻和一季晚稻、双季晚稻三种水稻种植类型的产量和种植面积等相关数据，并计算出长江中下游平原[①] 1980—2014年早稻、中稻和一季晚稻、双季晚稻的规模指数、效率指数以及综合指数（表4-1）。

表4-1显示，改革开放以来，长江中下游平原水稻不同种植类型的效率、规模和综合比较优势指数以1为标准上下小幅度波动，但三者之间仍存在着明显差异。具体来看，1980—2014年，中稻和一季晚稻的效率指数整体上高于早稻和双季晚稻，且三种种植类型的效率指数差距较小；然而，中稻和一季晚稻的规模指数却显著低于早稻和双季晚稻，早稻和双季晚稻的规模指数全部大于

① 上海市由于其独特的发展条件，水稻播种面积及其产量占全国总量均不足10%，因此此处并未将上海市考虑在内。

1且呈逐年上升趋势，而中稻和一季晚稻的规模指数虽近乎同步上升，但相应的系数却远小于1；随着早稻和双季晚稻的规模优势不断凸显，上述两种种植类型的综合指数也远优于中稻和一季晚稻。对比图3-2不难发现，中稻和一季晚稻虽为长江中下游平原主要的水稻种植类型，但其种植规模却显示比较劣势，这也从侧面说明，研究中稻和一季晚稻的规模经营问题显得尤为重要。

表4-1　1980—2014年长江中下游平原水稻不同种植类型比较优势指数

年份	效率指数			规模指数			综合指数		
	早稻	中稻和一季晚稻	双季晚稻	早稻	中稻和一季晚稻	双季晚稻	早稻	中稻和一季晚稻	双季晚稻
1980	1.03	1.01	0.98	1.19	0.74	1.10	1.10	0.86	1.04
1982	1.01	1.02	0.99	1.18	0.75	1.11	1.09	0.87	1.05
1984	1.00	1.02	1.01	1.16	0.77	1.16	1.08	0.88	1.08
1986	1.00	1.02	1.01	1.17	0.77	1.18	1.08	0.89	1.09
1988	0.98	1.02	1.03	1.15	0.77	1.20	1.07	0.89	1.11
1990	1.00	1.02	1.01	1.16	0.78	1.19	1.08	0.89	1.10
1992	0.98	1.03	1.02	1.15	0.77	1.24	1.06	0.89	1.12
1994	0.99	1.03	0.99	1.15	0.87	1.06	1.07	0.94	1.03
1996	0.97	1.03	1.03	1.14	0.79	1.24	1.05	0.90	1.13
1998	0.96	1.04	1.02	1.13	0.82	1.22	1.04	0.93	1.12
2000	0.98	1.02	1.02	1.14	0.84	1.24	1.06	0.93	1.12
2002	0.95	1.03	1.00	1.07	0.90	1.20	1.01	0.97	1.09
2004	0.99	1.01	1.03	1.11	0.90	1.20	1.05	0.95	1.11
2006	0.99	1.02	1.01	1.17	0.88	1.21	1.08	0.95	1.10
2008	1.01	1.01	1.02	1.20	0.87	1.24	1.10	0.94	1.12
2010	0.99	1.02	1.02	1.21	0.86	1.27	1.09	0.93	1.14
2012	0.99	1.02	1.01	1.23	0.86	1.25	1.11	0.93	1.12
2014	0.99	1.02	0.93	1.26	0.84	1.19	1.12	0.93	1.05

数据来源：根据中国统计年鉴数据整理计算得到。

(二) 不同水稻种植类型比较优势的空间分析

本书选取长江中下游平原 1993 年、2003 年和 2013 年各省不同种植类型的水稻数据，并对各省效率、规模、综合比较优势指数进行了计算比较，具体结果见表 4-2。

表 4-2 长江中下游平原地区各省水稻不同种植类型比较优势指数

年份	地区	效率优势指数			规模优势指数			综合优势指数		
		早稻	中稻和一季晚稻	双季晚稻	早稻	中稻和一季晚稻	双季晚稻	早稻	中稻和一季晚稻	双季晚稻
1993	浙江	1.02	1.00	1.04	1.57	0.35	1.41	1.27	0.59	1.21
	安徽	0.97	1.02	0.99	0.77	1.05	1.10	0.86	1.03	1.04
	江西	0.99	1.09	1.05	1.64	0.22	1.51	1.28	0.49	1.26
	湖北	0.97	1.05	0.94	1.00	1.09	0.88	0.98	1.07	0.91
	湖南	1.00	0.99	1.06	1.52	0.32	1.48	1.23	0.56	1.26
	江苏	—	0.95	0.87	—	2.35	0.03	—	1.49	0.15
2003	浙江	0.97	0.98	1.04	0.61	1.19	0.83	0.77	1.08	0.93
	安徽	1.04	0.96	1.06	0.65	1.27	0.59	0.82	1.10	0.79
	江西	1.06	1.02	1.05	2.02	0.32	1.93	1.46	0.58	1.42
	湖北	0.92	1.01	0.99	0.72	1.13	0.90	0.81	1.07	0.94
	湖南	1.00	1.07	1.05	1.63	0.47	1.89	1.28	0.71	1.40
	江苏	—	0.95	1.04	—	1.69	0.02	—	1.27	0.14
2013	浙江	1.01	0.99	0.97	0.73	1.18	0.68	0.86	1.08	0.81
	安徽	1.02	0.97	0.99	0.56	1.27	0.54	0.76	1.11	0.73
	江西	1.06	1.01	1.07	2.32	0.20	2.38	1.57	0.45	1.59
	湖北	0.91	1.02	0.99	0.87	1.03	1.01	0.89	1.03	1.00
	湖南	1.04	0.98	1.09	1.93	0.47	1.87	1.42	0.68	1.42
	江苏	—	0.96	—	—	1.60	—	—	1.24	—

数据来源：根据中国统计年鉴数据整理计算得到。

从早稻种植来看，1993—2013 年江西、湖南两省的效率、规模和综合比较优势指数高于其余四省，且相对差距呈逐年扩大趋势，其中规模指数的差距最为明显。这说明，长江中下游平原内部江西、湖南的早稻种植更具竞争优势，且这种优势在逐年凸显；从中稻和一季晚稻种植情况来看，湖北、安徽、江苏三省的规模、综合比较优势更为显著，其中江苏最为突出，但相比湖北、安徽的效率比较优势，随着时间的推移，江苏与其余四省近乎一致存在着比较劣势；从双季晚稻种植情况来看，江西、湖南两省的效率、规模和综合比较优势指数高于其余四省，且随着规模指数差距的逐年扩大，综合比较优势指数差距也呈扩大趋势，这与两省早稻种植相类似，但就比较劣势来看，江苏双季晚稻种植相对浙江、安徽、湖北的比较劣势则更为明显。由此看来，长江中下游平原水稻不同种植类型的效率、规模以及综合比较优势指数有着明显的省际差异，总体上看，相对其余省份而言，湖北省水稻种植的效率、规模及综合比较优势指数在不同的种植类型下均位于其余省份相应指数排序的中间位置，且其变动较为稳定，能够兼顾其余省份水稻种植的相应特征，对长江中下游平原具有良好的代表性。

四、湖北省水稻生产的区域比较优势分析

研究中设计的数据主要包含全国及湖北省省级 1980—2014 年早稻、中稻和一季晚稻、双季晚稻的播种面积、产量。湖北省 17 个市域行政区 1980—2014 年不同种植模式水稻产量和播种面积数据；截取 4 个时期 3 个时间点市域不同种植模式水稻产量和播种面积数据，获得 1991 年、2001 年、2011 年数据集；湖北省 2001—2014 年不同种植模式水稻种植成本、产值、利润数据，出自《湖北农村统计年鉴》（1991—2014 年）、《中国统计年鉴》（1980—2014 年）、《全国农产品成本收益汇编》（2001—2014 年）。

（一）湖北省不同模式水稻种植规模时空变化分析

1. 湖北省不同模式水稻种植面积和产量时空变化

根据本研究数据特点，1997 年，2003 年分别是湖北省水稻面

积和产量变化的拐点，水稻的种植大致可以分为三个阶段：1980—1997年播种面积稳定粮食总量上升期，1997—2003年播种面积减小产量下降期，2003—2014年播种面积稳定产量恢复期。在对湖北省不同种植模式水稻产量和面积进行时间序列分析之后，为了展示湖北省17个市域水稻种植的空间变化，选取能代表三个阶段特征的1991年、2001年和2011年三个时间点，对水稻种植空间分布进行横向比较分析。并将湖北省各市不同种植模式的水稻播种面积以及产量的变化幅度（幅度反映的是变化程度大小，且数据总体表现为早稻和双季晚稻种植面积下降，中稻和单季晚稻种植面积上升，因而将幅度变化数据中的负值均按其绝对值大小划分程度区间）划分为5个等级，分别为<10%，10%～20%，20%～30%，30%～40%，>40%。

（1）不同模式水稻种植面积时空变化分析。

①不同种植模式水稻播种面积时间序列变化。不同品种的比较利益变化及市场需求变化能够从农作物的播种面积变化中直接反映出来。但不同种植模式下的水稻对市场而言属于单一品种，因而其播种面积的变化主要是由不同种植模式下的比较利益变化所导致。显然，1980年以来，湖北省水稻总播种面积呈阶梯下降态势（图4-1），早稻和双季晚稻播种面积与之呈相同趋势。从1980年到1997年，早稻、中稻和一季晚稻、双季晚稻的播种面积基本维持在稳定状态，但从1997年开始，早稻和双季晚稻播种面积快速下降，同时中稻和一季晚稻播种面积稳定上升，但是上升幅度显然小于早稻和双季晚稻播种面积，导致同时间段水稻总播种面积快速下降，直至2003年的1 805.1千公顷。2003年之后，不同种植模式的播种面积基本维持不变，相对稳定。

通过对水稻产量和水稻面积变化的分析发现，湖北省双季稻种植转为单季稻种植现象明显，且单季稻种植已成为主要种植方式。从播种面积看，种植模式已经基本完成转变，处于稳定状态，但水稻总播种面积下降接近500千公顷，单季稻播种面积远大于双季稻播种面积之和。从产量看，双季稻转种单季稻对粮食安全产生一定

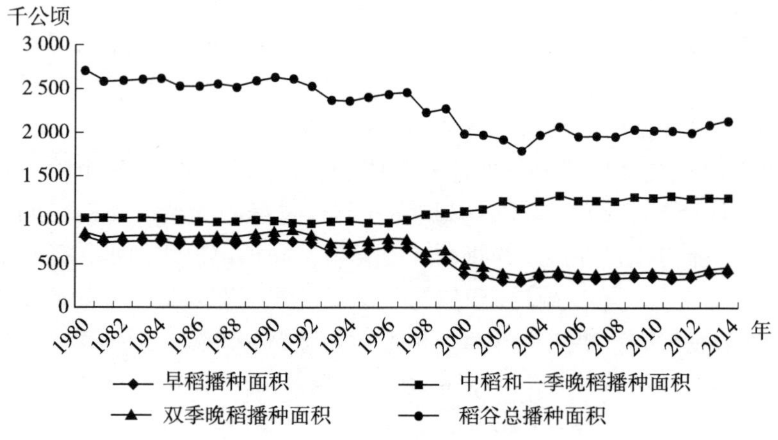

图 4-1　1980—2014 年湖北省不同种植模式下水稻播种面积变动分析

数据来源：中国统计年鉴。

负面影响，但中稻单产的增加使粮食总量不断上升，逐渐弥补了这种效应，且粮食总量在持续上升。

②不同种植模式水稻播种面积空间分布。1991—2011 年湖北省水稻播种面积下降了 22.37%，早稻和双季晚稻分别下降 54.32%和 54.42%，中稻播种面积则相应增加 32.26%，各地区具体变化情况如下。关于水稻总播种面积，若不看变化程度，襄阳市和随州市属于“先下降后上升”种植面积增加型，神农架林区属于种植面积不变型，宜昌市和恩施土家族苗族自治州（以下简称“恩施州”）种植面积持续下降属于减小型，其余地区都属于“先下降后上升”种植面积减少型。如图 4-2 显示，仙桃市、潜江市、武汉市是 1991—2011 年水稻种植面积减少最明显的三个城市，其次是孝感市、宜昌市、随州市，紧随其后的是咸宁市、天门市、黄石市、荆州市以及鄂州市。总的来说种植面积变化程度大的城市主要集中在湖北省南部以及中部地区。具体各种植模式的变化为，所有早稻以及双季晚稻种植区域的种植面积都在减小。

图 4-2 右边两个分布图显示，早稻和双季晚稻种植面积的变化基本一致，鄂东南、鄂东北、江汉平原以及鄂西南的宜昌市和鄂

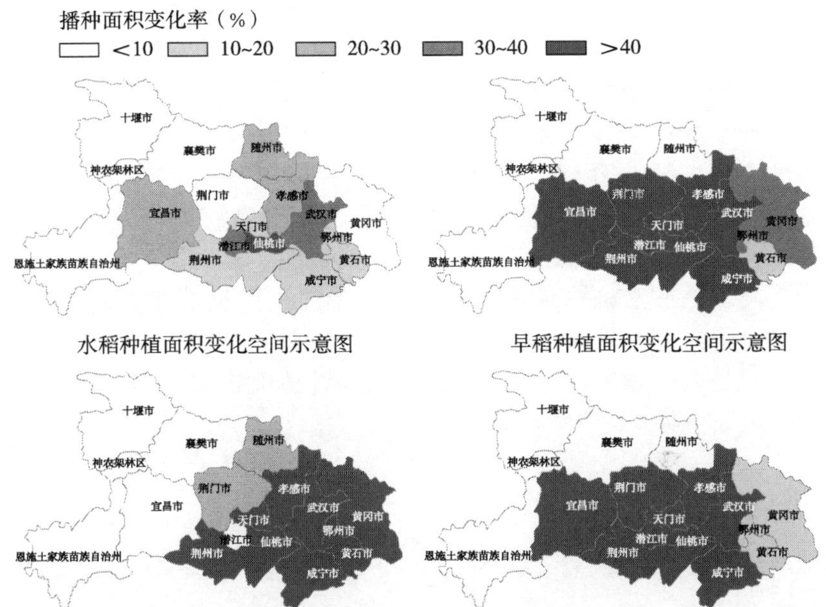

图 4－2　1991—2011 年湖北省不同种植模式水稻种植面积空间变化示意图

西北的荆门市早晚稻种植面积减小程度极其显著，种植面积变化最小的是黄石市，但早晚稻种植面积变化率分别高达 28%、25.7%，余下鄂西北和鄂西南的随州市、襄阳市、十堰市、神农架林区以及恩施州地区无早晚稻种植，属于中稻种植区。中稻和单季晚稻种植面积变化则主要集中在鄂东和鄂中地区，其中鄂东全部地区以及鄂中的荆州市、天门市、仙桃市中稻种植面积都增加至少 40%，潜江市是鄂中地区中稻和单季晚稻种植面积增加率最小的地区。总之，湖北省水稻种植模式已产生较大变化，鄂中和鄂东地区双季稻种植转化为单季稻种植现象明显，单季稻种植逐渐从湖北省西部向东部蔓延，但东部仍是双季稻主要种植区。

（2）不同种植模式水稻产量时空变化分析。

①不同种植模式水稻产量时间序列变化。1980 年以来，湖北

省水稻产量整体上呈波动上升趋势（图 4-3），1997 年达到历史最高水平的 1 818.5 万吨，此后开始下滑，2003 年后又开始稳步上升。其中，中稻和一季晚稻产量 1980 年至 2014 年持续稳定增长。而早稻产量和双季晚稻产量变化相对复杂，1980—1997 年变化微弱，1997 年之后则下降较快，2003 年起至今维持不变。水稻总产量受早稻产量和双季晚稻产量影响较大，1997 年到 2003 年期间，水稻总产量随着早稻产量和双季晚稻产量的下降而下降，之后水稻总量随着中稻和一季晚稻产量的增加而增加。总的来说，湖北省水稻总产量受不同种植模式产出影响较大，这种变化是由作物单产变化引起的，还是种植面积变化引起的，值得深入研究。

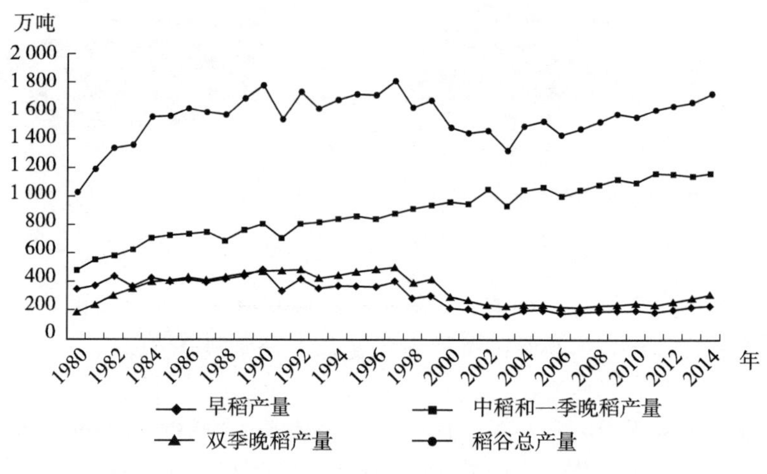

图 4-3　1980—2014 年湖北省不同模式水稻产量变动

数据来源：中国统计年鉴。

②不同种植模式水稻产量空间分布。1991—2011 年湖北省水稻产量上升 4.1%，中稻和单季晚稻产量上升 62.1%，早稻和双季晚稻产量分别下降 42.1%和 49.1%。1991—2001 年，水稻产量下降 6.6%，中稻和单季晚稻上升 33.1%，早稻和双季晚稻产量分别下降 37.7%、43.1%。2001—2011 年水稻产量上升 11.4%，中稻

和单季晚稻产量上升 21.8%，早稻和双季晚稻产量分别下降 7.1%、10.5%。对比两个阶段发现，第一阶段早稻和双季晚稻产量比第二阶段下降幅度大，第二阶段趋于平缓，但中稻和单季晚稻的产量上升幅度仍然较大。1991—2011 年具体各市的变化情况如下：从西南至东北贯穿整个湖北省的大多数地区水稻产量都发生改变，神农架林区、天门市、鄂州市、仙桃市、随州市五市增产幅度最大。其中荆州市、仙桃市、天门市、鄂州市、神农架林区水稻种植面积持续上升，宜昌市水稻播种面积持续下降，恩施州属于“先上升后下降”增加型，其余地区属于“先下降后上升”增加型。此间不同种植模式的产量也发生很大变化，如图 4－4 所示，早稻和双季晚稻减产地区相似，只是程度上稍有差异，但减产区域基本与种植模式面积空间变化一致，即早稻和双季晚稻种植面积减小幅度大，且粮食产量减小程度深。与之对应的是中稻及单季晚稻的产量

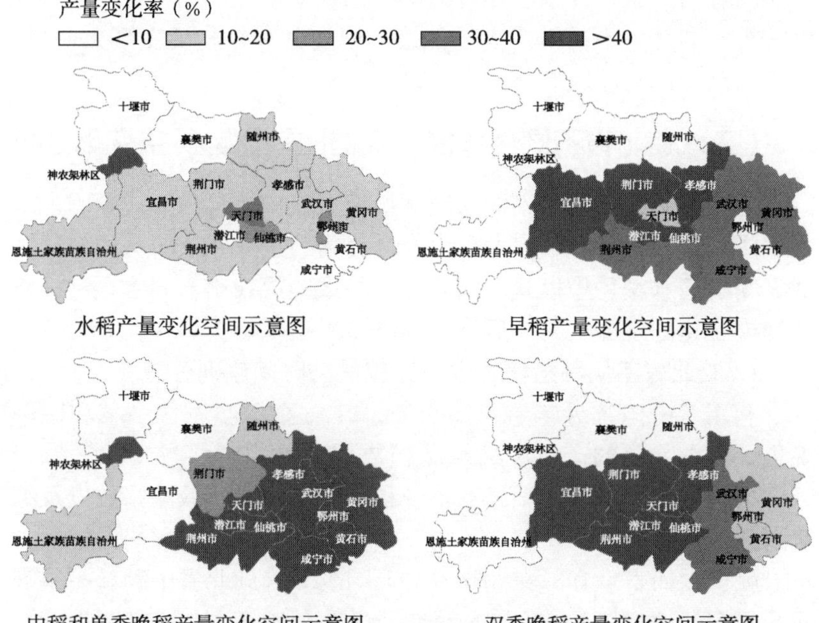

图 4－4　1991—2011 年湖北省不同模式水稻产量空间变化示意图

变化，鄂东和鄂中所有地区增加程度显著。其中比较突出的是神农架林区，中稻种植面积不变，但是产量上升显著，说明中稻单产在过去 20 年上升显著。

（3）水稻不同种植模式区域划分。通过分析湖北省 17 市域不同种植模式水稻种植面积和产量的空间分布发现，湖北省绝大多数市域的水稻种植模式及结构有所改变和转移。总种植面积减小最明显的五个城市分别是仙桃市、潜江市、武汉市、宜昌市和孝感市。单季稻种植逐渐至西向东取代双季稻，但目前水稻种植模式及结构已趋于稳定状态，不同区域已形成具有自身特点的种植模式，鄂西南（宜昌市、恩施州）和鄂西北（随州市、荆门市、襄阳市、十堰市、神农架林区）依旧保持其以单季稻种植为主的特点；江汉平原（荆州市、仙桃市、天门市、潜江市）双季稻转种单季稻明显，目前以单季稻种植为主；鄂东南（鄂州市、黄石市、咸宁市）以及鄂东北的黄冈市也存在双季稻转为单季稻现象，但双季稻种植仍占很大比重。湖北省不同模式水稻种植区域划分和结构转变现象明显，形成当前格局的原因有待深入探讨。

（二）湖北省不同种植模式水稻比较优势时空变化分析

为回答清楚湖北省不同水稻种植模式目前格局的形成原因，本书试图从规模指数、效率指数以及综合指数进一步比较分析不同区域之间不同水稻种植模式之间差异，并试图寻找出不同水稻种植模式规模变化的规律，为今后水稻种植布局提供依据。

1. 湖北省不同种植模式水稻比较优势时间序列分析

利用《中国统计年鉴》1980—2014 年全国早稻、中稻和一季晚稻、双季晚稻的产量和种植面积数据，得到湖北省 1980—2014 年早稻、中稻和一季晚稻、双季晚稻的规模指数、效率指数以及综合指数（表 4－3）。

就全国而言，1981—2014 年（图 4－5），湖北省中稻和一季晚稻的规模、效率以及综合比较优势指数整体高于早稻和双季晚稻，中稻和一季晚稻的规模指数、效率指数以及综合指数基本全部

表 4-3　湖北省早稻、中稻和一季晚稻、双季晚稻比较优势指数（1980—2014 年）

年份	规模指数			效率指数			综合指数		
	早稻	中稻和一季晚稻	双季晚稻	早稻	中稻和一季晚稻	双季晚稻	早稻	中稻和一季晚稻	双季晚稻
1980	0.948 7	1.157 4	0.831 7	1.089 3		0.725 8	1.016 6	1.121 8	0.777 0
1984	0.936 0	1.053 8	0.988 1	0.990 5	1.035 7	0.945 9	0.962 8	1.044 7	0.966 8
1988	1.001 7	0.954 7	1.066 8	0.996 4	1.023 2	0.986 2	0.999 0	0.988 4	1.025 7
1992	1.027 9	0.909 2	1.116 4	0.925 0	1.119 1	0.939 4	0.975 1	1.008 7	1.024 1
1996	1.010 8	0.923 5	1.111 1	0.889 8	1.094 8	0.989 2	0.948 4	1.005 5	1.048 4
2000	0.793 9	1.088 0	0.966 9	0.839 4	1.056 8	0.934 6	0.816 4	1.072 3	0.950 6
2002	0.696 9	1.140 0	0.870 2	0.807 0	1.027 3	0.932 7	0.749 9	1.082 2	0.900 9
2004	0.786 7	1.090 1	0.928 1	0.872 5	1.021 0	0.957 9	0.828 5	1.055 0	0.942 9
2006	0.811 4	1.086 9	0.902 8	0.907 1	1.030 1	0.906 8	0.857 9	1.058 1	0.904 8
2008	0.833 0	1.060 8	0.944 8	0.889 9	1.037 2	0.909 8	0.861 0	1.049 0	0.927 1
2010	0.852 0	1.054 6	0.945 4	0.882 8	1.035 4	0.926 1	0.867 3	1.044 9	0.935 7
2012	0.840 9	1.061 1	0.934 3	0.851 5	1.043 9	0.925 6	0.846 2	1.052 5	0.929 9
2014	0.918 2	1.003 0	1.048 1	0.832 9	1.067 9	0.939 1	0.874 5	1.035 0	0.992 1

数据来源：根据中国统计年鉴数据计算所得。

大于 1，早稻和双季晚稻相应系数基本小于 1，其中晚稻较早稻而言越来越具备比较优势。1980—1999 年水稻三种种植模式的综合指数差距较小，双季晚稻综合指数波动较大，与早稻综合指数以及中稻和一季晚稻综合指数时有交错。1999 年之后，水稻三种种植模式的综合指数差距扩大，中稻和一季晚稻综合指数比较优势凸显，远优于早稻和双季晚稻，而双季晚稻的综合指数又优于早稻，三者基本保持此差距，变动缓慢。总之，湖北省水稻种植比较优势随着时间逐渐清晰，较全国而言，中稻和一季晚稻的种植不管是种植规模、种植效率还是综合指数都更具有比较优势，反映了湖北省单季稻种植逐渐占据主要位置的种植模式转变。

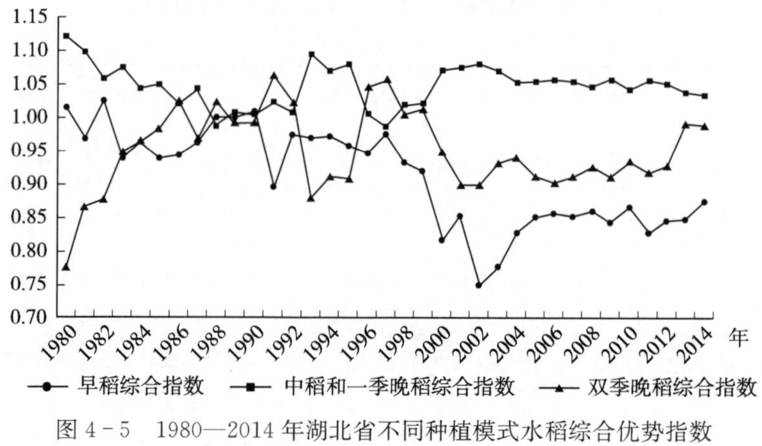

图 4-5　1980—2014 年湖北省不同种植模式水稻综合优势指数

2. 湖北省不同种植模式水稻比较优势空间分析

本书选取了湖北省具有代表性的 1991 年、2001 年以及 2011 年各市域不同水稻种植模式数据，对其比较优势进行计算分析。基于湖北省的种植特点以及计算结果，将湖北省各市域优势指数划分为五个区间：不种植区域、<0.9、0.9～1.1、1.1～1.3、>1.3。

（1）早稻比较优势指数分析。湖北省早稻种植和全国比较没什么优势，效率比较优势指数、规模比较优势指数、综合比较优势指数基本均小于 1。湖北省内部绝大多数市域的早稻种植效率比较优势指数都大于 1（表 4-4）。

表 4-4　1991—2011 年湖北省各市域早稻比较优势指数

	效率优势指数			规模优势指数			综合优势指数		
	1991 年	2001 年	2011 年	1991 年	2001 年	2011 年	1991 年	2001 年	2011 年
武汉	1.15	1.18	1.23	1.55	1.67	2.21	1.55	1.67	2.21
黄石	1.22	1.27	1.35	1.67	2.09	2.47	1.67	2.09	2.47
十堰	—	—	—	—	—	—	—	—	—
荆州	1.05	1.04	1.22	1.18	1.23	1.19	1.18	1.23	1.19
宜昌	1.1	1.08	1.23	0.55	0.53	0.53	0.55	0.53	0.53

（续）

	效率优势指数			规模优势指数			综合优势指数		
	1991 年	2001 年	2011 年	1991 年	2001 年	2011 年	1991 年	2001 年	2011 年
襄樊	—	—	—	—	—	—	—	—	—
鄂州	1.01	1.33	1.23	1.47	2.36	1.92	1.47	2.36	1.92
荆门	1.04	1.03	1.1	0.43	0.18	0.27	0.43	0.18	0.27
孝感	1.13	1.11	1.04	1.26	1.06	0.63	1.26	1.06	0.63
黄冈	1.19	1.22	1.1	1.52	1.86	1.75	1.52	1.86	1.75
咸宁	1.05	1.19	1.18	1.4	1.56	1.62	1.4	1.56	1.62
恩施	—	0.88	—	—	0.04	—	—	0.04	—
随州	—	—	—	—	—	—	—	—	—
仙桃	1	1.04	0.98	1.34	0.97	0.15	1.34	0.97	0.15
天门	0.98	1.18	1.11	1.33	1.21	1.15	1.33	1.21	1.15
潜江	1.08	0.96	1.18	0.59	0.01	0.01	0.59	0.01	0.01
神农架	—	—	—	—	—	—	—	—	—

数据来源：根据湖北农村统计年鉴计算所得。

1991—2011 年的效率比较优势指数除孝感、黄冈和仙桃稍有下降，其余均有所上升，说明湖北省内大多数市域早稻种植效率相对具有竞争优势，且这种优势在逐渐凸显，其中黄石市、武汉市、鄂州市、黄冈市、宜昌市、咸宁市是最突出的几个区域。湖北省市域早稻生产的效率比较优势是全省早稻平均单产、该省水稻平均单产和某一具体市域早稻平均单产、该市水稻平均单产共同影响的结果，表现出来则是早稻单产水平相对水稻平均单产上升快；早稻的规模比较优势则变化较为复杂，宜昌市基本保持不变，由 1991 年的 0.55 稍降至 2011 年的 0.53。仙桃市、孝感市下降迅速，分别由 1991 年的 1.34、1.26 下降到 2011 年的 0.15、0.63，说明其规模优势锐减。潜江市和荆门市原本早稻规模比较优势指数就不高，但仍大幅度下降，潜江市规模比较优势指数甚至降为 0.01。其余市域的早稻规模比较优势指数均保持在 1 以上，其中黄石市、武汉市、鄂州市最高，这些市域早稻种植规模相对更具有优势。从市域单元来看，湖北省早稻种植规模比较优势指数整体趋于下降，且种植市域逐渐向东部地区转移，整体表现出一种“东移”趋势。湖北省各市域的早稻综合比较优势指数显示（图 4-6），黄石、武汉、鄂州、黄冈、咸宁、荆州、天门具有早稻种植优势，且从 1991 年至 2011 年这种优势差异以及分区现象越来越明显。这种差异主要是由规模比较优势指数造成的，说明早稻种植面积以及产量变化大，大部分市域种植结构有所调整，产生了较为明显的区域种植特点，早稻整体种植重心向东部聚集。

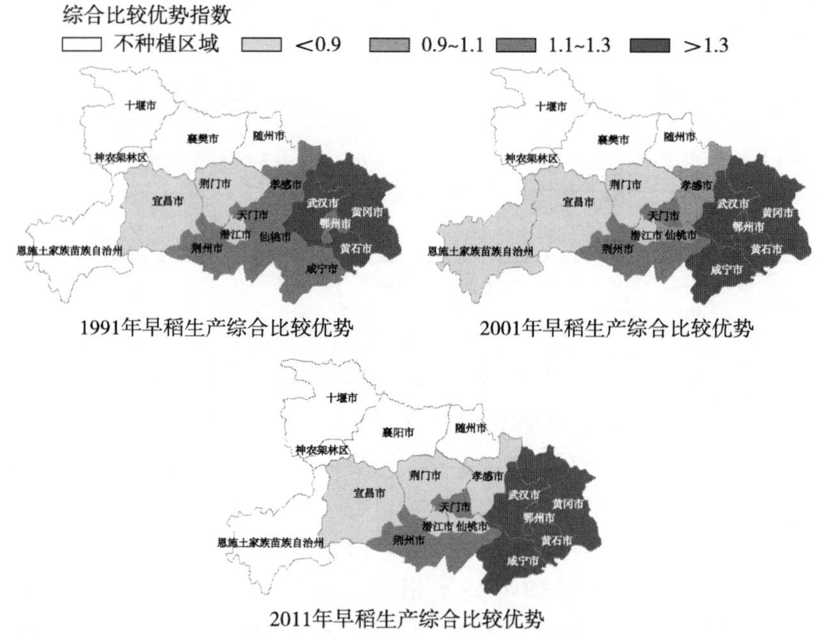

图 4-6　1991—2011 年湖北省早稻生产综合比较优势指数空间示意

（2）中稻和单季晚稻比较优势分析。湖北省中稻和单季晚稻生产效率和规模比较优势指数在全国具有一定优势，因而对具体优势区域分析具有一定意义。由表 4-5 可知，湖北省内各市域中稻和单季晚稻生产效率比较优势指数差异较小，且整体偏低，说明各市域种植效率差异不突出。其中鄂州市、荆州市、武汉市、黄石市、仙桃市以及天门市平均效率指数较高，但是均小于等于 1 大于 0.95，十堰市、襄阳市、随州市以及神农架林区四个地区的平均效率指数均为 0.84，是湖北省最低水平。规模比较优势指数则差异明显，十堰市、神农架林区、恩施州、襄阳市、随州市、荆门市、潜江市、宜昌市依次是省内平均规模优势指数最高的 8 个市，其余市域的平均规模优势指数均小于 1 且部分市域均值小于 0.5。另外，十堰市、神农架林区、襄阳市、恩施州、随州市单季稻种植区的规模比较优势指数在逐渐减小，其余区域的中稻和单季晚稻规模指数则均有所上升，说明省内单季稻种植区域的水稻种植比重下降，水稻种植结构在改变。

表 4－5　1991—2011 年湖北省各市域中稻和单季晚稻比较优势指数

	效率优势指数			规模优势指数			综合优势指数		
	1991 年	2001 年	2011 年	1991 年	2001 年	2011 年	1991 年	2001 年	2011 年
武汉	0.93	1.01	1	0.29	0.64	0.46	0.29	0.64	0.46
黄石	0.96	0.96	0.99	0.23	0.29	0.36	0.23	0.29	0.36
十堰	0.8	0.87	0.87	2.41	1.62	1.48	2.41	1.62	1.48
荆州	1.07	1.02	0.91	0.69	0.82	0.93	0.69	0.82	0.93
宜昌	0.86	0.91	0.89	1.68	1.27	1.24	1.68	1.27	1.24
襄樊	0.8	0.87	0.87	2.41	1.62	1.48	2.41	1.62	1.48
鄂州	1.03	0.92	1.03	0.2	0.34	0.5	0.2	0.34	0.5
荆门	0.86	0.9	0.89	1.85	1.49	1.37	1.85	1.49	1.37
孝感	1.04	0.96	0.93	0.68	1.06	1.18	0.68	1.06	1.18
黄冈	0.95	0.94	0.96	0.37	0.5	0.57	0.37	0.5	0.57
咸宁	1.04	0.9	0.9	0.51	0.66	0.72	0.51	0.66	0.72
恩施	0.8	0.87	0.87	2.41	1.61	1.48	2.41	1.61	1.48
随州	0.8	0.87	0.87	2.41	1.62	1.48	2.41	1.62	1.48
仙桃	1.09	0.97	0.89	0.2	0.95	1.36	0.2	0.95	1.36
天门	1.08	0.91	0.95	0.31	0.88	0.95	0.31	0.88	0.95
潜江	0.91	0.88	0.87	1.59	1.54	1.48	1.59	1.54	1.48
神农架	0.8	0.87	0.87	2.41	1.62	1.48	2.41	1.62	1.48

数据来源：根据湖北农村统计年鉴计算所得。

整体来看，中稻和单季晚稻综合比较优势指数的差异在减小，但单季稻种植范围在自西向东逐渐扩大（图 4-7），除固有的单季稻种植区，荆门市、宜昌市、潜江市、孝感市、仙桃市、天门市、荆州市将变为或者已成为以单季稻种植为主的种植区域。双季稻转单季稻已无可避免，为了稳固湖北省在全国粮食生产方面的地位，应在具有效率优势的市域注重单季稻生产发展。

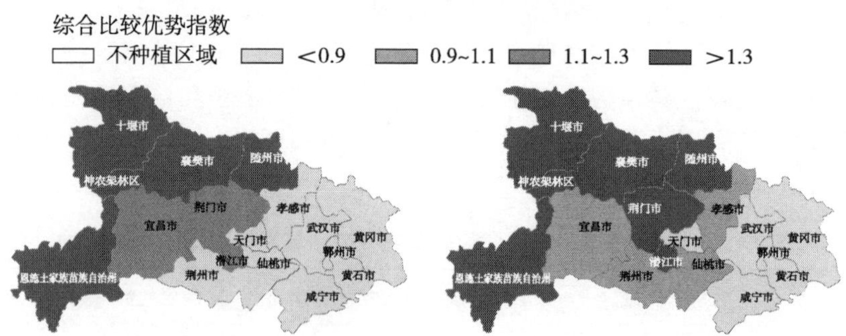

1991年中稻和单季晚稻生产综合比较优势　2001年中稻和单季晚稻生产综合比较优势

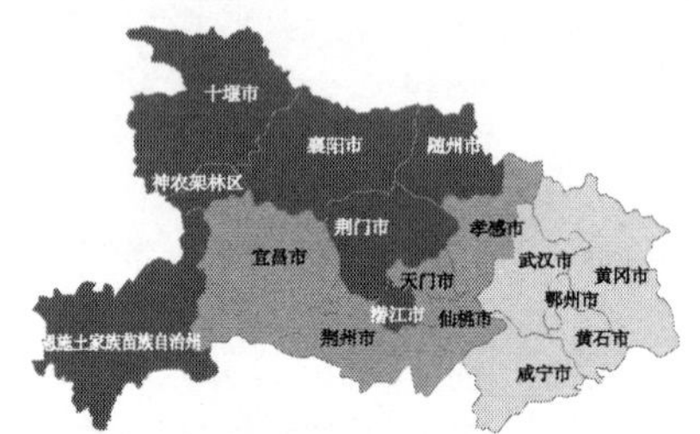

2011年中稻和单季晚稻生产综合比较优势

图 4-7　1991—2011 年湖北省中稻和单季晚稻生产综合比较优势指数空间示意

（3）双季晚稻比较优势分析。湖北省双季晚稻的种植特点和早稻种植具有许多相似之处，但是，湖北省双季晚稻综合比较优势指数在全国虽没有明显的优势，但是优于早稻生产。除潜江市和荆门市，湖北省其余市域的晚稻种植效率比较优势指数均大于 1，且1991—2011 年大多数市域的晚稻效率比较优势指数都有不同程度的上升（表 4-6）。仙桃市、孝感市、潜江市、荆门市的规模比较优势指数快速下降且远低于 1，宜昌市保持持续的低规模比较优势指数，黄石市、鄂州市、黄冈市、武汉市、咸宁市是晚稻种植规模优势最大的地区。从图 4-8 可以发现，晚稻综合效率指数基本完全受规模比较优势指数的影响，和早稻一样向东部集中。

表 4-6　1991—2011 年湖北省各市域双季晚稻比较优势指数

	效率优势指数			规模优势指数			综合优势指数		
	1991 年	2001 年	2011 年	1991 年	2001 年	2011 年	1991 年	2001 年	2011 年
武汉	1.16	1.1	1.29	1.48	1.52	2.12	1.48	1.52	2.12
黄石	1.12	1.2	1.24	1.48	2.23	2.27	1.48	2.23	2.27
十堰	—	—	—	—	—	—	—	—	—
荆州	1.04	1.09	1.25	1.26	1.36	1.14	1.26	1.36	1.14
宜昌	0.91	1.03	1.15	0.51	0.61	0.51	0.51	0.61	0.51
襄樊	—	—	—	—	—	—	—	—	—
鄂州	1.25	1.15	1.22	1.65	1.86	2.2	1.65	1.86	2.2
荆门	0.8	0.74	0.99	0.37	0.23	0.22	0.37	0.23	0.22
孝感	1.01	0.98	1.04	1.21	0.79	0.61	1.21	0.79	0.61
黄冈	1.11	1.21	1.37	1.41	1.8	2.04	1.41	1.8	2.04
咸宁	1.14	1.25	1.39	1.32	1.55	1.6	1.32	1.55	1.6
恩施	—	—	—	—	—	—	—	—	—
随州	—	—	—	—	—	—	—	—	—
仙桃	1.22	1.09	1.06	1.75	1.19	0.34	1.75	1.19	0.34
天门	1.21	1.19	1.2	1.61	1.2	1.11	1.61	1.2	1.11
潜江	0.81	0.92	0.72	0.57	0.22	0	0.57	0.22	0
神农架	—	—	—	—	—	—	—	—	—

数据来源：根据湖北农村统计年鉴计算所得。

在全国范围内，湖北省中稻种植的规模、效率相对具有一定的竞争优势，且综合比较优势目前基本维持稳定。就湖北省内部而言，早稻和双季晚稻综合比较优势指数东高西低，种植重心东移，这种现象主要是双季稻转单季稻种植导致种植面积减小而引起的。中稻和单季晚稻综合比较优势从西至东扩展，种植规模扩大起了关键作用。虽然各市早晚稻种植的效率比较优势显著，但是对综合效率指数影响小，因而提高单产已经不能改变目前双季稻转单季稻的种植模式转变趋势。

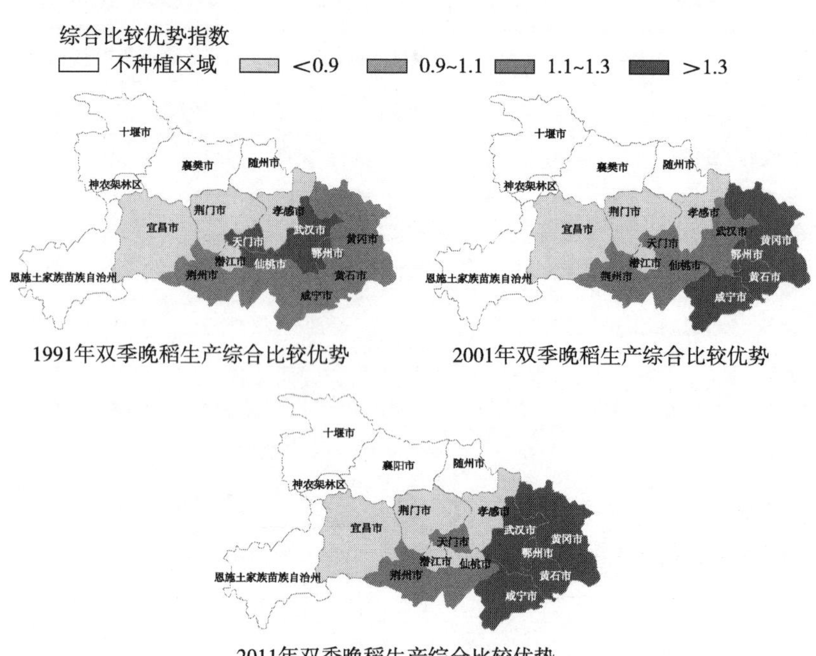

图 4-8　1991—2011 年湖北省晚稻生产综合比较优势指数空间示意

五、结论与讨论

本章基于宏观视角，研究长江中下游平原粮食品种构成，同时将水稻不同种植模式与区域优势相结合，对长江中下游平原六省、湖北省 17 个市域层面水稻种植规模和效率比较优势进行时空分析，展现了该地区水稻的生产特征和发展趋势，主要结论如下。

第一，从粮食品种的构成及水稻种植比较优势来看，长江中下游平原最主要的粮食作物是水稻，该地区水稻生产在全国占有重要地位，而中稻和一季晚稻是该地区最主要的水稻类型。当前，长江中下游平原水稻生产正处于稳定增长时期，但其产量周期性波动仍随时可能发生。与此同时，长江中下游平原各省水稻种植存在明显的差异，不同种植类型在不同省份之间显示出不同的比较优势，但湖北省水稻种植变动相对稳定，且能够兼顾长江中下游平原其余省份的相应生产特征，因此将湖北省作为研究对象，对长江中下游平原具有良好的代表性。

第二，水稻种植结构“双转单”现象显著，水稻种植总面积下降。湖北省双季稻种植转为单季稻种植现象明显，单季稻种植已成为主要种植方式，且各种植模式播种面积目前趋于稳定，单季稻种植面积远大于双季稻种植面积之和，水稻总种植面积下降接近500千公顷。这种转变对粮食安全产生负面影响，但粮食单产增加弱化并消除了这种效应，故提高农业生产技术，加大农业科研经费投入，提高耕地产出效率，有益于农业稳定可持续发展。

第三，不同水稻种植模式区域布局明显。湖北省内大部分市域水稻种植模式及结构有所调整，鄂中和鄂东地区最为显著。单季稻种植逐渐至西向东取代双季稻，以单季稻种植为主的鄂西南和鄂西北地区依旧保持其特点。湖北省水稻生产格局已发生较大改变，在今后的生产力布局上应加以调整，在双季稻区增加土地肥力，防止耕地退化，同时调整耕作制度，推广轮作制度，保养地力；在单季稻区则应调节耕地种植结构，推广优质稻种植，促进单季水稻向高质优质发展。

第四，湖北省粮食主产区地位下降，单季稻地位凸显。在全国范围内，湖北省中稻种植的规模、效率相对具有一定的竞争优势，综合比较优势整体稍有下降，目前基本维持稳定，早稻和双季晚稻综合比较优势近年则下降显著，即湖北省粮食主产区地位下降。就湖北省内部而言，各市早稻和双季晚稻种植的效率比较优势显著，这种优势虽未对综合比较优势指数起到决定性作用，但仍应保持其高效率的生产方式，中稻和单季晚稻综合比较优势从西至东扩展，种植规模扩大起了关键作用。以湖北省为代表的长江中下游平原地区双季稻种植区目前单季稻生产具有显著的规模优势，因而应注重长江中下游平原区域水稻生产向产业化、专业化方向推进。

基于此，本书以湖北省中稻为研究对象，紧扣关系长江中下游平原粮食安全的关键粮食作物开展研究。

第五章 基于宏观视角的水稻生产经营环境分析

通过第三章分析发现，长江中下游平原最主要的粮食作物是水稻，该地区水稻生产在全国占有重要地位，且中稻和一季晚稻是该地区最主要的水稻种植类型。同时第四章分析发现，长江中下游平原内部水稻种植存在明显的空间差异，不同种植类型在不同省份之间显示出不同的比较优势，但湖北省能够兼顾长江中下游平原其余省份的相应生产特征，对长江中下游平原具有良好的代表性。因此，为尽量保证研究环境的基本同质性以及生产模式的相似性，本书在下文的研究中将重点以湖北省中稻为研究对象。

一、湖北省粮食生产的耕地资源利用变化分析

（一）湖北省粮食生产的空间特征

由于社会经济发展水平不一，地形地势与水土资源不同，湖北省各市（州）的农业生产状况也存在较大差异，参考吴胜军，洪松等（2007）和毛晓丹、冯中朝等（2014）人的研究，结合各地粮食生产特点，将湖北省分为武汉都市农业区、鄂中丘陵平原农业区以及鄂东—鄂西山地丘陵农业区（图 5-1）。

人均粮食产量是反映地区粮食生产能力的重要指标，在粮食总产量相同的条件下，人均粮食产量越高的地区粮食供给能力越强，作为粮食产区的重要性越强。结合中国农科院食物发展研究课题组（1991）、陈百明（2002）和金涛、陆建飞（2011）等学者的研究，依据湖北省粮食供求状况和人均粮食产量的差异，将各市（州）分为五类产粮区，分别为严重缺粮区（低于 150 千克）、一般缺粮区

(150～300 千克)、基本自给区 (300～400 千克)、一般余粮区 (400～500 千克) 和重要余粮区 (高于 500 千克) (图 5-2)。

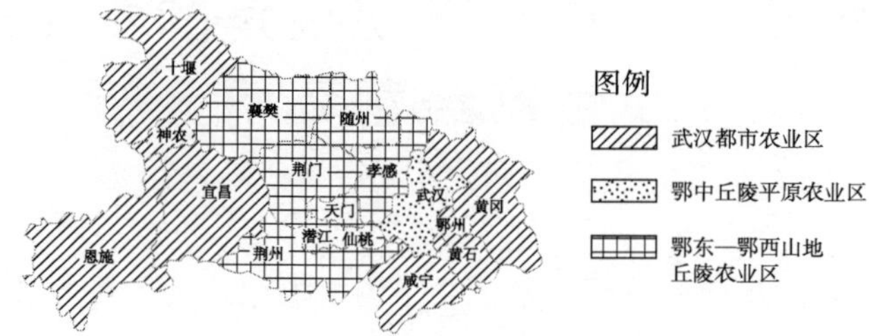

图 5-1　湖北省农业类型分区

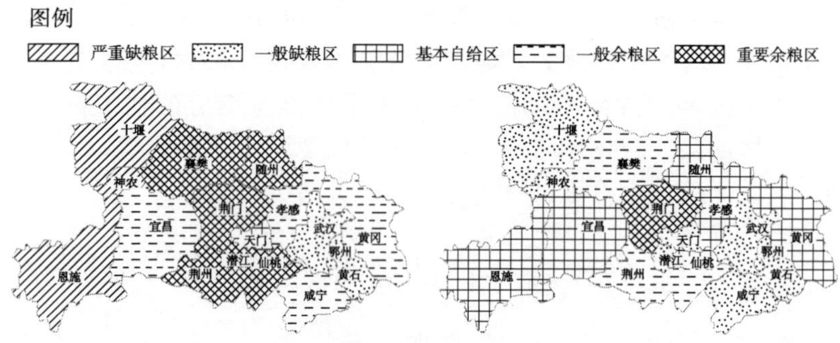

(1) 1994年湖北省人均粮食产量地域格局变化　(2) 2003年湖北省人均粮食产量地域格局变化

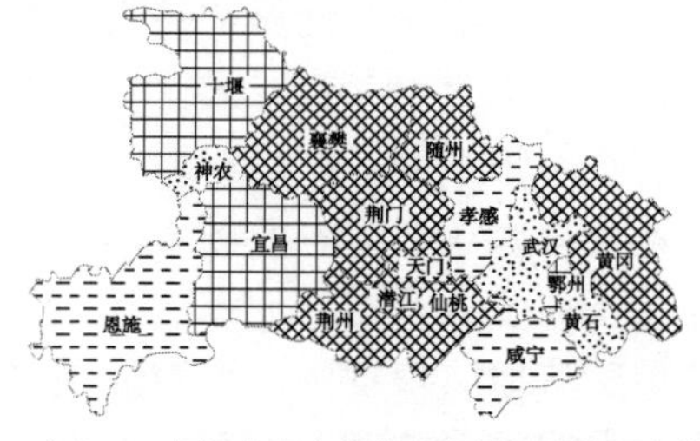

(3) 2012年湖北省人均粮食产量地域格局变化

图 5-2　湖北省人均粮食产量地域格局变化

在不同阶段，各市 (州) 人均粮食产量表现出明显差异，总体而言，呈现出两个特点。①从时间趋势看，各市 (州) 人均粮食产量变化同全省粮食总产量的波动基本一致：1994 年全省粮食总产量相对稳定，除武汉、黄石和神农架等地为一般缺粮区外，其他市州均实现了基本自给或有余粮；2003 年，全省粮食产量进入低谷，除荆门、襄阳和荆州三地有余粮外，其他市州都表现为缺粮或基本自给；2012 年，全省粮食产量实现连续增长，襄阳、随州等八个地市的人均粮食产量均超过 500 千克。②从全省范围看，粮食产量呈现出中间高，两边低的特征：以荆门为中心向北包括襄阳、随州、孝感，向南涵盖荆州、仙桃、潜江、天门，地形以平原、丘陵为主，种植业发达，是最主要的余粮区；鄂东的黄冈、鄂州、黄石、咸宁等地和鄂西的十堰、神农架、宜昌、恩施等地地形以山区、丘陵为主，平原较少，适合生产粮食的地区不多，粮食供给能力相对较弱；武汉是湖北的省会城市，人口众多，对粮食需求量大，而粮食生产功能逐渐减弱，粮食对外依赖程度不断提高。

（二）粮食产出模型与耕地利用的 LMDI 分解模型

粮食总产出 Q 的计量模型为（金涛、陆建飞，2011）：

$$Q_i = Y_i \times A_i = Y_i \times L_i \times S_i \times M_i$$

式中，Q 为粮食总产量（万吨）；i 为湖北省各市州。具体而言，Y 为单位播种面积的粮食产量（千克/亩），反映耕地利用集约化程度和强度；L 为耕地面积（千公顷），反应耕地的数量和规模；S 为粮食作物播种面积占总播种面积的比重，反映粮食生产在整个耕作中的比例结构；M 为复种指数，农作物总播种面积/耕地面积，反映耕作制度的变化与耕地的利用程度。

参考金涛和陶凯俐（2013）的研究成果，定义 i 市粮食总产量从基期（0 年）到观测期（t 年）的变化，称为粮食总产出的变化量，为 ΔQ_i，主要受四个方面影响：粮食单产变化产生的强度效应 ΔQ_{iY}，耕地面积变化产生的规模效应 ΔQ_{iL}，粮食作物播种面积占总播种面积的比重变化产生的结构效应 ΔQ_{iS} 以及复种指数变化引起的程度效应 ΔQ_{iM}，这些变化的单位均为万吨。LMDI 加法分解的表达式为（B. W. Ang、F. Q. Zhang 等，1998）：

$$\Delta Q_i = Q_{it} - Q_{i0} = Y_{it} \times L_{it} \times S_{it} \times M_{it} - Y_{i0} \times L_{i0} \times S_{i0} \times M_{i0}$$
$$= \Delta Q_{iY} + \Delta Q_{iL} + \Delta Q_{iS} + \Delta Q_{iM}$$

$$\Delta Q_{iY} = W'_i \times \ln \frac{Y_i^t}{Y_i^0}; \quad \Delta Q_{iL} = W'_i \times \ln \frac{L_i^t}{L_i^0};$$

$$\Delta Q_{iS} = W'_i \times \ln \frac{S_i^t}{S_i^0}; \quad \Delta Q_{iM} = W'_i \times \ln \frac{M_i^t}{M_i^0}$$

其中，$W'_i = \frac{Q_i^t - Q_i^0}{\ln Q_i^t - \ln Q_i^0}$，$Q_i^t$ 为 i 市 t 时期的粮食总产量。

（三）湖北省粮食生产的耕地利用效应特征

1. 时间特征分析

结合粮食总产量的指数波动曲线，以 1978 年、1984 年、1990 年、1997 年和 2003 年为基期，利用 LMDI 分解模型，得出 1978—2012 年五个不同时期内粮食总产量变化及耕地利用因素的分解结果（表 5－1）。结果表明，2012 年粮食总产量较 1978 年增加了 764.98 万吨，耕地利用因素对粮食产出的影响依次是：强度效应>结构效应>程度效应>规模效应，各因素在不同时期对粮食产出的作用也不同。

表 5－1　1978—2012 年湖北省粮食总产量变化及耕地利用因素分解

单位：万吨

年份	总产量变化	强度效应	结构效应	程度效应	规模效应
1978—1984	439.02	525.06	45.90	－69.49	－62.45
1984—1990	298.07	338.14	－31.89	96.58	－104.76
1990—1997	179.37	306.07	－250.72	221.53	－97.52
1997—2003	－668.83	58.34	－548.15	35.82	－214.83
2003—2012	517.35	171.53	80.25	27.11	238.45
1978—2012	764.98	1 332.20	－604.31	249.34	－212.25

第一，强度效应。依靠农业技术进步，投入优良品种，加强田间管理，提高粮食作物单位面积产量是促进湖北省粮食增产的首要

途径，同1978年相比，2012年粮食单产提高为增加粮食产量贡献了1 332.20万吨的增量。由于农作物生长特性与边际收益递减规律，粮食单产促进总产增加的作用逐渐降低。

第二，结构效应。粮食总产量受种植业结构调整的影响明显：改革开放初期，“决不放松粮食生产，积极发展多种经营”的基本方针保障了湖北省粮食生产的稳定增长；1985—1997年，国家农业结构调整提出“确保粮食生产总量，重视农产品质量和农业效益”，1998年开始以种植业内部结构及农牧结构为主的调整（翟荣新、刘彦随等，2009），因此，1984—2003年，湖北省因结构效应导致的粮食减量逐年增加；2003年以后因政策调整粮食产量才恢复增长。同1978年相比，2012年湖北省粮食总产量因结构调整减产604.31万吨。

第三，程度效应。耕作制度是影响粮食生产的重要因素。1978—1984年，我国农村土地制度处于人民公社制向家庭联产承包责任制转型的关键时期，农村土地关系不稳定影响了耕作制度，导致复种指数有所下降；1984—1997年，随着农村土地关系的逐渐稳定，复种指数也逐渐上升，粮食产量也随之提高；1997年以后，复种指数基本保持在较稳定的水平，对粮食增产的作用也相对较小。同1978年相比，2012年程度效应为粮食总产量贡献了249.34万吨的增量。

第四，规模效应。耕地是粮食生产的基础资源，改革开放后，湖北省工业化城镇化进程逐步加快，耕地非农化规模不断增加，因耕地减少导致的粮食减量持续加大。2003年以来，国家明确提出“坚守18亿亩耕地红线”并加大对耕地资源的保护力度，湖北省耕地资源也得以恢复增长。同1978年相比，2012年湖北省粮食总产量因规模效应减产212.25万吨。

2. 空间特征分析

以1994年为基期，利用LMDI分解模型，得出1994—2012年湖北省各市（州）粮食总产量变化及耕地利用因素的分解结果（表5-2）。

表 5-2　1994—2012 年湖北省各市（州）粮食总产量变化及耕地利用因素分解

单位：万吨

地区		总产量变化	强度效应	结构效应	程度效应	规模效应
武汉都市农业区	武汉市	−43.16	10.3	−53.71	18.3	−18.05
鄂中丘陵平原农业区	荆州市	27.61	19.56	−36.17	27.41	16.81
	襄阳市	149.95	6.78	56.17	55.29	31.72
	荆门市	19.32	15.28	−18.97	18.26	4.75
	孝感市	1.5	15.33	−42.58	18.42	10.34
	随州市	40.53	2.27	5.86	28.28	4.11
	仙桃市	−4.47	21.1	−16.23	1.98	−11.33
	天门市	7.44	15.19	−8.83	0.54	0.55
	潜江市	−2.78	5.6	−13.71	3.78	1.54
	合计	239.1	101.11	−74.46	153.96	58.49
鄂东—鄂西山地丘陵农业区	黄石市	6.39	11.24	−13.1	2.63	5.61
	鄂州市	3.26	5.25	−7.35	5.72	−0.36
	黄冈市	29.17	20.85	−119.17	106.87	20.63
	咸宁市	−2.66	3.12	−24.55	12.3	6.47
	十堰市	4.31	29.78	−34.39	22.76	−13.84
	宜昌市	−0.73	23.06	−36.68	17.31	−4.42
	恩施	27.41	28.94	−38.58	52.3	−15.25
	神农架	−0.03	1.37	−0.6	0.42	−1.21
	合计	67.12	123.61	−274.42	220.31	−2.37

结果表明，武汉都市农业区粮食产量明显减少，鄂中丘陵平原农业区是湖北省粮食产量增加的主要地区，鄂东—鄂西山地丘陵农业区也为粮食增产做出了积极贡献。从影响各地粮食产量变化的耕地利用因素看，呈现出四个特点。

第一，强度效应。单产提高对各地粮食增产的作用都很重要。

同 1994 年相比，2012 年武汉都市农业区、鄂中丘陵平原农业区和鄂东—鄂西山地丘陵农业区的粮食总产量因强度效应分别累计增产 10.3 万吨、101.11 万吨和 123.61 万吨。这表明依靠农业技术进步提高粮食单产仍然是增加粮食产量的主要途径。

第二，结构效应。种植业结构调整是导致各地粮食减产的首要原因。由于自然环境与社会经济发展存在差异，各地种植业结构变化的程度与方向也不相同：武汉市作为中部地区中心城市，人口众多，对蔬菜、花卉等园艺产品的需求量较大，武汉都市农业区的结构调整以园艺作物为主，重在发展设施农业；鄂中丘陵平原农业区农耕历史悠久，是重要的商品粮、棉、油生产基地，该区的结构调整既要确保粮食生产也重视农业效益的提高；鄂东—鄂西山地丘陵农业区地形环境复杂，发展烟叶、药材等特色农产品能有效发挥该区的地理优势。

第三，程度效应。复种指数的上升是各地粮食增产的重要原因。随着耕作制度的逐步优化，水利设施的完善，农业机械化水平的提高，各市（州）的复种指数都得以普遍增加。

第四，规模效应。耕地规模减小是导致各地粮食减产的次要原因。其中，武汉市工业化城市化发展迅速，耕地资源减少也最为明显；鄂中丘陵平原农业区耕地保护较好，除仙桃外，其他地市耕地资源都有一定程度的增长；鄂东—鄂西山地丘陵农业区是重要的生态环境保护区，在城镇化与退耕还林政策的双重因素影响下该区耕地规模有所减少。

二、农业生产的劳动力要素分析

由于农业生产的自然属性，在技术水平和耕地资源一定的情况下，农业所能容纳的劳动力是有限的，因而在乡村从业人员数量超出农业所能提供的就业岗位时，若具有吸引力的非农就业机会出现，没有得到充分就业的乡村从业人员将会转移到非农行业。自 1978 年以来，我国国民经济发展长期保持高速稳定增长，非农就业需求旺盛，大量农村劳动力背井离乡，进入城市从事非农产业。湖北省人口众多，劳动力资源丰富，在农村劳动力向城市转移的大趋势下，农业劳动力的数量与质量也发生着深刻变化。本节将基于人口普查数据和统计年鉴数据，从农林牧渔业从业人员的数量、年龄、性别、受教育程度分析农村劳动力的基本情况，并以荆州市为例，分析湖北省农村劳动力转移的基本情况，以期反映湖北省粮食生产劳动力投入面临的客观困境。

（一）农林牧渔业从业人员的基本情况分析

1. 农林牧渔业从业人员的数量变化分析

截至2016年，湖北省有乡村从业人员2 290.90万人，其中，农林牧渔业从业人员863.64万人（表5-3）。

表5-3　1978—2016年湖北省乡村从业人员和农林牧渔业从业人口的数量变化

年份	乡村从业人员（万人）	农林牧渔业从业人员（万人）	比重（%）	年份	乡村从业人员（万人）	农林牧渔业从业人员（万人）	比重（%）
1978	1 468.48	1 354.92	92.27	1990	1 791.3	1 453.96	81.17
1979	1 485.8	1 378.84	92.80	1991	1 808.96	1 486.44	82.17
1980	1 500.56	1 393.69	92.88	1992	1 805.11	1 452.23	80.45
1981	1 529.34	1 432.75	93.68	1993	1 822.75	1 422.49	78.04
1982	1 568.61	1 454.56	92.73	1994	1 826.21	1 379.52	75.54
1983	1 590.09	1 457.26	91.65	1995	1 810.44	1 329.18	73.42
1984	1 631.05	1 429.25	87.63	1996	1 792.83	1 296.46	72.31
1985	1 648.88	1 324.44	80.32	1997	1 783.5	1 266.04	70.99
1986	1 668.51	1 335.48	80.04	1998	1 770.48	1 232.85	69.63
1987	1 699.18	1 356.02	79.80	1999	1 769.82	1 210.91	68.42
1988	1 733.51	1 381.77	79.71	2000	1 781.7	1 159.13	65.06
1989	1 757.41	1 419.39	80.77	2001	1 781.68	1 143.72	64.19

（续）

年份	乡村从业人员（万人）	农林牧渔业从业人员（万人）	比重（%）	年份	乡村从业人员（万人）	农林牧渔业从业人员（万人）	比重（%）
2002	1 797.56	1 130.97	62.92	2010	2 154.44	909.22	42.20
2003	1 832.46	1 110.71	60.61	2011	2 203.02	885.63	40.20
2004	1 877.03	1 105.71	58.91	2012	2 259.91	863.49	38.21
2005	1 931.15	1 101.29	57.03	2013	2 280.14	869.49	38.13
2006	1 967.12	1 085.81	55.20	2014	2 308.72	865.21	37.48
2007	2 030.61	1 047.67	51.59	2015	2 300.88	869.32	37.78
2008	2 078.77	996.76	47.95	2016	2 290.90	863.64	37.70
2009	2 123.29	965.73	45.48				

数据来源：湖北统计年鉴。

1978—2016 年湖北省农业劳动力的数量变化具有以下特点。①总体上看，乡村从业人员数量增长较快，由 1978 年的 1 468.48 万人增加到 2016 年的 2 290.90 万人，累计增加了 822.42 万人，增长了 56%；农林牧渔业从业人员数量减少较快，由 1978 年的 1 354.92 万人减少到 2016 年的 863.64 万人，减少了 491.28 万人，下降了 35.99%；农林牧渔业从业人员数量占乡村从业人员数量的比重由 92.27%下降到 37.70%。②具体来看，可以分为三个阶段，第一阶段为 1978—1992 年，在此期间，乡村从业人员数量增长较快，农林牧渔业从业人员数量相对稳定，其中，乡村从业人员增加 336.63 万人，增长了 22.92%，农林牧渔业从业人口增加了 97.31 万人，增长了 7.18%；农林牧渔业从业人员数量占乡村从业人员数量的比重由 92.27%下降到 80.45%。第二阶段为 1993—2002 年，在此期间，乡村从业人员数量相对稳定，农林牧渔业从业人员数量迅速减少，其中，乡村从业人员减少了 25.19 万人，下降了 1.38%，农林牧渔业从业人员减少了 291.52 万人，下降了 20.49%；农林牧渔业从业人员数量占乡村从业人员数量的比重由

78.04%下降到62.92%。第三阶段为2003—2016年，在此期间，乡村从业人员数量迅速增长，农林牧渔业从业人员数量加速下降，其中，乡村从业人员增加了458.44万人，增长了25.02%，农林牧渔业从业人员减少了247.07万人，下降了22.24%；农林牧渔业从业人员数量占乡村从业人员数量的比重由60.61%下降到37.70%。综合以上数据表明，1978年以来，湖北省农村劳动力向非农产业转移的趋势明显，农林牧渔业从业人员数量大幅度下降。

2. 湖北省农林牧渔业从业人员的年龄、性别及受教育程度分析

2010年，全国第六次人口普查数据表明：湖北省农林牧渔业从业人员老龄化趋势明显；男性劳动力向非农产业转移，女性在农业生产中的作用更加突出；农林牧渔业从业人员受教育程度普遍较低。具体而言：

（1）从年龄来看，对全部从业人员而言，不同年龄段的人数分布相对均匀（图5-3）。25岁以下和55～64岁的从业人员数量并无明显差异。以此为参照，对比农林牧渔业从业人员的年龄段分布，25岁以下农林牧渔业从业人员占总数量的比重仅为9.99%，而55～64岁的农林牧渔业从业人员数量占总数量的比重高达19.87%。农林牧渔业从业人员年龄分布曲线同全部从业人员的年

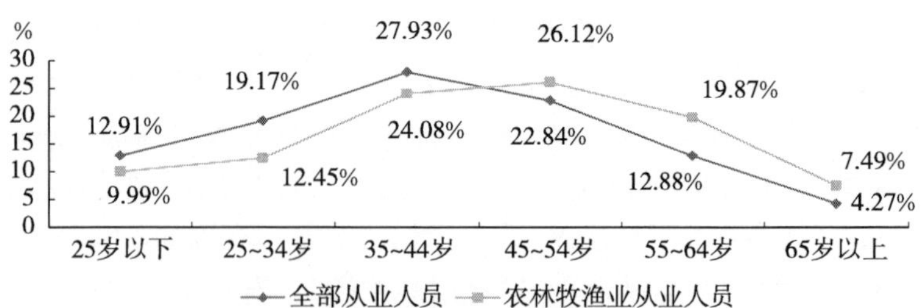

图5-3　2010年湖北全部从业人员与农林牧渔业从业人员在各年龄段的劳动力数量所占比例

数据来源：《湖北省2010年人口普查资料》。

龄分布曲线相比显著右偏，表明湖北省农林牧渔业从业人员中青壮年劳动力较少，中老年劳动力相对较多，农业生产存在着青壮年劳动力不足的危机。

（2）从性别来看，在全部从业人员中，女性在各年龄段的数量均不足50%，且随着年龄的增长，所占比重呈下降趋势（图5-4）。但是，对农林牧渔业从业人员而言，女性数量在25岁以下、25～34岁、35～44岁、45～54岁四个年龄段均超过50%，凸显了湖北省农业生产中女性在54岁以下的农业劳动力中的重要地位。2010年全国人口普查数据显示，湖北省农林牧渔业从业人员中，男性为803 153人，占49.83%；女性为808 604，占50.17%。该数据表明，在农业生产活动中，女性已经是主要的农业劳动力来源。

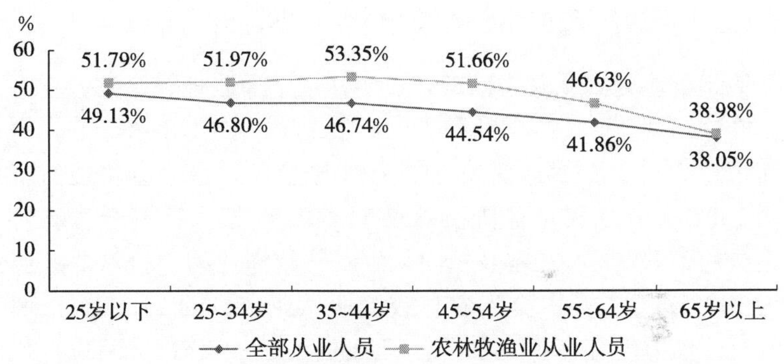

图5-4　2010年湖北省全部从业人员与农林牧渔业从业人员在各年龄段的女性数量所占比例

数据来源：《湖北省2010年人口普查资料》。

（3）从受教育程度来看，全部从业人员与农林牧渔业从业人员受教育程度的数量分布显示，农林牧渔业从业人员中未上过学和小学文化程度的人数明显高于全部从业人员数量，而高中、大学专科、大学本科和研究生文化程度的人数则明显低于全部从业人员数量（图5-5）。整体而言，农林牧渔业从业人员的受教育程度相对较低。

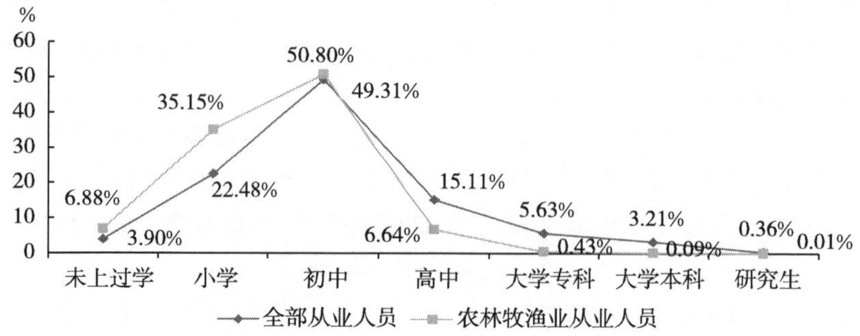

图 5-5　2010 年湖北省全部从业人员与农林牧渔业从业人员受教育程度的数量分布情况

数据来源：《湖北省 2010 年人口普查资料》。

（二）农村劳动力的转移分析（以荆州为例）

荆州市地处湖北省中南部，位于江汉平原腹地，是湖北省主要粮食产区。截至 2013 年底，荆州市面积为 1.41 万平方千米，占全省面积的 7.59%；耕地面积为 468.71 千公顷，占全省耕地面积总量的 13.75%；农村从业人员数量为 249.58 万人，占全省农村从业人员的 10.95%；在本乡镇内从事农林牧渔业的农村从业人员数量为 103.69 万人，占全省农林牧渔业从业人员的 11.93%。荆州市农村劳动力转移在湖北省具有较强的代表性。该部分将以荆州市为例，分析 2009—2013 年荆州市农村外出从业人员的数量、性别、年龄、受教育程度以及务工收入等方面的变化情况，以期把握湖北省农村劳动力转移的总体趋势。

如表 5-4 所示，2009—2013 年，荆州市农村从业人员数量由 236.5 万人增加到 249.58 万人，增加了 13.08 万人，增长 5.53%。其中，在本乡镇内从事农林牧渔业的农村从业人员数量由 120.84 万人减少到 103.69 万人，减少了 17.15 万人，占农村从业人员的比重由 51.10%下降到 41.55%；在本乡镇内从事二、三产业的农村从业人员数量由 16.17 万人增加到 36.06 万人，增加了 19.89 万人，占农村从业人员的比重由 6.83%迅速增加到 14.45%；外出从业的农村从业人员数量由 99.49 万人增加到 109.83 万人，增加了 10.34 万人，占农村从业人员的比重由 42.07%上升到 44.01%。以上数据表明，荆州市农村劳动力向非农产业转移的趋势明显。

表 5-4　2009—2013 年荆州市农村从业人员中在本乡镇从事农林牧渔业与外出务工的人数变化

指　标		2009 年	2010 年	2011 年	2012 年	2013 年
农村从业人员	数量（万人）	236.5	240.17	242.63	244.95	249.58
	比重（%）	100	100	100	100	100
在本乡镇从事农林牧渔业的农村从业人员	数量（万人）	120.84	112	111.27	109.89	103.69
	比重（%）	51.10	46.63	45.86	44.86	41.55
在本乡镇从事二、三产业的农村从业人员	数量（万人）	16.17	26.38	26.07	26.85	36.06
	比重（%）	6.83	10.98	10.74	10.96	14.45
外出从业的农村从业人员	数量（万人）	99.49	101.79	105.29	108.21	109.83
	比重（%）	42.07	42.38	43.40	44.18	44.01

数据来源：荆州市统计年鉴。

从外出农村从业人员的性别、年龄及受教育程度来看（表 5-5），2009—2013 年，荆州市农村外出从业人员具有以下特点。一是以男性为主，男性所占比重不断上升，由 52.94% 上升到 56.40%，明显超出女性在外出务工从业人员中所占的比重。二是中青年劳动力数量众多，年龄在 49 岁以下的农村外出从业人员占 85%以上。三是受教育程度相对较高，高中及以上文化程度的农村外出从业人员所占比重由 23.74%上升到 30.18%，而小学及以下文化程度所占比重从 14.90%下降到 11.78%。

从外出农村从业人员的收入来看，如表 5-6 所示，2009—2013 年，荆州市农村外出从业人员的收入增长较快。2009 年，月收入在 1 001～2 000 元的从业人员数量最多，占全部从业人员的 48.17%，月收入在 3 000 元以上的从业人员数量仅占 7.07%，人均年收入仅为 13 700.87 元。2013 年，月收入在 2 001～3 000 元的从业人员数量最多，占总数的 37.89%，月收入在 3 000 元以上的从业人员数量占 19.47%，较 2009 年增加了 12.44 万人，当年人均年收入达到 22 980.97 元。

表 5-5　2009—2013 年荆州市农村外出从业人员的性别、年龄与受教育程度的变化

指标	男性		49 岁以下		受教育程度					
					小学及以下		初中		高中及以上	
年份	数量（万人）	比重（%）	数量（万人）	比重（%）	数量（万人）	比重（%）	数量（万人）	比重（%）	数量（万人）	比重（%）
2009	52.67	52.94	89.6	90.06	14.82	14.90	61.05	61.36	23.62	23.74
2010	54.67	53.71	—	—	14.98	14.72	59.99	58.94	26.82	26.35
2011	58.63	55.68	93.46	88.76	13.45	12.77	64.26	61.03	27.58	26.19
2012	60.32	55.74	95.68	88.42	12.8	11.83	64.79	59.87	30.62	28.30
2013	61.94	56.40	95.12	86.61	12.94	11.78	63.74	58.04	33.15	30.18

数据来源：荆州市统计年鉴。

表 5-6　2009—2013 年荆州市农村外出从业人员月收入及人均年收入的变化

收入分布	500 元以下		501～1 000 元		1 001～2 000 元		2 001～3 000 元		3 000 元以上		人均年收入（元）
年份	数量（万人）	比重（%）	数量（万人）	比重（%）	数量（万人）	比重（%）	数量（万人）	比重（%）	数量（万人）	比重（%）	
2009	3.85	3.87	20.74	20.85	48.17	48.42	19.7	19.80	7.03	7.07	13 700.87
2010	4.98	4.89	17.3	17.00	47.26	46.43	23.73	23.31	8.52	8.37	14 685.66
2011	2.67	2.54	15.82	15.03	45.42	43.14	29.09	27.63	12.29	11.67	17 620.28
2012	2.8	2.59	11.75	10.86	41.84	38.67	36.77	33.98	15.05	13.91	19 726.46
2013	1.65	1.50	9.52	8.67	37.57	34.21	41.62	37.89	19.47	17.73	22 980.97

注：外出务工人员人均收入=外出务工总收入/外出务工人员数量；数据来源为荆州市统计年鉴。

表 5-7　2001—2014 年湖北省水稻成本收益表

单位：元/公顷

年份	早稻				中稻				晚稻			
	总产值	净利润	总成本	利润率	总产值	净利润	总成本	利润率	总产值	净利润	总成本	利润率
2001	5 392.8	815.0	4 577.9	0.178	7 558.5	2 229.8	5 328.8	0.418	6 387.8	1 577.6	4 810.2	0.328
2002	5 275.7	742.5	4 533.2	0.164	7 584.3	2 097.6	5 486.7	0.382	6 066.2	1 319.6	4 746.6	0.278
2003	5 522.1	630.3	4 891.8	0.129	7 496.7	1 929.2	5 567.6	0.346	8 420.3	3 431.9	4 988.4	0.688
2004	8 349.6	2 789.0	5 560.7	0.502	11 747.3	5 504.4	6 242.9	0.882	10 397.1	4 169.0	6 228.2	0.669
2005	7 992.5	2 216.3	5 776.2	0.384	10 341.3	3 893.3	6 448.1	0.604	8 770.1	2 715.6	6 054.5	0.449
2006	8 926.1	2 924.9	6 001.2	0.487	11 071.1	4 244.9	6 826.2	0.622	10 146.6	3 395.4	6 751.2	0.503
2007	9 748.4	3 295.7	6 452.7	0.511	13 013.1	5 845.8	7 167.3	0.816	11 535.9	4 435.5	7 100.4	0.625
2008	11 583.3	3 141.2	8 442.2	0.372	15 197.3	5 944.5	9 252.8	0.642	12 218.3	2 966.3	9 252.0	0.321
2009	11 812.2	2 997.6	8 814.6	0.340	15 930.5	6 503.9	9 426.6	0.690	12 545.1	3 191.1	9 354.0	0.341
2010	11 908.4	1 899.6	10 008.8	0.190	18 293.1	7 626.0	10 667.1	0.715	15 998.3	5 327.6	10 670.7	0.499
2011	14 377.7	2 648.1	11 729.6	0.226	23 400.2	10 547.6	12 852.6	0.821	18 855.6	6 519.8	12 335.9	0.529
2012	16 621.2	2 529.9	14 091.3	0.180	23 856.5	8 918.9	14 937.6	0.597	19 538.6	5 092.7	14 445.9	0.353
2013	15 688.7	313.4	15 375.3	0.020	21 147.3	5 355.6	15 791.7	0.339	18 743.6	2 827.7	15 915.9	0.178
2014	16 769.3	1 240.8	15 528.5	0.080	24 113.0	7 813.8	16 299.2	0.479	19 974.5	3 722.1	16 252.4	0.229

数据来源：根据《全国农产品成本收益汇编》整理。

三、粮食生产的成本收益分析

基于经济学中“理性人”假设，本书认为农民种植粮食作物的主要动机是获取收益。种粮收入的高低将直接影响农民种粮行为。因此分析粮食生产的投入产出对研究农户粮食生产行为具有重要意义。

（一）水稻生产的成本收益分析

我国农业先后经历农业税取消、粮食补贴等扶持政策，稻谷效益明显增加，但三种类型的水稻成本收益存在一定差异。从表 5－7 中可以看出，各类水稻的总产值、净利润、总成本总体在逐年增长，且历年单位面积的中稻总产值和净利润均明显高于早晚稻，中稻与早晚稻的利润和产值的差距越来越显著。但早、中、晚稻的单位面积种植成本相互之间差异细微，随时间同步增长。利润率显示，不管产值、成本如何变动，中稻的投入产出一直具有绝对优势，这种内部的利益驱动，使中稻生产逐渐成为农户种植水稻的主要方式，即双季稻逐渐转为单季稻种植。

农民工工资显著上升，农户将越来越多的劳动力分配到非农活动中，致使农业生产中出现农忙季节劳动力短缺，劳动力老龄化和妇女化等现象，这就要求农业生产降低对劳动力的需求，双季稻转为单季稻为农户家庭节省了大量劳动力。

另外，劳动力成本上升，导致水稻生产的人工成本逐年增加（表 5－8），其中早稻和晚稻的人工成本由 2006 年起反超中稻人工成本，且这种趋势整体逐渐加大。就早、中、晚稻单项生产而言，中稻的劳动力成本在总成本中所占比重在各个年份基本均小于早稻和晚稻，即不管总人工成本投入还是人工成本比重，中稻对劳动力的需求更少，更适合目前农业生产劳动力特征。

表 5-8　2001—2014 年湖北省水稻生产人工成本变化

单位：元/公顷

年份	早稻		中稻		晚稻	
	人工成本	人工成本/总成本	人工成本	人工成本/总成本	人工成本	人工成本/总成本
2001	1 881.6	0.411 0	2 262.0	0.424 5	2 074.8	0.431 3
2002	1 798.5	0.396 7	2 128.5	0.387 9	1 963.5	0.413 7
2003	2 116.8	0.432 7	2 352.0	0.422 4	2 116.8	0.424 3
2004	2 338.7	0.420 6	2 382.5	0.381 6	2 316.0	0.371 9
2005	2 353.1	0.407 4	2 436.8	0.377 9	2 299.8	0.379 9
2006	2 492.7	0.415 4	2 397.2	0.351 2	2 485.1	0.368 1
2007	2 623.8	0.406 6	2 456.3	0.342 7	2 583.8	0.363 9
2008	2 963.7	0.351 1	2 577.2	0.278 5	2 998.8	0.324 1
2009	3 299.0	0.374 3	2 823.0	0.299 5	3 330.0	0.356 0
2010	4 145.0	0.414 1	3 444.0	0.322 9	4 053.3	0.379 9
2011	4 874.0	0.415 5	4 342.7	0.337 9	4 898.4	0.397 1
2012	6 507.2	0.461 8	5 732.9	0.383 8	6 407.9	0.443 6
2013	7 741.1	0.503 5	6 226.2	0.394 3	7 420.5	0.466 2
2014	7 615.8	0.490 4	6 691.7	0.410 6	7 675.8	0.472 3

数据来源：根据《全国农产品成本收益汇编》整理。

（二）中稻生产的成本收益分析

在《全国农产品成本收益资料汇编》中，粮食生产的每亩成本主要包括每亩物质与服务费用、人工成本和土地成本三类。其中，物质与服务费用包含种子、化肥、农药、租赁作业费等 11 项直接费用和固定资产折旧、保险费、管理费等 5 项间接费用；人工成本包含家庭用工折价和雇工费用；土地成本包含流转地租金和自营地折租。粮食生产的收益以产值衡量，即每亩产量乘以平均销售价格。在此，选择物质与服务费用、人工成本、土地成本、平均销售价格和单产等 5 项指标分析中稻种植净利润变化的原因。

如表 5-9 所示，在成本方面，总成本由 2001 年的 366.98 元增加到 2014 年的 1 086.61 元，增加了 719.63 元，增长 196.10%，其中物质与服务费用增加 322.89 元，增长 178.5%，人工成本增加 295.31 元，增长 195.83%，土地成本增加 101.43 元，增长 287.42%。从成本的构成变化来看，物质与服务费用所占比重有所降低，人工成本所占比重经历了先下降后上升的变化过程，土地成本所占比重有所上升。在收益方面，2001—2014 年中稻的平均销售价格和单产均有明显的增加，其中平均售价由 0.98 元/千克上涨到 2.69 元/千克，涨幅高达 174.49%，单产由 491.9 千克/亩增加到 591.73 千克/亩，增产 20.29%。受此影响，中稻的每亩产值由 2001 年的 482.06 元增加到 2014 年的 1 591.75 元，增加 1 109.69 元，增长 230.20%。比较成本收益可知，2001—2014 年，尽管中稻的成本和收益均有较大幅度的增加，但收益的增长速度快于成本，此即为中稻生产的净利润增长的原因。

表 5-9　2001—2014 年湖北省中稻生产的每亩成本收益表

年份	总成本（元）	物质与服务费用		人工成本		土地成本		产值（元）	平均售价（元/千克）	单产（千克/亩）
		金额（元）	比重（%）	金额（元）	比重（%）	金额（元）	比重（%）			
2001	366.98	180.89	49.29	150.8	41.09	35.29	9.62	482.06	0.98	491.9
2002	355.29	178.1	50.13	141.9	39.94	35.29	9.93	483.37	0.92	525.4
2003	363.55	171.46	47.16	156.8	43.13	35.29	9.71	478.40	1.07	447.1
2004	416.19	222.07	53.36	158.83	38.16	35.29	8.48	777.59	1.48	525.4
2005	429.87	225.01	52.34	162.45	37.79	42.41	9.87	684.32	1.4	488.8
2006	455.08	252.86	55.56	159.81	35.12	42.41	9.32	733.38	1.47	498.9
2007	477.82	268.65	56.22	163.75	34.27	45.42	9.51	863.68	1.6	539.8
2008	616.85	348.15	56.44	171.81	27.85	96.89	15.71	1 005.95	1.83	549.7
2009	628.44	341.14	54.28	188.2	29.95	99.1	15.77	1 052.80	1.83	575.3
2010	711.14	375.61	52.82	229.6	32.29	105.93	14.9	1 207.72	2.21	546.48
2011	856.84	451.97	52.75	289.51	33.79	115.36	13.46	1 548.55	2.66	582.16

（续）

年份	总成本（元）	物质与服务费用		人工成本		土地成本		产值（元）	平均售价（元/千克）	单产（千克/亩）
		金额（元）	比重（%）	金额（元）	比重（%）	金额（元）	比重（%）			
2012	995.84	493.46	49.55	382.19	38.38	120.19	12.07	1 575.34	2.69	585.63
2013	1 052.78	507.11	48.17	415.08	39.43	130.59	12.4	1 394.79	2.53	551.3
2014	1 086.61	503.78	46.36	446.11	41.06	136.72	12.58	1 591.75	2.69	591.73

数据来源：根据《全国农产品成本收益资料汇编》整理。

进一步分析物质与服务费用、人工、土地、平均售价以及单产等5项指标对中稻生产的成本与收益变化的贡献率，如表5-10所示。在成本方面，除2014年外，物质与服务费用对成本变化的贡献率始终保持在20%以上，2004年和2006年甚至达到90%以上。人工费用对成本变化的影响日趋凸显，2009年以来人工费用增加是导致中稻生产成本上升的首要因素。2006年以前土地成本相对稳定，此后，土地成本一路上涨，虽然对中稻生产成本变化的贡献相对较小，仍值得引起注意。

表5-10　2001—2014年湖北省中稻生产的成本与收益变化的各因素贡献率

年份	成本变化的各因素贡献率（%）				产值变化的各因素贡献率（%）		
	物质与服务	人工	土地	总计	平均售价	单产	总计
2001	—	—	—	—	—	—	—
2002	23.87	76.13	0	100	48.92	51.08	100
2003	30.83	69.17	0	100	48.47	51.53	100
2004	96.14	3.86	0	100	61.27	38.73	100
2005	21.49	26.46	52.05	100	45.06	54.94	100
2006	91.34	8.66	0	100	69.74	30.26	100
2007	69.44	17.33	13.24	100	49.78	50.22	100
2008	57.18	5.8	37.02	100	87.27	12.73	100
2009	27.37	64	8.63	100	0	100	100

（续）

年份	成本变化的各因素贡献率（%）				产值变化的各因素贡献率（%）		
	物质与服务	人工	土地	总计	平均售价	单产	总计
2010	41.68	50.06	8.26	100	77.44	22.56	100
2011	52.41	41.12	6.47	100	72.15	27.85	100
2012	29.85	66.68	3.47	100	65.17	34.83	100
2013	23.97	57.76	18.26	100	51.9	48.1	100
2014	8.22	76.64	15.14	100	44.78	55.22	100

注：1. 根据《全国农产品成本收益资料汇编》整理。

2. 成本变化的各因素贡献率$=\frac{\text{各要素变化量的绝对值}}{\text{所有要素变化量的绝对值之和}}\times 100\%$。

3. 产值变化的各因素贡献率的计算步骤为：

第一步，求原单产不变条件下因平均售价变化引起的产值产额，记为$P1$；

第二步，求现平均售价不变条件下因单产变化引起的产值差额，记为$P2$；

第三步，$\frac{|P1|}{|P1|+|P2|}\times 100\%$为平均售价的贡献率，$\frac{|P2|}{|P1|+|P2|}\times 100\%$为单产的贡献率。

在收益方面，2001—2014年，中稻的平均售价对产值变化的贡献率同单产的贡献率相比，可以分为三个阶段：第一阶段为2006年之前，平均售价和单产对产值变化的贡献率大致相同，均在50%左右浮动；第二阶段为2006—2012年，其间，除2007年和2009年两年，在其他年份里平均售价对产值变化的贡献率均明显高于单产的贡献率；第三阶段为2013—2014年，两者对产值变化的贡献率均恢复到50%左右。

四、结论与讨论

本章基于宏观视角，具体从土地要素、劳动力要素以及水稻生产的成本收益等方面对水稻生产现状进行了分析，展现了该地区水稻的生产环境与投入产出特征。主要结论如下：

第一，从粮食品种的构成及水稻种植比较优势来看，长江中下游平原最主要的粮食作物是水稻，该地区水稻生产在全国占有重要地位，而中稻和一季晚稻是该地区最主要的水稻类型。当前，长江中下游平原水稻生产正处于稳定增长时期，但其产量周期性波动仍随时可能发生。与此同时，长江中下游平原各省水稻种植存在明显的差异，不同种植类型在不同省份之间显示出不同的比较优势，但湖北省能够体现长江中下游平原其余省份的相应生产特征，对长江中下游平原具有良好的代表性。基于此，本书以湖北省中稻为研究对象，紧扣关系长江中下游平原粮食安全的关键粮食作物开展研究。

第二，从农业劳动力要素来看，1978年以来，农村劳动力向非农产业转移的趋势明显，农林牧渔业从业人员数量大幅度下降。在数量减少的同时，农林牧渔业从业人员还呈现出明显的老龄化趋势、男性农业劳动力减少、受教育程度普遍较低等问题。荆州市农村劳动力转移案例也表明，外出农村劳动力具有男性居多，青壮年为主，受教育程度相对较高的特点。总体而言，农林牧渔业从业人员与农村外出从业人员两者的特点共同印证了水稻生产中面临的农业劳动力数量减少、质量下降的困局。基于此，如何破解水稻生产中农业劳动力供给的困局将是本书开展后续研究的重要着眼点。

第三，2001—2014年，中稻的成本和收益均有较大幅度的增加，但收益的增长速度快于成本，此即为中稻生产的净利润增长的原因。从中稻生产成本变化的原因看，物质与服务费用对成本变化的贡献率始终保持在20%以上，人工费用对成本变化的影响日趋凸显，土地成本一路上涨，当前对中稻生产成本变化的贡献相对较小，但仍值得引起注意。基于此，如何保证水稻种植收益，增加种植农民收入将是本书开展后续研究的重要目的。

第六章　基于微观视角的农户水稻生产经营分析

农民是主要的水稻种植者。农民种植水稻的目的主要是获得收益。水稻种植收益高，农民水稻种植意愿就强，水稻生产则能够保持稳定状态；水稻种植收益低则可能引起水稻产量减少。因此，水稻种植收益是稳定水稻产量的关键因素。第三章、第四章、第五章以宏观视角从长江中下游平原粮食品种构成、水稻种植比较优势的时空差异、水稻的生产要素及成本收益等几个方面对水稻生产现状进行了分析，突出了湖北省中稻种植情况对长江中下游平原水稻种植良好的代表性。在此结论下，基于微观视角来看，农民的水稻种植收益如何？哪些因素影响着水稻种植收益？要深入研究此问题，必须基于微观农户调研才能得到有效的解答。对此，本章将基于两轮水稻生产的实地调研①，从微观视角出发透视水稻种植户的生产经营特点，研究水稻种植收益。本章一共分为四部分：首先，对调研的基本情况进行介绍，其中包括调查区域的选择以及主要调查内容的介绍；其次，对水稻种植者的个体特征、经营规模特征以及水稻生产特征进行描述性分析；再次，以黄梅县为例，着重研究该县耕地规模经营实践案例，并针对三个典型水稻规模种植户的生产经营行为进行深入剖析；最后，对上述研究进行总结，提出本章的研究结论。

---

① 第三章分析表明，中稻和一季晚稻是长江中下游平原最主要的水稻种植类型。同时，长江中下游平原各省水稻种植存在明显的差异，不同种植类型在不同省份之间显示出不同的比较优势，但湖北省能够体现长江中下游平原其余省份的相应生产特征，对长江中下游平原具有良好的代表性，因此，为尽量保证研究环境的基本同质性以及生产模式的相似性，后文如无特殊说明，水稻主要指湖北省中稻和一季晚稻。

一、调查区域的选择与调查内容

（一）调查区域的选择

本书所用数据来自课题组 2015 年 7 月和 2017 年 7 月对水稻种植户的两轮实地调研。湖北省作为长江中下游平原水稻种植大省，为尽量全面反映湖北省水稻种植户的生产经营特征，2015 年的调研立足于湖北省各主要粮食产区，采取“紧抓重点，兼顾全省”的原则选择调查区域，即：选择荆州市下属的沙市区和洪湖市、黄冈市下属的黄梅县三个县（市、区）为重点调查区域进行调研，同时选择荆门市下属的钟祥市和沙洋县、宜昌市下属的枝江市、孝感市下属的汉川市、襄阳市下属的枣阳市、仙桃市以及天门市等七个县（市、区）开展随机抽样调查。在此基础上，2017 年的调研选取湖北省具有良好代表性的粮食产区——荆州市为主要调查区域，即选择荆州市下属的江陵县、公安县、监利县、洪湖市为调查区域，同时基于各县（市）水稻种植的资源禀赋条件，以水稻经营面积在 30 亩及其以上的规模种植户为调查对象进行调研。两轮实地调研的具体区域及样本量分布见表 6－1。

表 6－1 被调查农户的县域分布表

调查时间	县级市	数量（户）	比重（%）
2015 年 7 月	沙市区、洪湖市	267	60.68
	黄梅县	50	11.36
	钟祥市、沙洋县	29	6.59
	枝江市	25	5.68
	汉川市	17	3.86
	枣阳市	14	3.18
	仙桃市	23	5.23
	天门市	15	3.41
	总计	440	100

（续）

调查时间	县级市	数量（户）	比重（%）
2017 年 7 月	江陵县	121	30.79
	公安县	86	21.88
	监利县	82	20.87
	洪湖市	104	26.46
	总计	393	100

（二）主要调查内容

两轮调查主要包含了四个方面的内容：一是农户家庭基本情况调查，主要包括家庭成员个体基本信息和家庭经营基本状况，如家庭人口数量、年龄、性别、文化程度、是否兼业等内容；二是水稻生产成本收益调查，主要反映了上一年度农户在水稻生产过程中的投入产出状况；三是耕地规模经营调查，主要反映了农户耕地规模经营的实际状况；四是农业生产社会化服务调查，主要反映农户在农业生产中的资金、技术以及农产品销售等方面的问题。两轮调查的调研员均主要来自华中农业大学的在读硕士研究生和博士研究生。同时，为充实调研队伍，课题组在华中农业大学经管学院招募了一批优秀的大三本科生帮助课题组开展调研活动。为保证调查质量，两轮调查均在问卷设计后，由课题组成员进行了预调研，据此对调查问卷进行了修正。同时，在调研之前，课题组还对调研员进行了培训，并事先针对问卷中每个问题进行了讨论，对可能出现的情况进行预案。在访谈中，课题组采取一对一提问的方式进行。2015 年 7 月的调查在湖北省粮食主产区集中进行，选择的被调查者是在农户家庭中具有农业生产决策权的户主，调查一共收集有效问卷 440 份；2017 年 7 月的调查在能够良好代表湖北省水稻生产的荆州市进行，选择的被调查农户为水稻经营面积在 30 亩及其以上的规模种植户，调查一共收集有效问卷 393 份。

二、被调查样本的描述性分析

（一）被调查样本的个体特征

如表 6－2 所示，本部分将从样本农户的性别、年龄、文化程度以及兼业情况四个方面分别对 2015 年 7 月和 2017 年 7 月两轮调查被调查农户的个体特征进行分析，以期明晰水稻种植家庭中农业生产决策者的个体特点。

表 6－2　被调查农户的个体特征

项目	类别细化	2015 年 7 月		2017 年 7 月	
		样本量（人）	百分比（%）	样本量（人）	百分比（%）
性别	男	430	97.73	376	95.67
	女	10	2.27	17	4.33
	总计	440	100	393	100
年龄	34 岁及以下	5	1.14	3	0.76
	35～44	73	16.59	47	11.96
	45～54	180	40.91	223	56.74
	55～64	131	29.77	108	27.48
	65 岁及以上	51	11.59	12	3.05
	总计	440	100	393	100
文化程度	文盲	6	1.36	13	3.31
	小学	135	30.68	100	25.45
	初中	220	50	194	49.36
	高中	79	17.95	85	21.63
	大专及以上	0	0	1	0.25
	总计	440	100	393	100
是否兼业	是	198	45	93	23.66
	否	242	55	300	76.34
	总计	440	100	393	100

（续）

项目	类别细化	2015年7月		2017年7月	
		样本量（人）	百分比（%）	样本量（人）	百分比（%）
兼业收入（A）（元）	A<10 000	81	40.91	—	—
	10 000≤A<20 000	63	31.82	—	—
	20 000≤A<40 000	42	21.21	—	—
	A≥40 000	12	6.06	—	—
	总计	198	100	—	—

数据来源：根据调研数据整理所得。

从性别来看，2015年7月被调查的440个农户家庭中农业生产的主要决策者有430人是男性，占样本总数的97.73%，女性为10人，仅占样本总数的2.27%；2017年7月被调查的393个农户家庭中农业生产的主要决策者有376人是男性，占样本总数的95.67%，女性为17人，占样本总数的4.33%。从年龄特征来看，2015年7月的被调查者中，34岁及以下的有5人，占样本总数的1.14%，在35～44岁的有73人，占16.59%，在45～54岁的有180人，占40.91%，年龄在55～64岁的有131人，占29.77%，年龄在65岁及以上的有51人，占11.59%。2017年7月的被调查者中，在35～44岁的有47人，占11.96%，在45～54岁的有223人，占56.74%，年龄在55～64岁的有108人，占27.48%，年龄在65岁及以上的有12人，占3.05%；总体来看，两轮调查显示45岁以上农业劳动力占被调查劳动力的比重均在80%以上，表明中老年人是水稻生产的主要农业劳动力来源。而进一步分析，55岁以上农业劳动力所占比重远高于44岁及以下农业劳动力所占比重，显示了农业劳动力里青壮年劳动力严重偏少的现象。这一现象也证实了第三章中关于农业劳动力老龄化趋势较为明显的论证。

从文化程度来看，2015年7月的被调查者中，文化程度为文盲的有6人，占样本总数的1.36%，小学文化程度的有135人，占样本总数的30.68%，初中文化程度的有220人，占50%，高中文化程度的有79人，占17.95%，文化程度在大专及以上的被调查者为0；2017年7月的被调查者中，文化程度为文盲的有13人，占样本总数的3.31%，小学文化程度的有100人，占样本总数的25.45%，初中文化程度的有194人，占样本总数的49.36%，高中文化程度的有85人，占样本总数的21.63%，文化程度在大专及以上的有1人，占样本总数的0.25%；总体来看，两轮调查的被调查者文化程度普遍处于初中及以下水平，其中还有少量文盲，这表明被调查水稻种植者的文化程度不高。

从兼业情况来看，2015年7月的被调查者中，兼业的有198人，占样本总数的45%，不兼业的有242人，占样本总数的55%；2017年7月的被调查者中，兼业的有93人，占样本总数的23.66%，不兼业的有200人，占样本总数的76.34%，两轮调查数据显示，一方面，从事兼业活动的水稻种植者较多；另一方面，通过两轮数据对比可知，相对而言，水稻规模种植户从事兼业活动的较少。此外，调查表明，被调查者从事的兼业工作主要分为三类：一是农业劳动兼业，指农业生产中的雇工，如作为雇工从事插秧劳动等；二是农机服务兼业，指利用农业机械从事农业生产服务，如从事收割机作业服务等；三是非农技术性兼业，如在农业生产之余从事木匠、泥瓦匠、电工等工作。从兼业收入来看，2015年的调查显示，收入不足10 000元的兼业者有81人，占兼业总人数的40.91%；收入在10 000～20 000元之间的兼业者有63人，占兼业总人数的31.82%；收入在20 000～40 000元之间的兼业者有42人，占兼业总人数的21.21%；收入在40 000元以上的兼业者有12人，仅占兼业总人数的6.06%。由此表明，兼业收入是水稻种植者在农业收入之外重要的收入来源。

（二）被调查样本的经营规模特征

一般而言，农民实际经营的耕地除责任田外，还可能租种了他人的耕地。本部分将首先从实际经营耕地面积、责任田面积和租种他人的耕地面积这三方面来分析被调研样本的耕地经营面积分布情况。

表 6-3 被调查农户的耕地经营面积分布情况

调查时间	耕地面积区间（B）（亩）	实际耕地面积		责任田面积		租种的耕地面积	
		户数（户）	比重（%）	户数（户）	比重（%）	户数（户）	比重（%）
2015 年 7 月	B＜10	52	11.82	138	31.36	49	27.37
	10≤B＜20	147	33.41	154	35.00	55	30.73
	20≤B＜30	138	31.36	121	27.50	35	19.55
	30≤B＜50	61	13.86	26	5.91	11	6.15
	B≥50	42	9.55	1	0.23	29	16.20
	总计	440	100	440	100	179	100
	最小面积（亩）	2		0		1	
	最大面积（亩）	400		60		397	
	平均面积（亩）	32.4		16.1		39.9	
2017 年 7 月	B＜10	—	—	94	23.92	18	4.58
	10≤B＜20	—	—	146	37.15	63	16.03
	20≤B＜30	—	—	87	22.14	98	24.94
	30≤B＜50	194	49.36	40	10.18	109	27.74
	50≤B＜100	128	32.57	17	4.33	56	14.25
	B≥100	71	18.07	9	2.29	49	12.47
	总计	393	100	393	100	393	100
	最小面积（亩）	30		0.00		5	
	最大面积（亩）	990		890		580	
	平均面积（亩）	79.2		23.7		55.5	

数据来源：根据调研数据整理所得。

从被调查样本的实际经营耕地面积来看，2015 年 7 月调查显示，耕地面积最小值为 2 亩，最大值为 400 亩，平均耕地面积为 32.4 亩。其中，实际经营耕地面积在 10 亩以下的有 52 户，占样本总数的 11.82%；耕地面积在 10～20 亩的有 147 户，占 33.41%；耕地面积在 20～30 亩的有 138 户，占 31.36%；耕地面积在 30～50 亩的有 61 户，占 13.86%，耕地面积在 50 亩以上的有 42 户，仅占 9.55%，虽然农户实际经营耕地的平均面积具有一定规模（32.4 亩），但是进一步分析可知，占总数的 45.23%的农户实际经营耕地面积不足 20 亩，占总数的 76.59%的农户实际经营耕地面积不足 30 亩，该数据表明被调查样本农户的实际经营耕地面积较小，仅有少部分农户的实际经营耕地面积达到较大的规模。从 2017 年 7 月针对水稻规模种植户的调查数据来看，耕地面积最小值为 30 亩，最大值为 990 亩，平均耕地面积为 79.2 亩。其中，实际经营耕地面积在 30～50 亩的有 194 户，占样本总数的 49.36%，在 50～100 亩的有 128 户，占样本总数的 32.57%，100 亩以上的有 71 户，仅占样本总数的 18.07%，由此表明被调查水稻规模种植户的实际耕地经营面积集中在 30～100 亩，而 100 亩以上的大规模种植户依旧相对较少。

从被调查样本的责任田面积来看，2015 年 7 月的被调查样本中，责任田面积最小值为 0 亩，最大值为 60 亩，平均责任田面积为 16.1 亩。其中，责任田面积在 10 亩以下的有 138 户，占样本总数的 31.36%，在 10～20 亩的有 154 户，占 35.00%，在 20～30 亩的有 121 户，占 27.50%，在 30～50 亩的有 26 户，占 5.91%，在 50 亩以上的有 1 户，仅占 0.23%；从 2017 年 7 月的调查样本来看，责任田最小面积为 0 亩，最大面积为 890 亩，平均面积为 23.7 亩。其中，责任田面积在 10 亩以下的有 94 户，占样本总数的 23.92%，在 10～20 亩的有 146 户，占 37.15%，在 20～30 亩的有 87 户，占 22.14%，在 30～50 亩的有 40 户，占 10.18%，在 50～100 户的有 17 户，占 4.33%，在 100 亩以上的有 9 户，仅占 2.29%。两轮调查数据表明，被调查样本农户的责任田面积普遍较小，大部分农户的责任田面积不足 30 亩。

从被调查样本租种他人的耕地面积来看，2015 年 7 月的调查显示，被调查样本中，有 179 户租种了他人的耕地，占被调查样本的 40.68%。其中，租种他人耕地面积最小值为 1 亩，租种他人耕地面积最大值为 397 亩，平均租种他人耕地面积为 39.9 亩。在租种他人耕地的 179 户样本中，租种耕地面积在 10 亩以下的农户有

49 户，占 27.37%，在 10～20 亩的有 55 户，占 30.73%，在 20～30 亩的有 35 户，占 19.55%，在 30～50 亩的有 11 户，占 6.15%，在 50 亩以上的有 29 户，占 16.20%。从 2017 年 7 月的调查来看，全部的被调查水稻规模种植户均租种了他人的土地，租种他人耕地面积最小值为 5 亩，最大值为 580 亩，平均租种面积为 55.5 亩。其中，租种耕地面积在 10 亩以下的有 18 户，占样本总数的 4.58%，在 10～20 亩的有 63 户，占 16.03%，在 20～30 亩的有 98 户，占 24.94%，在 30～50 亩的有 109 户，占 27.74%，在 50～100 亩的有 56 户，占 14.25%，在 100 亩以上的有 49 户，占 12.47%。两轮调查数据表明，租种他人耕地是扩大耕地经营规模的重要途径，但是相对 2017 年 7 月对水稻规模种植户的调查来看，2015 年 7 月的调查中租种他人耕地的农户并不占多数，且以小规模转入为主。58.1%的农户租种他人耕地面积在 20 亩以下，仅 22.35%的农户租种他人耕地面积在 30 亩以上，而 2017 年 7 月的调查则显示，被调查水稻规模种植户租种他人耕地以较大规模转入为主，54.45%的被调查农户租种他人耕地面积在 30 亩以上。

表 6-4　被调查农户的租种耕地情况

项目	类别细化	2015 年 7 月		2017 年 7 月	
		样本量（户）	百分比（%）	样本量（户）	百分比（%）
租种耕地来源	本村里本村民小组	154	86.03	164	41.73
	本村里外村民小组	18	10.06	128	32.57
	外村	6	3.35	6	1.53
	其他	1	0.56	95	24.17
	总计	179	100	393	100
是否签订合同	是	16	8.94	146	37.15
	否	163	91.06	247	62.85
	总计	179	100	393	100

（续）

项目	类别细化	2015 年 7 月		2017 年 7 月	
		样本量（户）	百分比（%）	样本量（户）	百分比（%）
租种期限	期限不定	67	37.43	166	42.24
	1 年	29	16.2	47	11.96
	2～3 年	30	16.76	26	6.62
	4～5 年	37	20.67	79	20.10
	5～10 年	9	5.03	50	12.72
	10 年以上	7	3.91	25	6.36
	总计	179	100	393	100
租种费用（C）（元/亩）	C<100	4	2.24	69	17.56
	100≤C<200	68	37.99	94	23.92
	200≤C<300	59	32.96	90	22.90
	300≤C<400	23	12.85	61	15.52
	400≤C<500	13	7.26	33	8.40
	C≥500	12	6.7	46	11.70
	总计	179	100	393	100

注：1. 根据调研数据整理所得；2. 租种费用是粮食的本书将其折价为金额计算。

由此，进一步分析两轮调查租种他人耕地农户的耕地转入情况，如表 6 - 4 所示，分别从租种耕地来源、租种期限、是否签订合同以及租种费用等四个方面进行分析。从租种耕地来源看，2015 年 7 月的 179 户被调查样本中，租种耕地来源于本村里本村民小组的有 154 户，占租种他人耕地农户总数的 86.03%，租种耕地来源于本村里外村民小组的有 18 户，占 10.06%，租种耕地来源于外村的有 6 户，占 3.35%。2017 年 7 月的调查数据显示，租种耕地来源于本村里本村民小组的有 164 户，占样本总数的 41.73%，租种耕地来源于本村里外村民小组的有 128 户，占 32.57%，租种耕地来源于外村的有 6 户，占 1.53%。由此来看，两轮调查样本租种耕地主要来源于本村，进一步而言，由于我国农村仍以亲族聚居为主，因此这一结果表明两轮调查耕地流转行为主要发生在农村“熟人社会”里。

从是否签订合同来看，2015 年 7 月调查样本中签订合同的仅有 16 户，占租种他人耕地农户总数的 8.94%，没有签订合同的有 163 户，占比高达 91.06%。由此说明，基于“熟人社会”的耕地流转行为多建立在信任的基础上，以口头约定为主，通过签订合同确定流转关系的行为比较少见。2017 年 7 月调查样本中签订合同的有 146 户，占样本总数的 37.15%，没有签订合同的有 247 户，占 62.85%。因此，水稻规模种植户耕地流转行为仍以口头约定为主，但相对于 2015 年 7 月调查样本来看，水稻规模种植户通过签订合同确定流转关系的行为较为常见。从租种期限看，2015 年 7 月的调查显示，租种期限不定的有 67 户，占租种他人耕地农户总数的 37.43%，租种期限是 1 年的有 29 户，占 16.2%，租种期限是 2～3 年的有 30 户，占 16.76%，租种期限是 4～5 年的有 37 户，占 20.67%，租种期限是 5～10 年的有 9 户，占 5.03%，租种期限在 10 年以上的有 7 户，占 3.91%。从 2017 年 7 月对水稻规模种植户的调查来看，租种期限不定的有 166 户，占样本总数的 42.24%，租种期限是 1 年的有 47 户，占 11.96%，租种期限是 2～3 年的有 26 户，占 6.62%，租种期限在 4～5 年的有 79 户，占 20.10%，租种期限是 5～10 年的有 50 户，占 12.72%，租种期限在 10 年以上的有 25 户，占 6.36%。通过两轮调查发现，租种期限不定的主要原因是租出耕地的农民不确定什么时候需要耕地，所以在出租耕地之时同租种农民口头商定耕地期限不定，但是这一类耕地的实际租期较长。从租种费用看，2015 年 7 月调查样本中租种费用不足 100 元/亩的有 4 户，占租种他人耕地农户总数的 2.24%，租种费用在100～200 元/亩的有 68 户，占 37.99%，租种费用在 200～300 元/亩的有 59 户，占 32.96%，租种费用在 300～400 元/亩的有 23 户，占 12.85%，租种费用在 400～500 元/亩的有 13 户，占 7.26%，租种费用在 500 元/亩及以上的有 12 户，占 6.70%。2017 年 7 月调查样本中租种费用不足 100 元/亩的有 69 户，占租种他人耕地农户总数的 17.56%，租种费用在 100～200 元/亩的有 94 户，占 23.92%；租种费用在 200～300 元/亩的有 90 户，占 22.90%，租种费用在 300～

400元/亩的有61户，占15.52%，租种费用在400～500元/亩的有33户，占8.40%，租种费用在500元/亩及以上的有46户，占11.70%。综合两轮调查结果来看，耕地流转行为多发生在“熟人社会”里，且以较小规模流转为主，流转过程中以口头约定为主要形式，流转期限不确定较多，耕地租金差别较大，这综合表明了耕地流转市场尚不健全，农户实行耕地规模经营面临的不确定性因素较多；但相比较来看，水稻规模种植户的耕地流转规模较大，流转过程中签订合同的形式也较为常见，这也从另一个侧面说明土地流转市场的相对完善有利于促进耕地规模经营的发生。

（三）被调查样本的水稻生产特征

耕地是农业生产经营的基础资源，因此，本部分首先从水稻种植规模角度分析两轮调查样本的水稻生产特征。水稻种植规模可以用两种方式来反映：一是农户的水稻种植面积，反映了水稻生产的总体规模；二是水稻种植单块耕地的平均面积，为水稻种植总面积除以水稻种植地块数量所得的商，反映的是水稻生产中单块耕地的规模大小。

由表6-5所示，从水稻种植面积来看，2015年7月的被调查样本中，水稻种植面积最小值为2亩，最大值为321亩，平均面积为26.3亩。其中，水稻种植面积不足10亩的有79户，占样本总数的17.95%，在10～20亩的有169户，占38.41%，在20～30亩的有115户，占26.14%，在30～50亩的有40户，占9.09%，在50亩以上的有37户，占8.41%。从2017年7月对水稻规模种植户的调查数据来看，水稻规模种植最小面积值为30亩，最大值为580亩，平均面积为70.9亩。其中，水稻种植面积在30～50亩的有218户，占样本总数的55.47%，在50～70亩的有77户，占19.58%，在70～90亩的有32户，占8.14%，在90～110亩的有18户，占4.58%，在110亩以上的有48户，占12.21%。综合两轮调查数据来看，水稻种植规模主要集中在50亩以下，由此可见目前水稻种植大多数依旧以偏小规模经营为主。从水稻种植单块耕地的平均面积来看，2015年7月的被调查样本中，水稻种植单块耕地的平均面积最小值仅为0.67亩，最大值为240亩，平均值为8.7亩。其中，单块耕地的平均面积不足3亩的有128户，占样本总数的29.09%，在3～6亩的有143户，占32.5%，在6～9亩的有67户，占15.23%，在9～15亩的有54户，占12.27%，在15亩以上的有48户，占10.91%。2017年7月的被调查样本中，水稻种植单块耕地的平均面积最小值为1.65亩，最大值为580亩，平均值为34亩。其中，单块耕地的平均面积不足3亩的有13户，占样本总数的3.31%，在3～6亩的有69户，占17.56%，在6～9亩的有58户，占14.76%，在9～15亩的有74户，占18.83%，在15亩以上的有179户，占45.55%。总体而言，被调查农户的水稻种植单块耕地的平均面积较小，这表明耕地细碎化较为严重；与此同时，水稻规模种植户的单块耕地平均面积相对较大，这表明规模经营一定程度上能够减轻耕地细碎化现象。

表6-5　被调查农户的水稻种植面积分布情况

调查时间	水稻种植面积区间（D）（亩）	户数（户）	比重（%）	水稻种植单块耕地的平均面积区间（E）（亩）	户数（户）	比重（%）
2015年7月	D<10	79	17.95	E<3	128	29.09
	10≤D<20	169	38.41	3≤E<6	143	32.5
	20≤D<30	115	26.14	6≤E<9	67	15.23
	30≤D<50	40	9.09	9≤E<15	54	12.27
	D≥50	37	8.41	E≥15	48	10.91
	总计	440	100	总计	440	100
2015年7月	最小面积（亩）	2		最小面积（亩）	0.67	
	最大面积（亩）	321		最大面积（亩）	240	
	平均面积（亩）	26.3		平均面积（亩）	8.7	
2017年7月	30≤D<50	218	55.47	E<3	13	3.31
	50≤D<70	77	19.59	3≤E<6	69	17.56
	70≤D<90	32	8.14	6≤E<9	58	14.76
	90≤D<110	18	4.58	9≤E<15	74	18.83
	D≥110	48	12.21	E≥15	179	45.55
	总计	393	100	总计	393	100

（续）

调查时间	水稻种植面积区间（D）（亩）	户数（户）	比重（%）	水稻种植单块耕地的平均面积区间（E）（亩）	户数（户）	比重（%）
2017年7月	最小面积（亩）	30		最小面积（亩）	1.7	
	最大面积（亩）	580		最大面积（亩）	580	
	平均面积（亩）	70.9		平均面积（亩）	34	

数据来源：根据调研数据整理所得。

进一步从耕田、育种、收割以及产品销售等四个方面分析水稻的生产经营特征，如表6-6所示。从耕田方式来看，2015年7月的被调查农户中，机械耕田和耕牛耕田两种方式并存，其中自有机械耕田的水稻种植户有122户，占样本总数的27.73%，雇佣机械耕田的有306户，占69.55%，自有耕牛耕田的有10户，占2.27%，雇佣耕牛耕田的有2户，占0.45%，该数据表明机械耕田已经基本取代了传统的耕牛耕田方式。尤其是从2017年7月的调查来看，水稻规模种植户已完全舍弃了耕牛耕田，全部采用机械耕田方式，其中，自有机械耕田的有132户，占样本总数的33.59%，雇佣机械耕田的有261户，占66.41%。从育种方式来看，2015年7月的被调查农户中，采取撒播育种的水稻种植户有313户，占样本总数的71.14%，采取插秧育种的有127户，占样本总数的28.86%。该数据表明，撒播育种在水稻生产中更加普遍。调研中研究人员发现近年来撒播育种技术得到普遍推广，极大地节省了水稻种植劳动力投入，且据稻农反映撒播技术的水稻亩产量和插秧技术的水稻亩产量基本相同。从收割方式来看，机械收割是最主要的收割方式，其中2015年7月调查数据显示自有机械收割的水稻种植户有31户，占样本总数的7.05%，雇佣机械收割的有409户，占92.95%。2017年7月的调查数据显示，自有机械收割的有37户，占样本总数的9.41%，雇佣机械收割的有356户，占90.59%。从产品销售方式来看，2015年7月调查显示销售湿稻谷的水稻种植户有139户，占样本总数的31.59%，销售干稻谷的有280户，占63.64%，没有水稻种植户单纯销售大米，湿稻谷、干稻谷和大米都有销售的水稻种植户有20户，占4.54%，将生产的水稻用作家庭消费，不销售的仅有1户，占0.23%。从2017年7月的调查来看，销售湿稻谷的种植户有81户，占样本总数的20.61%，销售干稻谷的有309户，占78.63%，销售大米的有3户，占0.76%，调研中研究人员发现虽然干稻谷的售价比湿稻谷高了大约0.3元/斤①，但是湿稻谷可以直接在田间地头出售给粮食经纪人，销售方式省时省力，而干稻谷需要经过搬运、晒谷、储存等过程，耗费的人力物力较多，所以部分水稻种植者宁愿直接销售湿稻谷。2015年7月的调研中也发现一些稻农会选择在出售湿稻谷的同时储存部分干稻谷，待售价合适的时候销售，或者是加工成大米后就近销售。

表6-6 被调查农户的水稻生产经营特征

项目	类别细化	2015年7月		2017年7月	
		样本量（户）	百分比（%）	样本量（户）	百分比（%）
耕田方式	自有机械耕田	122	27.73	132	33.59
	雇佣机械耕田	306	69.55	261	66.41
	自有耕牛耕田	10	2.27	—	—
	雇请耕牛耕田	2	0.45	—	—
	总计	440	100	393	100
育种方式	撒播	313	71.14	—	—
	插秧	127	28.86	—	—
	总计	440	100	—	—
收割方式	自有机械收割	31	7.05	37	9.41
	雇佣机械收割	409	92.95	356	90.59
	总计	440	100	393	100
产品销售方式	销售湿稻谷	139	31.59	81	20.61
	销售干稻谷	280	63.64	309	78.63
	销售大米	0	0.00	3	0.76
	以上三种方式都有	20	4.54	—	—
	不销售	1	0.23	—	—
	总计	440	100	393	100

数据来源：根据调研数据整理所得。

① “斤”为非法定计量单位，1斤=0.5千克。——编者注

总体而言，结合调研实际和被调查样本的水稻生产特征，研究者发现水稻生产具有四个特点：一是水稻生产的规模偏低，耕地细碎化较为严重；二是在水稻生产中农业机械发挥的作用越来越重要；三是节省劳动力的农业技术（如撒播技术）是水稻生产技术推广的重要内容；四是在销售前，对稻谷投入一定劳动作业（如晒谷或加工成大米）能够增加销售收入。

（四）被调查样本农户生产经营问题分析

1. 农业劳动力数量和质量双重下降

调查样本分析结果显示，目前农村劳动力兼业现象显著，非农生产比较优势利益促使农户进行非农生产，农业劳动力投入和投入精力均下降，劳动力生产能力下降，农业生产效率降低。在进行农业生产的农户中，整体劳动力教育水平不高，集中在初中及以下教育程度，稍有技术能力和教育水平的农户选择进行非农生产，降低了农业生产的劳动力质量，不利于农业技术的推广以及现代农业的发展。

2. 土地流转市场不完善

对农户租赁市场进行调研时发现，目前加入农业土地流转市场的农户不多，兼业农户基本选择兼顾农业和非农生产，即使未能很好地进行农业生产也未将土地进行流转，说明农村土地流转缺乏必要的平台。目前已有的土地流转案例，大多数实行的是以近亲近邻为主要对象的农户内部流转，流转过程以口头协议为主，土地流转程序不规范。土地租赁租金差异较大，说明目前土地流转市场信息不透明，不少农户在进行农业生产时并未掌握真实的市场价值信息。目前土地流转市场虽不完善，但是存在土地流转潜力，很多农户在进行农业非农业生产时未能得到正确的引导。因此建立一个良好的土地流转平台并完善土地流转机制，是促进土地流转，实现农业现代化发展的前提。

3. 农业保险制度效果不显著

样本调查结果显示，57.34％的农户已购买农业保险，但在已购买保险的农户中有44.63%认为农业保险并不能在遇到灾害时在一定程度上减少自己的损失，农户认为主要原因是理赔程序复杂，部分人也认为赔偿太低。农业保险作为一项保障农业生产农民收入的惠农政策，应从农户角度出发，为农户谋取利益。今后的农业保险应加以调整，使农户购买方便的同时，获赔和收益也轻松方便，真正做到造福于民。

4. 部分农户缺乏土地老无所依

在我国全面取消农业税之前，部分农户为避免税费，主动放弃承包土地，选择进行非农生产，但并未脱离农村，当丧失劳动力不能进行非农生产，决心回归农村时，农村已经没有可供其进行生产经营的土地，对未来深感担忧。为了保障农村土地承包经营权，保障农业的稳定性，我国实施了土地承包经营权30年不变的政策。因而如何保障该部分人群的利益，土地承包政策何去何从成为一个值得研究的问题。同时，在实现劳动力农转非的过程中，应该注重农户的彻底转型，不能让其在贡献自己的劳动力之后并不能享受城镇人群所享待遇，让其老无所依。

三、水稻种植的规模经营实践：黄梅县湖田招标案例

（一）黄梅县湖田招标的运作机制

1. 黄梅县的区位与湖田变迁

黄梅县地处湖北省东南部，长江中游北岸，西与武穴市毗连，北与蕲春县山水相依，东邻安徽省宿松县，南隔长江，与江西省九江市相望。从地形地貌看，黄梅县北高南低，为三级阶梯状倾斜，北部山地属大别山余脉，中部为丘陵及垄岗平原，中南部为湖泊，南部为滨湖沉积平原和沿江冲积平原。全县拥有耕地面积54.67千公顷，是全国商品粮基地和优质棉产区。2014年，黄梅县全年粮食播种面积为70.62千公顷，粮食总产量为50.01万吨。

湖田是指在湖泊地区开辟的水田。在中华人民共和国成立初期，

党和各级政府为促进粮食生产，满足人民日益增长的粮食需求，在全国范围内围湖造田，通过围垦湖泊，开垦了大量耕地，黄梅湖田即是在此背景下的产物。随着国家农村经济环境的变化，湖田的发展几经变迁。在人民公社时期：湖田作为集体资产，属于人民公社、生产大队和生产队三级所有，在农业生产中以生产队为基本单位进行组织和核算，对农业生产收益的分配遵循“按劳分配”原则。

改革开放初期，随着家庭联产承包责任制的推行，各地都实施了分田到户。但湖田多位于较偏远地区，距离村民居住地远，交通工具落后，农田道路设施建设不足等因素导致在湖田从事农业生产比较困难；另一方面，沉重的农业税负担导致农户种田越多，亏损越重，农民都不愿意承包湖田。在耕地承包过程中，村民只是从村集体承包了耕作比较便利的田地，大量湖田无人承包，全部集中在村委会手中。尽管村委会采取诸多措施将湖田分派给村民，但此举并不成功，大量湖田因无人耕作而荒芜。

2003 年以后，党和国家开始减免农业税并不断加大对粮食生产的扶持力度，种地终于“有利可图”，而农田基础设施建设的完善，摩托车、拖拉机等交通工具的普及极大地便利了湖田的粮食生产。此时，灌溉便利，土壤肥沃，适宜机械化耕作的湖田成为农民眼中的“香饽饽”。为扩大种植面积，增加种粮收入，农民会从自己所在村委会或其他村委会承包湖田。为规范湖田承包市场，避免“寻租”行为，预防集体资产流失，黄梅县在部分乡镇建立了专门的湖田招标平台。本节将以孔垅镇为例，对黄梅县湖田的招标机制进行深入研究。

2. 黄梅县湖田招标的运作机制与优缺点分析

湖田招标的步骤主要包括三步：第一，村委会根据本村实际，向镇公共资源交易中心（设在镇财政所）申报需要招标的湖田信息，包括湖田位置、面积、承包期限、承包价格、是否有国家惠农补贴等内容；第二，经镇公共资源交易管理办公室批准后，通过多种渠道发布湖田招标公告，包括湖田信息、招投标时间、开标地点和联系人等内容；第三，村民根据相关规定进行投标，并在中标之后同招标的村委会签订耕地承包合同。目前来看，湖田的承包期均以一年为期。

据统计，2014 年，孔垄镇所属的 37 个村委会中有 17 个村委会在孔垄镇人民政府网站上发布了 2015 年度的湖田招标信息。这 17 个村中除两个村发布多块湖田招标信息外，另外 15 个村各发布了一块湖田的招标信息，总计 20 块湖田，共 12 030 亩。如表 6－7 所示，从湖田的面积分布来看，这 20 块湖田的平均地块面积为 601.5 亩，其中 500 亩以下的有 8 块，占总数的 40%；500～1 000 亩的地块有 10 块，占 50%；1 000 亩以上的地块有 2 块，占 10%。从湖田招标价格分布来看，这 20 块湖田的加权平均招标价格为 540 元/亩，其中，400 元/亩的地块有 1 块，占总数的 5%；400～600 元/亩的地块有 13 块，占 65%；600 元/亩以上的地块有 6 块，占 30%。总体而言，单块湖田面积较大，有利于农业规模经营。但湖田的招标价格较高，在一定程度上将压缩规模种植户的利润空间。

表 6－7　2015 年度黄梅县孔垄镇被招标湖田的面积及价格分布表

湖田面积（F）（亩）	数量（块）	占比（%）	湖田价格（G）（元/亩）	数量（块）	占比（%）
F＜500	8	40	G＜400	1	5
500≤F＜1 000	10	50	400≤G＜600	13	65
F≥1 000	2	10	G≥600	6	30
合计	20	100	合计	20	100
平均面积（亩）	601.5		加权平均价格（元/亩）	540	

注：1. 根据黄梅县孔垄镇人民政府网站资料整理所得。

2. 招标价格分为包含补贴的招标价格和不包含补贴的招标价格两种，依据 2015 年国家财政支农补贴标准（水稻和小麦的粮食直补均为 8.8 元/亩；良种补贴中水稻为 15 元/亩，小麦为 10 元/亩；水稻和小麦的农资综合补贴均为 48.43 元/亩），采取“中稻-小麦”的种植方式对湖田可获得补贴金额进行模拟，测得补贴金额为 139.46 元/亩。通过扣除财政补贴金额对包含补贴的招标价格进行了整理，即本研究中湖田的招标价格均不包含农业补贴的价格。

3. 加权平均价格为按照湖田面积进行加权平均后计算所得。

从湖田招标机制的优点来看，主要表现在三个方面：一是湖田由村委会集中出租，既降低了耕地流转的交易成本，也有利于湖田租种者的规模化经营。二是湖田流转之前，村委会需要对湖田进行一定程度的基础设施建设，为湖田租种者提供了便利。三是湖田招标过程由镇政府进行监督管理，一定程度上避免了私下交易行为，能够保护集体资产，促进耕地有序流转。

但是，据被调查水稻种植户反映，黄梅县湖田招标运作机制对承租农民而言，也存在着较多不利之处，主要表现在三个方面：一是湖田招标价格过高，且随着粮食价格的上涨逐年调高，严重挤占了承租者的利润空间，对粮农的种植积极性打击较大；二是湖田招标期限以一年为主，一年期满即重新招标，同一块湖田的耕作者频繁变动，既增加了招标制度的运行成本，也极大地影响了湖田耕作者的长期经营计划；三是在湖田招标运作中，仍然存在着一些寻租贪腐行为。

（二）湖田招标制度下水稻规模种植户的经营分析

为进一步厘清水稻规模种植户的经营特点，本部分将对孔垄镇三个典型规模种植户在2014年的水稻生产经营状况进行比较分析。

1. 典型水稻种植户的家庭经营基本情况

水稻种植户A：男，1969年生，初中学历，家庭主要农业劳动力2人。2014年经营耕地96亩，其中责任田10亩，租种湖田86亩，租金为500元/亩，租期为一年。主要种植作物为水稻和小麦，其中水稻种植面积96亩，小麦种植面积10亩。小麦种植面积只有10亩的原因是租种的湖田被X企业承包，该企业于秋冬季节在湖田里养殖螃蟹，租种合同里规定A只能种植一季水稻。

水稻种植户B：男，1967年生，高中学历，家庭主要农业劳动力2人。2014年经营耕地273.5亩，其中责任田3.5亩，租种湖田270亩，租金为600元/亩，租期为一年。主要种植作物为水稻和小麦，两种作物的播种面积均为273.5亩。

水稻种植户C：男，1966年生，高中学历，家庭主要农业劳动力2人。2014年经营耕地面积356亩，其中责任田6亩，租种湖田60亩，租金为400元/亩，租期一年；另有290亩耕地是C通过和本村及周边村子里的村民一对一协商后租种的耕地，租金为120元/亩，租期3～5年不等。主要种植作物为水稻、小麦、油菜和大豆等。2014年水稻种植面积150亩，这其中包括60亩湖田，另外90亩水稻田来自290亩中部分耕地，属连片大块耕地。2015年3月，C被黄梅县工商行政管理局认证为家庭农场。

2. 典型水稻种植户的水稻生产特征的比较分析

本部分将从经营行为、生产投入和产出三个方面对典型水稻种植户的经营特点进行比较分析，并结合实际调研情况，深入探讨水稻种植户生产经营行为的影响因素以及行为产生的结果（表6-8）。具体分析如下：

表6-8 2014年典型水稻种植户的水稻生产经营特征

	水稻种植户	A	B	C
经营行为	雇工行为	运输；晾晒	播种；打农药；施肥	播种；打农药；施肥；运输；晾晒
	主要农业机械来源	雇佣机械	雇佣机械	自有机械
	销售产品	干稻谷	湿稻谷	湿稻谷；干稻谷；大米
成本投入	总成本（元/亩）	560.85	576.01	563.27
	物质费用（元/亩）	413.85	348.60	353.60
	雇工费用（元/亩）	50.00	107.41	156.67
	机械作业费（元/亩）	97.00	120.00	53.00
产出特征	单位面积产值（元/亩）	1 595	1 320	1 764
	平均销售价格（元/斤）	1.45	1.1	1.47
	单位面积产量（斤/亩）	1 100	1 200	1 200
	净收益（元/亩）	1 034.15	743.99	1 200.73

注：1. 为便于比较，表中没有计算家庭用工折价、耕地费用以及固定资产折旧等成本。

2. 表中水稻生产经营特征的分析对象是A租种的86亩湖田；B租种的270湖田；C租种的60亩湖田和90亩水稻田。

3. 数据：根据调研资料整理所得。

第一，从典型水稻种植户的雇工行为看，A的雇工行为发生在水稻生产后的运输和晒谷两个环节；B的雇工行为发生在水稻生产中环节；C的雇工行为在水稻生产中和生产后各环节均有发生。究其原因：①A经营的耕地面积有限，家庭农业劳动力能够满足水稻生产环节中的需求，在水稻收割后A为了更高的收益而选择销售干稻谷，这就需要运输和晾晒稻谷，由于该环节的时效性较强，故A在此时雇工。②B和C经营的耕地规模很大，家庭农业劳动力在水稻生产的各环节均难以满足需求，因而两者在水稻生产中都有雇工行为。③B和C的不同之处在于B选择出售湿稻谷，即在水稻收割后直接售出，不需要再进行运输和晾晒；而C出售的产品包括了湿稻谷、干稻谷和大米三类，需要在收获后雇工运输和晾晒稻谷。④何种原因导致B和C之间的行为差异？经研究者访谈发现，B租种的270亩湖田距离其家庭住址较远，缺乏晾晒场地以及存储粮食的仓库等因素是B选择直接出售湿稻谷的重要原因。相比较，C在家中修建了晾晒场地和简易粮仓，有一定的条件储存粮食。

第二，从农业机械来源看，A和B在水稻种植中的农业机械作业主要来源于雇佣农机服务，C的农业机械作业以自有农机为主。调研显示，C购置了2台收割机和2台耕地机，既满足了农业生产需求，还能提供农机作业服务，获得一定利润。而据B表述："我的种植规模不稳定，大型农机具购置成本又太高，还是租赁农机服务划算。"

第三，从水稻生产的成本投入来看：①A的物质费用最高，B和C的物质费用相差不大。据A表述的原因是"由于X企业秋冬季节在田里养殖螃蟹，导致我种水稻需要使用比较多的化肥才能保证土壤肥力"。②雇工费用方面，C的雇工行为最多，因而雇工费用最高。③机械作业费方面，C最低，A其次，B最高，调研发现，原因在于C主要是自有机械，A虽然雇佣农机服务，但是在耕田中部分使用了自有农业机械，B则是全部雇佣农机服务。④总成本方面，B最高，C其次，A最低。

第四，从水稻生产的产出特征看：①平均销售价格方面：C最高，A其次，B最低，其原因在于C销售的农产品有较大部分是经加工脱粒后的大米，价格较高。B销售的湿稻谷价格较低。②单位面积产量方面：A 最低，B 和 C 的单位面积产量相同。据 A 表述的原因是“X 企业对湖田进行过改造，影响了水稻单位产出”。③单位面积产值方面：C 最高，A 其次，B 最低。④水稻生产净收入方面：C 最高，A 其次，B 最低。该数据表明，规模经营效益由多种因素综合决定，耕地经营规模并非越大越好，而应遵循适度原则。

本书进一步分析耕地成本对三个典型种植户的水稻种植净收益的影响。如表 6－9 所示可得，①B 的耕地租金最高，为 600 元/亩；A 的耕地租金第二高，为 500 元/亩；C 的租金较低，分别是 400 元/亩和 120 元/亩。②比较这三个水稻种植户扣除耕地租金后的净收益发现，C 的净收益远远高于 A 和 B，而 B 的净收益仅为 143.99 元/亩。③从总净收益来看，A 种植 86 亩水稻的总净收益为 45 936.9 元；B 种植 270 亩水稻的总净收益为 38 877.3 元；C 种植 150 亩的净收益为 145 309.5 元。数据表明三个典型水稻种植户间的水稻生产收益差异巨大。

表 6－9　2014 年典型水稻种植户扣除耕地租金后的水稻生产净收益

水稻种植户	A	B	C	D
地块面积（亩）	86	270	60	90
地块租金（元/亩）	500	600	400	120
不考虑耕地租金的净收益（元/亩）	1 034.15	743.99	1 200.73	1 200.73
扣除耕地租金的净收益（元/亩）	534.15	143.99	800.73	1 080.73
总净收益（元）	45 936.9	38 877.3	48 043.8	97 265.7

注：1. 不考虑耕地租金的净收益值来自表 6－8。
2. 由于 C 种植水稻的两块耕地租金不同，表中将其分开核算。
3. 数据来源：根据调研资料整理所得。

综合以上分析，结合调研实际，得出以下五点结论。第一，耕地制度是影响水稻规模种植户成本收益的关键因素。主要体现在两方面，一方面，耕地租期较长的水稻规模种植户购置农业机械和建设农业配套设施的动力更强。据 C 表述为“五年合同的耕地只能疏通沟渠，十年合同的耕地可以对沟渠进行硬化，二十年合同的耕地才值得大规模投资，如修建粮仓，置办加工设备等。虽然投资很大，但是在规模和时间上能够摊薄成本”。另一方面，耕地租金严重挤压了水稻规模种植户的利润空间。B和C之间耕地租金的差额最高达到了480元/亩。第二，企业资本介入农业影响了稻农利益。主要体现在X企业较严重地影响了A的水稻生产经营收益。第三，增加农产品附加值是提高经营收益的主要方式。主要体现在湿稻谷、干稻谷以及大米三者之间的销售价格上。作为家庭农场，C在一定范围内建立了大米销售网络，能够获得更多农产品销售收入。第四，新型农业经营主体的水稻生产经营收入明显高于普通水稻种植者。主要体现在C的水稻生产净收益显著高于A和B。第五，规模经营效益由多种因素综合决定，耕地经营规模并非越大越好，而应遵循适度原则。

四、结论与讨论

本章基于水稻生产的两轮实地调查，分析了水稻种植户的个体特征、经营规模特征以及水稻生产特征，并深入剖析了黄梅县水稻规模经营的典型案例，主要结论如下。

第一，从水稻种植户的个体特征、经营规模特征与水稻生产特征来看：在水稻种植户的个体特征方面，青壮年劳动力严重偏少，中老年人是主要农业劳动力来源，水稻种植者的文化程度相对不高，从事兼业的水稻种植者较多，兼业收入是水稻种植者在农业收入之外重要的收入来源。在经营规模特征方面，农户的经营耕地面积较小，仅有少部分农户的经营耕地面积达到较大的规模，耕地流转行为多发生在“熟人社会”里，以小规模流转为主，流转以口头约定为主，流转期限不确定的情况较多，耕地租金差别较大，耕地流转市场尚不健全，农民实行耕地规模经营面临的不确定性因素较多，相比较来看，水稻规模种植户的耕地流转规模较大，流转过程中签订合同的形式也较为常见。在水稻生产特征方面，水稻生产的规模偏低，耕地细碎化较为严重，农业机械在水稻生产中发挥的作用越来越重要，节省劳动力的农业技术（如撒播技术）是水稻生产技术推广的重要内容，在销售前，对稻谷投入一定劳动作业（如晒谷或加工成大米）能够增加销售收入。

第二，从黄梅县湖田招标案例来看，政府组织耕地流转有利于耕地规模化经营，在一定程度上避免了寻租行为，能够保护集体资产，促进耕地有序流转，但是，耕地租金价格过高，严重挤占了承租者的利润空间，对粮农的种植积极性打击较大，租期过短，既增加了招标制度的运行成本，也极大地影响了湖田耕作者的长期经营计划。

第三，从典型水稻种植户的生产经营情况来看，耕地制度是影响水稻规模种植户成本收益的关键因素，一方面，耕地租期较长的水稻规模种植户购置农业机械和建设农业配套设施的动力更强，另一方面，耕地租金严重挤压了水稻规模种植户的利润空间，企业资本介入农业也影响了稻农的利益，增加农产品附加值是提高经营收益的主要方式。新型农业经营主体的水稻生产经营收入明显高于普通水稻种植者，规模经营效益由多种因素综合决定，经营规模并非越大越好，而应遵循适度原则。

综合以上分析，本章认为促进水稻生产，提高农户水稻种植收益应该重点做好两方面工作：一方面，要完善耕地流转制度，促进耕地有序流转，保障规模种植户的稳定经营；另一方面，要鼓励青壮年农村劳动力扩大经营规模，大力发展新型农业经营主体，做好规模种植户生产经营保障，提高规模经营种植户的生产经营能力。

第三部分　水稻规模经营效率评价

第七章　生产函数理论与选择

一、相关知识

（一）生产率

生产率是衡量经济增长动力的重要指标，等于生产过程中所有产出与所有投入要素的比值。其中，有关全要素生产率增长率的测算方法得到了最广泛的应用，其不仅能测算所有要素的生产率变化，还能具体反映不同生产要素对经济增长的贡献。罗伯特·索洛（R. Solow）1957 年首次提出了基于总量 Cobb - Douglas 生产函数的全要素生产率增长率测算的索洛余值法，将资本集约程度增长与人均产出增长之间难以解释的差额归纳为技术进步的作用，通过将技术进步因素引进经济增长模型，为后续开展生产率研究开辟了新思路。

（二）技术效率

这一概念最早是由 Farrell 在 1957 年提出，Farrell 将技术效率定义为，在既定价格和生产技术水平下，依照固定要素投入比例，生产相同产品所必需的最低成本与实际投入成本的比值，主要用来反映生产者对资源要素投入的有效利用程度，当技术效率小于 1 时，我们认为存在效率损失。随后在 1966 年，Leibenstein 又从投入产出角度对技术效率的含义做了进一步阐述，指出技术效率是在既定生产要素投入条件下，实际产出与理想最大产出的比值。传统方法通常认为所有生产具有相同的前沿面，可以利用固定前沿面生产函数来分析比较不同生产决策的技术效率，随后许多学者纠正指出，不同地区的技术集因地理环境、资源禀赋以及市场需求等不同而存在差异（O'Donnell 等，2008）。

（三）生产前沿面

生产前沿面是指当生产经营中所需的要素价格和生产技术水平一定时，各投入要素不同比例组合时的最大可能产出，结合前文技术效率的定义，可以概括为投入成本最小化组合（或产出效益最大化组合）。这种理想的生产可能性边界，我们就定义其为生产前沿面，用来反映生产过程中的最佳生产行为。实际生产过程中，生产者通过各种方法试图使生产结果尽可能接近这个前沿面，当达到生产前沿面时，我们也称之为技术有效。目前生产前沿的研究方法主要有参数估计法和非参数估计法，参数估计法与非参数估计法的区别在于参数估计法必须提前确定好投入产出函数，然后运用计量方法，利用已有的投入产出数据确定生产函数中的各个参数。此方法需要事先设定技术无效率误差项的函数形式，因而需要特别注意函数的规范和估计问题。非参数估计法不需要设定具体的生产函数形式，仅着重于对具有相同生产前沿面的生产决策展开研究。

（四）配置效率

配置效率是指在既定产出前提下，各种生产要素最优比例投入所需的生产成本与实际生产成本的比值，反映出生产经营主体对生产经营中的各投入要素进行比例划分，以及对不同要素价格和生产技术合理安排的能力。配置效率提高，表示在生产要素总量一定的条件下，各种要素在效益的驱使下，通过调整不同产品的要素投入比例，使各项生产要素得到更优配置，进而促进经济效益的持续增长。

二、随机前沿生产函数的发展与选择

传统的生产函数通常为平均生产函数，仅反映出各投入要素与平均产出间的关系。全要素生产率最常用的测算方法是索洛余值法，该方法首先假定所有生产者处于最优生产效率的水平，然后扣除生产要素投入贡献，剩余的产出增长部分则被归纳为技术进步的作用，这部分也被称为全要素生产率。Farrel 于 1957 年在生产的有效性研究领域首次提出了前沿生产函数的概念，通过对既定生产要素进行最佳组合，测算其最优可能产出，这类最佳生产行为的集合即所谓的前沿面。

目前，前沿生产函数的测算方法主要有参数估计法和非参数估计法，两者均可以测算出生产效率。沿袭了传统生产函数的形式，参数估计法需要预先设定具体的函数形式，根据现实的投入产出数据，运用最小二乘法或是极大似然估计对生产函数形式中的各参数进行回归估计。非参数估计法则相对简单，仅需依据现实的投入产出数据构造一个最接近理想的前沿面，该方法中生产效率的有效性主要体现在以既定投入获取最大产出，或是以最小投入获取既定产出。通过比较这两种测算方式发现：①非参数估计法通常采用线性规划方法来测算，适用性存在明显的局限性，而参数估计法主要用样本拟合度和统计指标作为考量指标；②非参数估计法对研究样本数有一定限制，为了测算生产效率有时需要舍弃部分样本数据，这样显然会对测算结果的稳定性产生影响。因此，结合本书样本数据特点，这里选择参数估计法来测算更为合适。

随机前沿生产函数最早是在 1977 年，由 Aigner，Lovell，Schmidt 和 Meeusen，Vanden，Broeck 等人先后分别提出，初始的随机前沿生产函数并未考虑技术无效率的情况，在随后的理论发展中逐渐被承认，并能在随机前沿生产函数形式中设定技术无效率项。与传统的生产函数方法不同，随机前沿生产函数将全要素生产率增长率动因分解为两类，即生产可能性边界移动和技术效率改变，从而能直接反映不同影响因素对全要素生产率变化的贡献作用，以便进一步深入探寻推进经济增长的动力源泉，同时也更加符合目前经济增长的实际情况。

三、SFA 与其他方法的比较

生产率和效率的度量一般使用数据包络分析法（Data Envelopment Analysis，DEA）和随机前沿分析法（Stochastic Frontier Analysis，SFA），表 7-1 对各类函数基本性质进行了对比分析。指数方法通常还需要获得必需的价格数据，并且其测算结果受外部环境影响显著，因此在对效率结果进行评价的同时，还需要从样本数据误差、市场环境因素、管理决策效率等多个方面分析其差异原因，故指数方法的结果分析过程比较复杂。相对而言，数据包络分析法（DEA）测算生产率比较简单，而且无须确定生产函数的具体形式，仍能较好地测算其生产效率，即无论生产投入与产出间是何种函数关系（即使是多投入多产出的生产形式），该方法都能估算出其前沿面。如果是单一产出问题并能预先设定一定的生产函数形式，那么就可以采用随机前沿分析法（SFA），通过计量回归来分别确定各参数数值。超越对数生产函数的包容性较强，模型中的交叉弹性能够较好地用于反映投入要素间的交互影响、技术进步差异等，但其对数据本身质量要求较高。

表 7-1　各生产函数的比较

	指数方法	DEA	SFA	超越对数
是否为参数方法	否	否	是	是
是否考虑随机效应	否	否	是	是
关于效率假设	不存在无效率	存在无效率	存在无效率	存在无效率
行为假设	成本最小、收益最大	无（考虑配置效率时除外）	无	无
函数作用	TFP 的变化	技术效率、规模效率、配置效率的变化	技术效率、规模效率、配置效率、技术进步、TFP 的变化	技术效率、规模效率、配置效率、技术进步、TFP 的变化
所需变量	投入产出的数量和价格	投入产出的数量	投入产出的数量	投入产出的数量
所需数据	时间序列、截面数据、面板数据	截面数据、面板数据	截面数据、面板数据	截面数据、面板数据

数据包络分析法（DEA）计算上的优势主要体现在：首先，DEA 方法对于生产投入和产出间的函数关系无约束，可以用于评价多投入、多产出形式生产关系的生产经营绩效。其次，DEA 计算结果不受投入产出数据所选单位的影响，只要保证投入产出数据的单位一致，所有数据中任意一组组合投入产出数据的单位同步变化，生产效率结果不会受到任何影响。DEA 方法在数据处理中能同时包容比例数据和非比例数据，即无论投入和产出的数据类型如何，只要能反映研究对象投入或产出面的指标即可。再次，无需自己设定模型中的各项权重，DEA 方法的模型权重是由样本数据结合数理规划自动生成，在一定程度上避免了主观性误差。最后，对于无效单元，DEA 可进行目标值与实际值的比较分析、敏感度分析和效率分析，对于深入了解资源使用情况有很大帮助。

SFA 计算复杂，在计算方面较 DEA 无任何优势。但 SFA 具有其自身优势，且这些优势足以抵消计算方面的复杂性，具体如下：第一，由于 SFA 需要预先设定函数形式，并运用计量方法进行回归分析来确定各项参数，具备必要的统计特征，比如可以对模型本身和各参数进行显著性检验，这是 DEA 方法不具备的。第二，利用 SFA 方法研究跨时期面板数据时，能够在考虑样本之间差异的前提下构建更符合现实情形的随机前沿模型。而 DEA 方法的前沿面始终保持不变，所以相较于 SFA 更缺乏真实性。

第八章　基于水稻种植户耕地适度经营规模分析

通过对水稻生产投入产出的宏观分析与对水稻种植户的微观调研，本书认为促进农业规模经营是保障水稻生产的关键。前文研究也表明，农业规模并非越大越好，应遵循适度原则。但是，多大规模为适度？如何确定适度的标准？对此，我国的学者们根据各地的农业经济发展实际，对适度经营规模的标准提出了有价值的研究结论（胡初枝、黄贤金，2007；张忠明、钱文荣，2010；黄新建、姜睿清，2013；倪国华、蔡昉；2015）。前人的成果拓展了本书的研究视野，也为本书提供了丰富的理论基础和实践借鉴。本章将基于两轮微观实地调研数据，利用超越对数和 C—D 生产函数，试图以产量最大化和收益最大化为目标分别测算水稻生产经营规模的适度界限，以期为同时兼顾提高规模经营收益与保障粮食安全双重目标，因地制宜地确定经营规模的适度标准提供参考。

一、理论逻辑

农业适度规模经营是实现现代农业发展的必由之路。韩俊（1998）、梅建明（2004）以及张红宇等（2014）研究认为，分散的、小规模的、封闭式的自给自足的小农生产经营方式已经远远不能满足我国实现农业现代化的基本要求，扩大农业经营规模、健全农业生产经营体系已经成为我国农业生产发展不得不面临的选择。1987 年以来，党和政府连续在若干《决定》和中央 1 号文件中明确提出要发展多种形式的适度规模经营，在相关政策助力下，专业大户、家庭农场、农业合作社、农业生产龙头企业等新型农业经营主体应运而生，农业规模经营已成为大势所趋。

与此同时，学术界围绕农业适度规模经营展开了大量的研究，但却争议不断。目前，大多数研究将土地生产率作为农业规模经营的评价指标，但其研究结论却因不同的地理区域或不同的历史阶段而表现得千差万别。倪国华（2015）等研究发现，经营规模与土地产出率的反向关系将主导我国未来土地经营规模的集中过程；万广华和程恩江（1996）、普罗斯特曼等（1996）、刘凤芹（2006）、许庆等（2011）也认为，从提高土地产出的角度看，不断扩大的土地经营规模令人担忧。与此同时，也有观点认为经营规模与土地产出率之间的负相关关系会随着农药、化肥等生产资料的广泛使用而逐渐消失（Foster and Rosenzweig，2011），Kawasaki（2010）的研究表明两者之间的关系是正向的，Heltberg（1998）则发现两者之间存在U形关系，而Moussa、Jones（1991）认为两者在统计上并没有显著关系。究其原因，郑少锋（1998）、齐城（2008）等认为，研究目标取向、研究方法的不同将直接导致农业适度经营规模相关问题的研究结论存在显著差异。与此同时，上述研究对农业生产大多数采用了加总数据进行分析，而Cater et al.（2003）的研究则已证实加总数据会模糊真实的生产投入产出状况，因此，许庆等（2011）研究指出，只有针对具体的农作物品种进行考察，农业适度规模经营问题才能够被充分研究。

此外，农业适度规模经营指的是在一定的生产技术水平条件下，农业各生产要素通过最优配置，实现土地、劳动力、资金和技术等投入要素的效率或经济效益的最大化。同时，农业生产要素之间存在着可替代关系，生产者因此可以根据资源禀赋和要素相对价格来决定各要素的生产投入量，但由于各生产要素的来源渠道及其对农业生产经营发挥作用的不同而使得彼此之间并不能够形成完全的替代关系，它们各自均对农业生产要素配置效率和收入产生着重要的影响。万广华等（1996），Wan、Cheng（2001）等认为，在农业生产技术不变的条件下，各生产要素的投入将受制于土地这一要素的投入，农户经营的土地数量将直接决定农业生产的规模及各生产要素的投入量，但当农业生产技术水平发生变化时，农业生产规模及其要素配置相应也会形成新的结果。

李文明等（2015）、王嫚嫚等（2017）构建了农业种植规模与农业投入产出的关系图（图 8－1），其中 *Land* 表示农户实际种植规模，*TP* 为农业生产经营总产出曲线，*AP* 为农业生产经营平均产出曲线，*MP* 为农业经营边际产出曲线，*TC* 为农业生产经营总成本曲线。图 8－1 表明农业生产经营中，总产出 *TP* 曲线随着实际种植规模的扩大呈现出先边际递增、后边际递减的趋势，而总成本 *TC* 曲线则随着实际种植规模的扩大呈现出先边际递减、后边际递增的趋势。具体来看，当农户种植规模在 *L*1 时，农业生产经营平均产出 *AP* 达到最大，这意味着此刻农户土地产出效率达到最高，即农户生产经营达到产量最大化。而当农户的种植规模扩大到 *L*2 时，农户生产经营边际产出 *MP* 为零，总产出 *TP* 达到最大，这意味着此刻农户生产经营效益达到最佳状态，即农户生产经营达到收益最大化。随着种植规模的不断扩大，当农户的种植规模在［*L*2，*L*3］区间时，农户生产经营总效益仍为正，但其边际产出 *MP* 却变为负值，这意味着此刻农业生产要素配置效率降低。由此看来，如果农户满足“理性经济人”的基本假设，即农业规模经营追求的是产量最大化或收益最大化目标，则农户在生产过程中应根据生产目标在［*L*1，*L*2］区间内决定土地要素的投入量，这一区

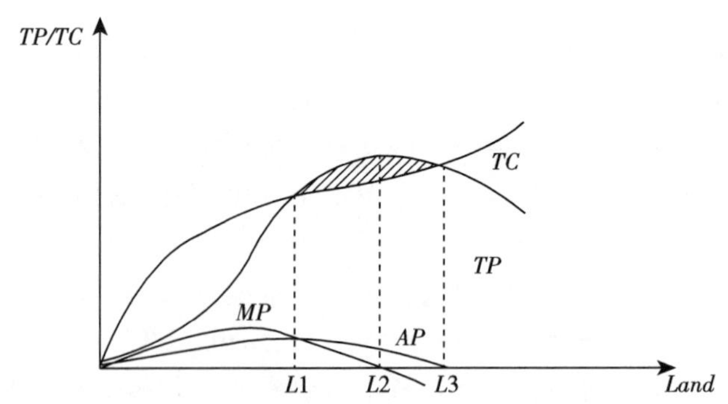

图 8－1　农业种植规模与投入产出关系图

间也是一定技术水平条件下相应的农业适度经营规模。

综合上述分析，农业适度规模经营相关问题的研究不仅受研究视角不同的影响，而且需要考虑发展的阶段性、区域性、农作物品种的特征、生产要素配置等问题。基于此，本书将以产量最大化和收益最大化为目标分别测算水稻生产经营规模的适度界限，以期为同时兼顾提高规模经营收益与保障粮食安全双重目标下，因地制宜地确定规模经营适度标准提供参考。

二、研究模型及变量说明

（一）农户投入产出模型：产量最大化目标

超越对数（Translog）生产函数对要素替代弹性和规模经济没有任何限制条件，从替代性角度来看，对于任何技术水平，其都能较好地近似。因此，基于产量最大化目标，为分析产出水平与经营规模的关系，比较不同种植规模组别水稻种植户产出水平的差异，本书基于超越对数生产函数构建农户投入产出模型（Ⅰ），具体模型如下：

$$\ln Q_i = \alpha_0 + \beta_1 \ln X_{i1} + \beta_2 \ln X_{i2} + \beta_3 \ln X_{i3} + 1/2 \cdot (\gamma_{11} \ln X_{i1} \ln X_{i1} + \gamma_{22} \ln X_{i2} \ln X_{i2} + \gamma_{33} \ln X_{i3} \ln X_{i3}) + \gamma_{12} \ln X_{i1} \ln X_{i2} + \gamma_{13} \ln X_{i1} \ln X_{i3} + \gamma_{23} \ln X_{i2} \ln X_{i3} + \varepsilon_1 Age_i + \varepsilon_2 (Age_i)^2 + \varepsilon_3 Edu_i + \theta T_i + \eta_1 S_{i1} + \eta_2 S_{i2} + \eta_3 S_{i3} + \eta_4 S_{i4} + \eta_5 S_{i5} + \mu_i \quad (8-1)$$

为便于比较，本书同时基于C—D生产函数构建了农户投入产出模型（Ⅱ），具体模型形式如下：

$$\ln Q_i = \alpha_0 + \beta_1 \ln X_{i1} + \beta_2 \ln X_{i2} + \beta_3 \ln X_{i3} + \varepsilon_1 Age_i + \varepsilon_2 (Age_i)^2 + \varepsilon_3 Edu_i + \theta T_i + \eta_1 S_{i1} + \eta_2 S_{i2} + \eta_3 S_{i3} + \eta_4 S_{i4} + \eta_5 S_{i5} + \mu_i \quad (8-2)$$

（8－1）式和（8－2）式中各变量的解释和具体内容如下：总产出（Q_i）表示第 i 个农户水稻种植收获的稻谷总重量（单位为斤）；土地投入（X_{i1}）表示第 i 个农户水稻种植的播种面积（单位

为亩）；劳动投入（X_{i2}）表示第 i 个农户为水稻生产各个环节自己投入的有效劳动量的总和（单位为天）；资本投入（X_{i3}）表示第 i 个农户在水稻种植过程中的物质投入和货币化劳动投入（单位为元），其中，物质投入包括种子购置费用（若自留种子，则按市场价折算）、育苗费用或秧苗购置费用、农药费用、化肥费用、需要交纳的水费以及灌溉稻田花费的电费（或柴油费用）之和，货币化劳动投入包括水稻生产过程中投入的耕地费用、机械播种或插秧费用、收割费用与雇工费用之和；Age_i 表示水稻种植户户主的年龄，单位为岁，$(Age_i)^2$ 表示水稻种植户户主年龄的平方项；Edu_i 表示水稻种植户户主的受教育程度（具体表示为文盲＝1、小学＝2、初中＝3、高中或中专＝4、大专及以上＝5）；Age_i 和 Edu_i 这两项农户个人特征向量描述了农户水稻种植的经验和技能；时间 T_i 表示农户水稻种植的时间，由于本书研究数据来源于课题组 2015 年和 2017 年两轮微观实地调研，因此模型中需要对时间变量加以控制，具体赋值为 2015 年调研农户 $T_i=1$，2017 年调研农户 $T_i=0$；$S_{i1}\sim S_{i5}$ 表示水稻种植户的水稻种植规模区间，以此反映不同种植规模对水稻生产的影响，主要划分为 0～20 亩、20～50 亩、50～80 亩、80～120 亩、120～160 亩、160 亩以上六个组别[①]，其中以 0～20 亩为参照组，$S_{i1}\sim S_{i5}$ 分别表示所属 20～50 亩、50～80 亩、80～120 亩、120～160 亩、160 亩以上组别，具体用“1”代表农户水稻种植规模所对应的组别，“0”代表其他组别。

（二）农户生产利润模型：收益最大化目标

农户扩大经营规模最根本的动机在于获得更多的农业生产收益。因此，基于收益最大化目标，为进一步分析规模效益与经营规模的关系，比较不同种植规模组别水稻种植户生产收益的差异，本

---

① 麻吉亮（2015）详细对比了单指标和多指标划分经营规模，并阐述了此两种划分的意义。本书采用单指标划分的方法，基于概率分布函数，通过样本分布的累计概率来划分经营规模。

书修正了（8－1）式的超越对数生产函数，以水稻种植净利润（R_i）为被解释变量，解释变量与（8－1）式相同，得到了农户生产利润模型（Ⅰ），具体模型如下：

$$\ln R_i = \alpha_0 + \beta_1 \ln X_{i1} + \beta_2 \ln X_{i2} + \beta_3 \ln X_{i3} + 1/2 \cdot (\gamma_{11} \ln X_{i1} \ln X_{i1} + \gamma_{22} \ln X_{i2} \ln X_{i2} + \gamma_{33} \ln X_{i3} \ln X_{i3}) + \gamma_{12} \ln X_{i1} \ln X_{i2} + \gamma_{13} \ln X_{i1} \ln X_{i3} + \gamma_{23} \ln X_{i2} \ln X_{i3} + \varepsilon_1 Age_i + \varepsilon_2 (Age_i)^2 + \varepsilon_3 Edu_i + \theta T_i + \eta_1 S_{i1} + \eta_2 S_{i2} + \eta_3 S_{i3} + \eta_4 S_{i4} + \eta_5 S_{i5} + \mu_i \quad (8-3)$$

同时为便于比较，本书修正了（8－2）式的C—D生产函数，得到了农户生产利润模型（Ⅱ），具体模型形式如下：

$$\ln R_i = \alpha_0 + \beta_1 \ln X_{i1} + \beta_2 \ln X_{i2} + \beta_3 \ln X_{i3} + \varepsilon_1 Age_i + \varepsilon_2 (Age_i)^2 + \varepsilon_3 Edu_i + \theta T_i + \eta_1 S_{i1} + \eta_2 S_{i2} + \eta_3 S_{i3} + \eta_4 S_{i4} + \eta_5 S_{i5} + \mu_i \quad (8-4)$$

（8－3）式和（8－4）式中水稻生产净利润（R_i）表示第 i 个农户水稻种植获取的净利润（单位为元），其余变量与（8－1）式和（8－2）式相同。

（三）变量描述性分析

如表8－1所示，样本农户水稻种植规模存在着较大程度的差异。从农户投入产出层面看，水稻种植面积平均为47.23亩，其中水稻种植最小面积为2亩，最大面积为580亩；生产者平均有效劳动投入为115.71天，其中生产者有效劳动投入最小值为6.80天，最大值为1 361.69天；平均资本投入为30 571.38元，其中资本投入最少为874元，最多投入为640 369元。总体上看，水稻平均总产出为50 883.82斤，水稻种植平均净利润为34 469.71元。从农户户主特征变量来看，样本农户户主平均年龄为52.08岁，其中50岁及其以上年龄的户主占总数的60.96%，由此看出，样本农户户主老龄化现象较为明显；户主受教育年限平均值为2.86，表明样本农户户主文化程度主要为初中水平。

表 8-1 模型中变量描述性统计特征

变量	变量解释	平均值	标准差
水稻总产出（Q）	水稻种植总产量（斤）	50 883.82	67 883.63
水稻净利润（R）	水稻种植净利润（元）	34 469.71	46 607.25
土地投入（X_1）	水稻种植面积（亩）	47.23	59.37
劳动投入（X_2）	生产者有效劳动投入量（天）	115.71	137.45
资本投入（X_3）	物质投入和资本化劳动投入（元）	30 571.38	48 432.78
户主年龄（Age）	户主实际年龄（岁）	52.08	7.95
户主受教育程度（Edu）	1～5 分别代表文盲、小学、初中、高中或中专、大专及以上	2.86	0.74

三、实证结果及分析

根据上文构建的农户投入产出模型和生产利润模型，利用 stata14.0 软件得出表 8-2 和表 8-4 的估计结果。

（一）农户投入产出模型估计结果及解释

如表 8-2 所示，从农户投入产出模型的估计结果来看，大部分主要变量显著。模型（Ⅰ）调整后 R^2 为 0.874 9，模型（Ⅱ）调整后 R^2 为 0.847 1，由此说明模型（Ⅰ）和模型（Ⅱ）的拟合效果较好。

表 8-2 农户投入产出模型回归结果

项目	投入产出模型（Ⅰ）		投入产出模型（Ⅱ）	
	系数	t 值	系数	t 值
α_0	−4.698 9	−0.44	5.710 9***	4.48
β_1	7.401 2***	2.66	0.336 5	1.26
β_2	−6.620 5**	−2.21	0.420 8***	3.61
β_3	2.763 5	0.91	0.131 7	0.69

（续）

项目	投入产出模型（Ⅰ）		投入产出模型（Ⅱ）	
	系数	t 值	系数	t 值
γ_{11}	1.444 9	0.97	—	—
γ_{22}	−2.784 1***	−2.85	—	—
γ_{33}	−0.533 1	−1.12	—	—
γ_{12}	0.522 1	0.52	—	—
γ_{13}	−1.522 2***	−2.84	—	—
γ_{23}	1.824 8***	3.75	—	—
ε_1	0.013 7	1.37	0.008 4	0.92
ε_2	−0.000 1	−1.27	−0.000 1	−0.93
ε_2	0.019 9	1.41	0.028 1	1.59
θ_1	0.120 9***	5.11	0.054 6*	1.67
η_1	−0.043 4	−1.63	0.031 0	1.09
η_2	0.143 9***	3.90	0.147 6***	3.78
η_3	0.331 0***	5.31	0.284 1***	5.37
η_4	0.516 6***	4.38	0.432 3***	4.27
η_5	−0.033 0	−0.60	−0.280 0***	−3.11

注：*、**、***分别表示在10%、5%、1%的水平下显著。

本书重点关注的是水稻种植规模区间，即变量 S_1～S_5 的显著性。从投入产出模型（Ⅰ）和模型（Ⅱ）的结果来看，以水稻种植规模区间在0～20亩为参照组，种植规模在50～80亩、80～120亩、120～160亩农户的产出水平显著提高。如果仅从水稻种植规模虚拟变量 S_1～S_5 的估计系数来看，0～20亩为参照组，20亩以上种植规模的5组农户的产出水平高低排序依次为：η_4（120～160亩）>η_3（80～120亩）>η_2（50～80亩）>η_5（160亩以上）>η_1（20～50亩）。同时，鉴于在模型中充分考虑了土地投入（X_1）变量并控制了该变量对产出的影响，因而可以大致粗略地认为，随着农户水稻种植规模的扩大，其单产水平显现出“下降—上升—下降”的变化趋势。这与李文明等（2015）和中国农户土地经营规模研究课题组（1991）的研究结果一致[①]。需要进一步关注的是，本书模型（Ⅰ）的估计结果中，η_4（120～160亩）、η_3（80～120亩）、η_2（50～80亩）均在1%的显著性水平上拒绝原假设，并且η_4（120～160亩）的系数大于η_3（80～120亩）和η_2（50～80亩）。由此可初步判断，基于样本数据，在当前的经济发展水平以及生产技术条件下，如果以产量最大化为目标，则目前水稻种植的适度规模应该在120～160亩，这一结果与中国农户土地经营规模研究课题组（1991）的研究结果（即1991年该研究样本农户水稻种植的适度规模在10～30亩之间），存在着巨大差异，可能的原因是，随着将近30年的农村土地制度改革以及经济社会的发展，目前发展适度规模经营的条件更加充分和完备。以上研究结果充分说明，在一定的水稻种植规模区间内，相对于小规模种植，扩大种植规模对于提升产出水平是有利的。

从农户户主特征来看，表8-2的回归结果表明，农户户主年龄及其平方项对水稻产出并未产生显著影响，这与李文明等（2015）、罗丹等（2017）研究发现户主年龄对水稻产出有着正向显著影响、年龄平方项对水稻产出有着显著负向影响这一现象不一致。可能的原因在于，一方面，户主年龄越大，则在一定程度上意味着其水稻种植经验相对丰富，再加上根深蒂固的“依赖土地情结”，这部分农户更容易投入大量的精力悉心种植水稻，这将有利于水稻产出的增加；另一方面，随着水稻种植规模的扩大，年龄越大的农户，接受先进技术以及生产经营理念的难度越大，这将对增加水稻产出产生消极影响。综合看来，这一正一负的影响相互抵消，导致户主年龄并未对水稻产出产生显著影响，这也从另一个侧面说明，现阶段不必过于担忧农业生产者老龄化对水稻生产的影

① 中国农户土地经营规模研究课题组（1991）通过对600个样本种粮农户进行调查，认为经营规模在5～10亩时，随着规模扩大产量下降；规模在10～30亩时，规模扩大产量上升；规模在30亩以上时，规模扩大产量下降。

响。此外，表 8-2 的回归结果还表明，户主受教育程度对水稻产出并未产生显著影响。现有研究在分析劳动力受教育程度有利于增加农业产出时，大多数都从劳动力受教育水平越高则意味着农户越能够接受先进的技术及生产经营理念这一角度进行解释（李文明等，2015；罗丹等，2017），但针对本书样本农户来看，调研中发现样本地区技术推广以及农技培训等工作开展效率较为低下，这将从根本上限制农户对新技术的采用，从而使得受教育年限高的劳动者在水稻种植经营中并未显示出明显的优势，因此，此处户主受教育年限并未对水稻产出产生显著影响，当然，这一结果仍需要在后续的研究中予以证实。除此之外，时间变量对水稻总产出也有着显著正向影响，由此说明，水稻产出随生产时间的变化显示出明显的差异性特征，这主要与水稻生产在不同年份面临的气候、降水等外部环境的差异有着密切关系。2017 年 7 月的调研发现，由于受高温等灾害的影响，致使该年度较其余年度水稻出现小幅减产，而在模型中时间变量的赋值为“2015 年，T＝1；2017 年，T＝0”，因此，此处时间变量表现为显著正向影响。

从土地、劳动、资本等生产要素投入的作用来看，正如上文所述，本书模型（Ⅰ）使用超越对数生产函数对农户水稻生产投入产出进行分析，但因超越对数生产函数本身需要考虑生产要素之间交叉弹性带来的影响，所以表 8-2 中农户水稻生产投入产出模型（Ⅰ）中 β_2 虽为负值，但并不能表示劳动的产出弹性为负。基于此，根据超越对数生产函数的性质，本书农户投入产出模型（Ⅰ）所涉及各生产要素的产出弹性表达式如下：

土地投入产出弹性为：$\beta_1+\gamma_{11}\ln X_1+\gamma_{12}\ln X_2+\gamma_{13}\ln X_3$　(8-5)

劳动投入产出弹性为：$\beta_2+\gamma_{22}\ln X_2+\gamma_{12}\ln X_1+\gamma_{23}\ln X_3$　(8-6)

资本投入产出弹性为：$\beta_3+\gamma_{33}\ln X_3+\gamma_{13}\ln X_1+\gamma_{23}\ln X_2$　(8-7)

根据（8-5）式、（8-6）式、（8-7）式计算可得模型（Ⅰ）土地、劳动、资本的产出弹性分别为－0.25、1.020 5、0.048 7，其中劳动的产出弹性大于 1，这显然有悖于常理，因此下文采用模型（Ⅱ）的结果对各生产要素的产出弹性进行分析（表 8-3）。

表 8-3 各生产要素产出弹性及规模报酬系数

项目	各生产要素产出弹性			规模报酬系数	H_0：规模报酬不变	
	土地要素	劳动要素	资本要素		F 值	Pr（>F）
模型Ⅱ	0.336 5	0.420 8	0.131 7	0.889 0	7.06	0.008 0

从表 8-2 和表 8-3 的结果综合来看，劳动投入对水稻产出的影响显著且弹性为正，这一结果与万广华等（1996）、许庆等（2011）、李文明等（2015）的研究结果一致，但却与 Sen（1960）等研究发现中国农业生产存在大量的剩余劳动力，因而使其劳动边际产出为零甚至为负这一结果大相径庭。之所以出现上述研究结果差异，本书认为主要有以下两方面的原因：一方面，20 世纪末以来，中国农村劳动力向非农产业进行了大规模转移，人口红利已在逐步消失，因而农业劳动力过剩的现象也明显得到削减；另一方面，水稻种植属于劳动密集型产业，其生产对劳动的需求和依赖程度要远高于玉米、小麦等粮食作物，而且水稻种植一般在农业劳动力最忙碌的季节进行，这也在一定程度上决定了目前水稻种植劳动力几乎不存在剩余的现象。同时，土地的产出弹性虽为正值，但却并未通过显著性检验，这说明现阶段土地投入并非促进水稻产出的最主要生产要素，盲目扩大土地规模是不可取的。资本的产出弹性为正，但同样并未通过显著性检验，表明在当前的水稻种植技术条件和资源禀赋下，资本投入量逐渐趋于饱和，其对水稻产出增加的作用空间已释放殆尽。

表 8-3 显示，在不将水稻种植规模区间变量作为考察范围时，模型（Ⅱ）测算表明，规模报酬系数为 0.889 0，利用 Wald 检验发现，F 统计值为 7.06，检验结果在 1%的显著性水平上拒绝原假设，这与 Wan & Cheng（2001）、许庆等（2011）、李文明等（2015）的研究结论相悖，由此说明，现阶段水稻种植显示出规模报酬递减的特征，这也进一步为水稻经营规模需要适度提供了证据。具体分析不同水稻种植规模的农户，如果充分考虑水稻种植规模区间变量的影响，规模报酬系数则会发生不同程度的变化。本书

借鉴钱贵霞等（2005）计算不同经营规模各自规模报酬系数的做法，模型（Ⅱ）中水稻种植规模在20～50亩、50～80亩、80～120亩、120～160亩、160亩以上区间的规模报酬系数分别为：0.920 0、1.036 6、1.173 1、1.321 3、0.609 0，通过Wald检验发现，除50～80亩未通过显著性检验以及20～50亩在5%水平上显著外，其余水稻种植规模区间均在1%的水平上显著。这也进一步证实产量最大化目标下，水稻种植的适度规模区间为120～160亩，其次是80～120亩。

（二）农户生产利润模型估计结果及解释

表8-4显示，农户生产利润模型（Ⅰ）和模型（Ⅱ）的不同水稻种植规模区间变量大部分在统计上是显著的，其中50～80亩、80～120亩、160亩以上均在1%的水平上显著，说明以0～20亩为参照项，水稻种植规模在50～80亩、80～120亩、160亩以上的农户，其水稻生产利润水平得到了显著提升。对比表5-2和表5-4可以发现，与参照户相比，水稻种植规模在80～120亩的农户，其水稻种植的总产量和净利润都有了明显提高，而水稻种植规模在120～160亩的农户，其水稻种植的总产量虽有一定提高，但净利润却未发生显著提升。

通过上述分析可以发现，相对于小规模农户而言，扩大种植规模更有利于增加农户水稻种植的收入。黄宗智（2000）研究认为，传统的小农家庭人口压力较大，其农业生产一般以劳动的密集投入为增产增收的主要途径，但劳动要素的过度投入极易出现边际报酬递减的现象，但对本书研究的水稻规模种植户而言，种植规模的扩大不仅能够有效吸纳家庭农业劳动力从事生产，使之实现充分就业，而且这部分农户更加符合“理性经济人”的基本特征，其从事水稻种植的主要目标也由满足家庭日常生活需要而转变为追求整体利润的最大化，这部分农户在水稻生产经营中也更加注重生产要素的优化配置以及生产成本的有效节约。由此看来，扩大种植规模对其增加水稻生产收入有着积极影响。此外，需要说明的是，由于本书水稻种植规模最大为580亩，如果以收益最大化为目标，则水稻种植的适度规模为160亩以上（不超过580亩），其次是80～120亩，但对于超大规模（580亩以上）的农户而言，其水稻生产净利润是否在统计上显著，仍需要进一步研究。

表8-4　农户生产利润模型回归结果

项目	农户生产利润模型（Ⅰ）		农户生产利润模型（Ⅱ）	
	系数	t值	系数	t值
α_0	52.768 2	1.23	14.871 0***	4.58
β_1	39.369 4**	2.47	−0.475 0	−0.72
β_2	−13.557 7	−1.31	2.484 1***	5.03
β_3	−16.738 4	−1.26	−1.491 9***	−3.56
γ_{11}	15.670 9***	3.35	—	—
γ_{22}	−4.594 1	−1.48	—	—
γ_{33}	1.746	0.8	—	—
γ_{12}	−5.268 8	−1.49	—	—
γ_{13}	−7.334 6***	−2.96	—	—
γ_{23}	5.562 6***	2.94	—	—
ε_1	−0.001 2	−0.03	−0.027 0	−0.61
ε_2	0.000 1	0.19	0.000 3	0.73
ε_3	−0.015 9	−0.19	0.028 4	0.33
θ_1	0.396 4**	2.29	0.286 8	1.57
η_1	0.154 3	1.22	0.464 8***	3.48
η_2	0.586 9***	3.19	0.668 5***	3.69
η_3	0.908 1***	4.43	0.825 0***	4.3
η_4	0.838 9	1.37	0.411 1	0.66
η_5	1.772 0***	5.55	1.232 7***	4.58

注：*、**、***分别表示在10%、5%、1%的显著性水平下显著。

四、结论与讨论

本书基于2015年7月和2017年7月对水稻生产的两轮微观调

研，以产量最大化和收益最大化为目标，运用超越对数和C—D生产函数构建了农户投入产出模型和农户生产利润模型，通过分析不同水稻种植规模区间对水稻总产出和水稻生产净利润的影响，进而确定了两种目标下水稻种植的适度规模区间。主要结论如下：

第一，产量最大化目标下，随着农户水稻种植规模的扩大，其单产水平显现出“下降—上升—下降”的变化趋势；不同水稻种植规模区间对水稻总产出的影响结果显示，以水稻种植规模区间在0～20亩为参照组，种植规模在50～80亩、80～120亩、120～160亩农户的产出水平显著提高；对水稻种植规模在20～50亩、50～80亩、80～120亩、120～160亩、160亩以上区间的规模报酬系数进行比较分析发现，产量最大化目标下，水稻适度种植规模区间为120～160亩，其次是80～120亩。

第二，在产量最大化目标下，劳动投入对水稻产出的影响显著且弹性为正，这说明目前水稻种植劳动力几乎不存在剩余现象，而土地和资本的产出弹性虽为正值，但却并未通过显著性检验，这说明现阶段土地和资本投入已趋于饱和，盲目扩大土地和资本投入是不可取的。

第三，收益最大化目标下，相对于小规模农户而言，扩大种植规模更有利于增加农户水稻种植的收入，这部分农户更加符合“理性经济人”的基本特征，其从事水稻种植的主要目标也由满足家庭日常生活需要转变为追求整体利润的最大化；以0～20亩为参照项，水稻种植规模在50～80亩、80～120亩、160亩以上的农户，其水稻生产利润水平得到了显著提升；进一步计算比较发现，收益最大化目标下，水稻适度种植规模区间为160亩以上（不超过580亩），其次是80～120亩。

第四，比较产量最大化目标下和收益最大化目标下水稻适度种植规模区间，发现两种目标下水稻适度种植规模并不能达成一致，但是存在次优区间，即80～120亩，这表明在兼顾保障粮食安全和促进农民增收双重目标下，水稻种植适度经营规模为80～120亩。

第九章　水稻种植户的经营规模效率评价

前文研究基于湖北省两轮微观实地调研数据，利用超越对数和C—D生产函数，以产量最大化和收益最大化为目标，测算了不同水稻种植规模区间对水稻总产出和净利润的影响，由此确定了水稻经营规模的适度区间。但这一结论是否可靠？且对于农户而言，水稻种植经营规模效率如何？基于上述两方面的疑问，同时为丰富水稻生产适度经营规模确定标准的相关研究，本章将基于湖北省水稻生产的宏观环境与微观调研①，并参考国内外相关研究，构建水稻种植户的投入产出指标体系，运用DEA方法测算并比较产量最大化目标下和收益最大化目标下水稻经营规模效率值，进而确定两种目标下水稻经营的最优规模。

一、研究方法

数据包络分析（DEA）是目前最为常用的一种非参数投入产出效率研究方法，由Charnel，Cooper和Rhodes在1978年提出。该方法客观性强，不用构造生产函数和确定各项参数指标的权重，能够避免由于选用指标不一致而需要寻找相同度量因素所带来的困难，同时可以避免方程设定误差和联立方程组偏差等计量问题，因

① 第六章运用湖北省两轮实地调研的数据研究表明，水稻产出随生产时间的变化显示出明显的差异性特征，这主要与水稻生产在不同年份面临的气候、降水等外部环境的差异有着密切关系，因此，在尽量保证研究外部因素的同质性，以及其他生产要素状况差异微小的前提下，本章及后文相关的研究均基于2015年7月的440个水稻种植户实地调研数据展开。

而在单位效率问题研究中得到了广泛的应用。

DEA 主要是运用线性规划方法来构建观测数据的非参数分段曲面（或前沿），并根据前沿面计算多个同类型“决策单元”的投入产出效率。其中，决策单元是指在一定范围内投入固定数量的生产要素以获取一定数量的产品，“效益”最大化是决策单元的最终目的。DEA 致力于对每一个决策单元的优化，通过判断决策单元投入的规模是否最优，能判别各个决策单元调整投入规模的正确方向和大小程度，投入要素是应该扩大还是应该减少，可以确定增加和减少的规模。Charnes、Cooper 最初提出的是一个投入导向的 DEA 模型，并假定规模收益不变（CRS）。此后，1984 年 R. D. Banker，A. Charnes 和 W. W. Cooper 又提出了规模报酬可变的 BC^2 模型。本研究主要利用了规模报酬不变的 C^2R 模型、规模报酬可变的 BC^2 模型，把样本农户看作同类决策单元，对其投入和产出进行相对效率研究。本书将对这两种模型进行简单概括。

（一）规模报酬不变的 C^2R（CRS）模型

假设有 t 个被评价的同类决策单元 DMU，每个决策单元均有 m 个投入变量和 n 个产出变量。设决策单元的输入向量为 $\boldsymbol{X}_j=(x_{1j},\ x_{2j},\ \cdots,\ x_{mj})^{\mathrm{T}}$，输出向量为 $\boldsymbol{Y}_j=(y_{1j},\ y_{2j},\ \cdots,\ y_{mj})^{\mathrm{T}}$，$X_{ij}$ 为第 i 个决策单元对第 i 种类型输入的投入总量，$X_{ij}>0$；Y_{ij} 为第 j 个决策单元对第 r 种类型输出的产出总量；V_i 是第 i 种投入要素的权重，W_r 是第 r 种产出类型的权重，$V_i\geqslant 0$，$W_r\geqslant 0$（$i=1,\ 2,\ \cdots,\ m$；$r=1,\ 2,\ \cdots,\ n$；$j=1,\ 2,\ \cdots,\ t$），对于每个决策单元 DMU 都有一个效率评价指数：

$$h_j=\frac{\sum_{r=1}^{n}w_r y_{rj}}{\sum_{i=1}^{m}v_i x_{ij}}\ (j=1,2,\cdots,t)$$

$h_j\leqslant 1$，该效率指数实际上是一种考虑了权重的投入产出比例，h_j 越接近 1，意味着生产越有效率。通过各种投入产出数据可以确定有效的生产前沿面，再根据每个决策单元 DMU 距离生产前沿面的距离来判断其是否是 DEA 有效。该思想可以通过图 9-1 表达出来。

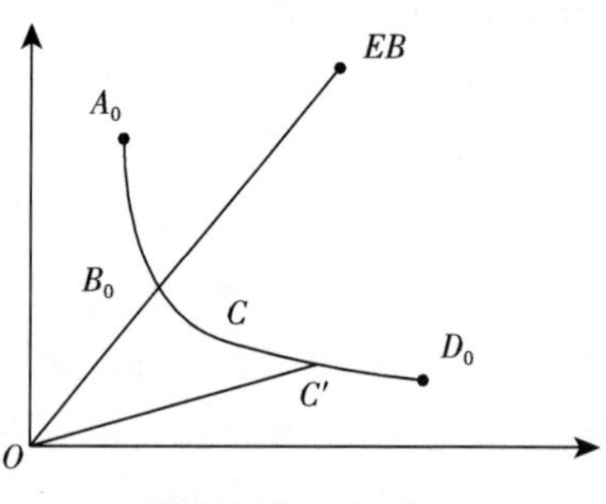

图 9-1　数据包络分析的基本分析

假定上图中 A、C、D 分别表示有效率的决策单元，且这三个单元构成了生产前沿面 ACD，E 表示无效率的决策单元，OE 和 OC 在生产前沿面 ACD 上的交点分别为 OB 和 OC'，则决策单元 E 和 C 的效率值分别为 $OB/OE<1$ 和 $OC'/OC=1$。

我们若将 W 和 U 作为变量，测度第 j^* 个决策单元的效率，则将所有决策单元的效率指数设定为约束条件，构建一个使得决策单元 j^* 的效率指数最大化的优化模型：

$$\begin{cases}\max h_{j^*} = \sum_{r=1}^{n} w_r y_{rj^*} \Big/ \sum_{i=1}^{m} v_i x_{ij^*} \\ \text{s. t. } h_j = \sum_{r=1}^{n} w_r y_{rj} \Big/ \sum_{i=1}^{m} v_i x_{ij} \leqslant 1,\ j=1,\ 2,\ \cdots,\ t \\ V \geqslant 0,\ W \geqslant 0 \end{cases}$$

通过 Charnes—Cooper 变化将上述模型变换成一个等价的线性规划问题，随后建立对偶模型，并引入松弛变量 S^+ 和剩余变量 S^-，即可得到：

$$\begin{cases}\min\theta \\ \text{s. t. } \sum_{j=1}^{n} \lambda_j x_j + S^- = \theta X^* \\ \sum_{j=1}^{n} \lambda_j y_j - S^+ = Y^* \\ \lambda_j \geqslant 0,\ j=1,\ 2,\ \cdots,\ t \\ S^- \geqslant 0,\ S^+ \geqslant 0 \end{cases}$$

引入阿基米德无穷小概念 ε，它是一个小于任何正数但大于 0

的数，一般 $\varepsilon=10^{-6}$，上述模型就转化为以下规模问题：

$$\begin{cases}\min[\theta-\varepsilon(\hat{e}^{\mathrm{T}}S^{-}+e^{\mathrm{T}}S^{+})] \\ \text{s. t. } \sum_{j=1}^{n}\lambda_j x_j+S^{-}=\theta X^{*} \\ \sum_{j=1}^{n}\lambda_j y_j-S^{+}=Y^{*} \\ \lambda_j\geqslant 0,\ j=1,\ 2,\ \cdots,\ t \\ S^{-}\geqslant 0,\ S^{+}\geqslant 0\end{cases}$$

$\hat{e}=(1,\ \cdots,\ 1)^{\mathrm{T}}\in \mathrm{Rs}$，$e=(1,\ \cdots,\ 1)^{\mathrm{T}}\in \mathrm{Rm}$，上述规划问题的最优解为 θ^{*}，S^{+*}，S^{-*}，λ^{*}。

若 $\theta^{*}=1$，S^{+*} 和 S^{-*} 至少有一个的值大于 0，则决策单元 j^{*} 是弱 DEA 有效的。若 $\theta^{*}=1$，S^{+*} 和 S^{-*} 同时等于 0，则决策单元 j^{*} 是 DEA 有效的，此时技术效率和规模效率都为最佳。若 $\theta^{*}<1$，则决策单元 j^{*} 是 DEA 无效的。

还可以用上述 C^2R 模型中的 λ_j 判断 *DMU* 的规模收益情况。

若存在 λ_j^{*}（$j=1,\ 2,\ \cdots,\ n$）使得 $\sum\lambda=1$，则 *DMU* 为规模收益不变。如果不存在 λ_j^{*}（$j=1,\ 2,\ \cdots,\ n$）使得 $\sum\lambda=1$，若 $\sum\lambda_j^{*}<1$，则决策单元为规模收益递增；若 $\sum\lambda_j^{*}>1$，则决策单元为规模收益递减。

在上述模型中还可以判断生产和投入是否存在浪费或不足，并通过投影分析来确定最优的投入和产出规模，并据此确定生产和投入调整的水平及方向。

如果松弛变量 S^{+*} 和剩余变量 S^{-*} 都为 0，则生产和投入达到了最佳水平。若 S^{+*} 为一个非 0 的值，则说明有投入冗余，应减少投入量；若 S^{-*} 为一个非 0 的值，则说明有产出不足，应增加产出量。

投入和产出的调整量分别为：$X^{*'}=\theta^{*}X^{*'}-S^{+*}$，$Y^{*'}=Y^{*}-S^{-*}$。$X^{*}$ 和 Y^{*} 为决策单元 j^{*} 在 DEA 有效时对应的最优解在前沿面上的“投影”。

（二）规模报酬可变的 BC² （VRS）模型

在 C^2R 模型中增加对权重 λ_j 的约束条件：$\sum_{j=1}^{n}\lambda_j = 1$ 即可得到 BC^2 模型：

$$
\begin{cases}
\min[\theta - \varepsilon(\hat{e}^{T}S^{-} + e^{T}S^{+})] \\
\text{s. t.} \sum_{j=1}^{n}\lambda_j x_j + S^{-} = \theta X^{*} \\
\sum_{j=1}^{n}\lambda_j y_j - S^{+} = Y^{*} \\
\sum_{j=1}^{n}\lambda_j = 1 \\
\lambda_j \geqslant 0,\ j = 1,\ 2,\ \cdots,\ t \\
S^{-} \geqslant 0,\ S^{+} \geqslant 0
\end{cases}
$$

上述模型中的最优解为 θ^*，S^{+*}，S^{-*}，λ^*。

若 $\theta^*=1$，S^{+*} 和 S^{-*} 至少有一个的值大于 0，则决策单元 j^* 是弱 DEA 有效的，说明投入或产出还存在调整的空间；若 $\theta^*=1$，S^{+*} 和 S^{-*} 同时等于 0，则决策单元 j^* 是 DEA 有效的，不需要调整；若 $\theta^*<1$，则决策单元 j^* 是 DEA 无效的。

C^2R 模型计算得到决策单元的综合效率（TE），BC^2 模型可以计算出纯计算效率（PTE），由于综合效率值（TE）＝纯计算效率值（PTE）×规模效率（SE），故而可据此反推出规模效率 $SE=TE\div PTE$，PTE 是在规模报酬可变前提下，决策单元与生产前沿面的距离，SE 是规模报酬可变前提下的生产前沿面与规模报酬不变时的生产前沿面的距离。

二、变量的选择与说明

（一）变量的选择及定义

基于对湖北省水稻生产的实地调研，研究发现，除耕地投入和自身劳动力投入外，水稻生产投入主要还包括以下内容：一是农膜、种子、农药、化肥等农资购置费用；二是水费支出以及用于灌溉所支出的电费或柴油费等排灌费用；三是雇佣农业劳动力的费用，该费用在水稻生产的整个周期皆可能发生；四是农业机械的使用费用。目前，农业机械在水稻生产中主要出现在耕地、插秧、收割等环节，按照农业机械来源，可以分为自有机械和租赁机械两种情况。对自有机械而言，农业机械的使用费用主要是购置柴油支出；对租赁机械而言，农业机械的使用费用主要是农机服务支出。农业机械的普及极大地解放了农业劳动力，因此，本研究将农业机械的使用费用视为货币化劳动投入的组成部分。此外，对于固定资产折旧、管理费用等间接费用在水稻生产中的支出情况，由于在实际调研中难以科学量化，且该费用对水稻经营规模效率影响较小，因而本研究中没有计算该部分间接费用，这也是本研究的不足。

基于DEA模型的基本原理，结合水稻生产的实际投入产出情况，本书以水稻总产量和水稻折价收入作为产出指标，以水稻生产所需的耕地投入、人工投入、物质投入和货币化劳动投入作为投入指标。具体指标定义如下：①水稻总产量为稻农收获的稻谷总重量，单位为斤；②水稻折价收入为稻谷总产量与平均销售价格的乘积，单位为元；③耕地投入为当年水稻的播种面积，单位为亩；④人工投入为水稻生产过程中生产者自己投入的劳动力数量，单位为天；⑤物质投入包括种子购置费用、育苗费用或秧苗购置费用、农药费用、化肥费用、需要交纳的水费以及为灌溉稻田花费的电费（或柴油费用）之和，单位为元；⑥货币化劳动投入包括水稻生产过程中投入的耕地费用、机械插秧费用、收割费用与雇工费用之和，单位为元。

（二）数据处理与说明

本研究基于2015年7月湖北省440个水稻种植户的投入产出情况，运用DEA模型分析水稻生产的经营规模效率。由于不同农业生产决策者的个体特征、家庭生产经营情况存在较大差异。为避免非主要因素对水稻经营规模效率的干扰，本书根据农户的经营规模特征，采用了聚类分析法中的层次聚类法对440个水稻种植户进行分类处理（表9-1）。

表9-1 水稻种植不同规模区域下的投入产出指标

编号	规模区域（S）	户数（户）	投入指标				产出指标	
			播种面积（亩）	人工投入（天）	物质投入（元）	货币化劳动投入（元）	水稻总产量（斤）	水稻折价收益（元）
1	0<S≤3	13	2.69	9.62	910.75	370.00	3 174.62	4 383.85
2	3<S≤5	17	4.56	15.42	1 729.46	745.41	5 634.12	7 835.53
3	5<S≤7	14	6.14	19.78	2 168.86	1 157.86	7 397.86	10 005.50
4	7<S≤9	33	8.32	22.27	3 239.36	1 412.06	9 518.79	12 279.36
5	9<S≤11	16	10.22	26.29	4 012.58	1 757.75	11 187.50	13 530.00
6	11<S≤13	26	11.92	29.66	4 553.42	2 193.85	14 022.12	17 808.83
7	13<S≤15	59	14.65	35.49	5 789.63	2 291.41	16 718.14	20 217.79
8	15<S≤17	15	16.41	40.74	6 392.53	2 820.13	17 690.40	22 825.95
9	17<S≤19	41	18.06	45.44	7 119.49	2 938.54	19 761.93	25 360.25
10	19<S≤21	37	20.15	52.41	7 488.72	3 040.36	22 557.84	29 889.05
11	21<S≤23	25	22.46	58.64	9 045.04	3 332.20	25 230.00	32 313.90
12	23<S≤26	22	24.36	57.58	9 594.65	4 390.61	25 616.05	32 295.64
13	26<S≤29	19	27.20	67.80	11 149.44	3 912.26	26 656.84	33 335.84
14	29<S≤32	39	30.11	72.71	12 217.29	5 078.64	32 077.85	40 440.61
15	32<S≤36	9	34.76	87.04	14 390.17	4 645.00	43 455.56	54 354.22
16	36<S≤40	8	38.39	87.96	15 099.75	7 620.88	38 381.25	48 207.75
17	40<S≤44	5	42.47	104.00	13 597.05	8 682.40	48 170.00	65 754.90
18	44<S≤50	5	44.98	114.79	17 814.00	6 570.00	45 600.00	57 936.00
19	50<S≤56	6	52.90	106.15	19 723.33	11 755.66	52 483.33	69 257.00
20	56<S≤68	6	60.82	151.32	22 243.33	12 603.33	67 433.33	90 001.67
21	68<S≤80	7	75.56	155.27	31 046.57	18 565.71	78 571.43	102 022.86

（续）

编号	规模区域（S）	户数（户）	投入指标				产出指标	
			播种面积（亩）	人工投入（天）	物质投入（元）	货币化劳动投入（元）	水稻总产量（斤）	水稻折价收益（元）
22	80<S≤90	3	87.47	232.61	35 125.00	6 548.33	99 166.67	139 306.67
23	90<S≤100	3	97.00	183.81	38 397.40	22 923.33	101 933.33	140 220.00
24	100<S≤115	3	109.33	288.92	42 495.00	19 358.33	117 000.00	163 350.00
25	115<S≤150	3	130.00	263.92	46 870.00	20 910.00	140 000.00	230 240.00
26	150<S≤270	4	262.44	478.64	98 354.25	56 995.35	285 125.00	357 500.00
27	270<S≤321	2	319.42	627.05	115 111.00	81 266.39	372 700.00	508 602.00

数据来源：根据调查数据整理所得。

表9-1显示，依据层次聚类法，440个水稻种植户被分为了27个规模区域，表中的投入产出数据为对应的规模区域内水稻种植户投入产出数据的平均值。从各规模区域的稻农分布数量看，播种面积在13～15亩的农户最多。从不同规模投入要素变化情况看，整体上直接投入与间接投入随着水稻种植规模扩张呈现不断增加的趋势。具体分析来看，劳动投入表现为先增加后下降的格局，这主要是由于大规模农户增加了机械投入，是机械替代人力的结果；在规模区域从0<S≤3扩大为3<S≤5的过程中，各类投入要素都出现了明显的增长；当规模区域从115<S≤150扩大为270<S≤321时，人工投入、物质投入及货币化劳动投入都发生了显著的提高。在产出方面，农户获得的水稻产量及其折价收益变换趋势较为一致，除了32<S≤36增长至36<S≤40出现了小幅下降外，两者均保持上升的趋势，在规模区域超过90亩以后，两者的增长趋势明显加快。

三、产量最大化目标下水稻种植最优规模分析

基于产量最大化目标的水稻经营规模效率同基于收益最大化目

标的水稻经营规模效率往往存在着较大差异。为了分析产量最大化条件下农民种植水稻的最优规模，本节以水稻产量为产出项，以播种面积、人工投入、物质投入和货币化劳动投入为投入项，对不同规模区域的水稻经营规模效率进行测算，进而确定产量最大化目标下水稻种植户的最优规模。

（一）产量最大化目标下水稻生产的经营规模效率分析

本书拟采用 DEAP2.1 软件对水稻种植户的经营规模效率进行分析（Coelli T.J.，1998）。在投入导向下经过测算，水稻种植在不同规模区域的综合效率、纯技术效率、规模效率以及规模报酬情况如表 9-2 所示。

表 9-2　产量最大化目标下水稻经营规模效率

编号	规模区域（S）（亩）	综合效率	纯技术效率	规模效率	规模报酬
1	$0<S\leqslant3$	1.000	1.000	1.000	不变
2	$3<S\leqslant5$	1.000	1.000	1.000	不变
3	$5<S\leqslant7$	1.000	1.000	1.000	不变
4	$7<S\leqslant9$	0.932	0.950	0.981	递增
5	$9<S\leqslant11$	0.892	0.917	0.973	递增
6	$11<S\leqslant13$	0.971	0.980	0.991	递增
7	$13<S\leqslant15$	0.933	0.972	0.960	递增
8	$15<S\leqslant17$	0.883	0.888	0.994	递增
9	$17<S\leqslant19$	0.892	0.893	0.998	递增
10	$19<S\leqslant21$	0.941	0.945	0.996	递减
11	$21<S\leqslant23$	0.905	0.905	1.000	不变
12	$23<S\leqslant26$	0.861	0.873	0.986	递增
13	$26<S\leqslant29$	0.787	0.798	0.987	递增
14	$29<S\leqslant32$	0.862	0.869	0.991	递增
15	$32<S\leqslant36$	1.000	1.000	1.000	不变
16	$36<S\leqslant40$	0.821	0.828	0.992	递增

（续）

编号	规模区域（S）（亩）	综合效率	纯技术效率	规模效率	规模报酬
17	40＜S≤44	1.000	1.000	1.000	不变
18	44＜S≤50	0.824	0.828	0.996	递减
19	50＜S≤56	0.860	0.874	0.984	递增
20	56＜S≤68	0.930	0.936	0.993	递减
21	68＜S≤80	0.881	0.885	0.995	递增
22	80＜S≤90	1.000	1.000	1.000	不变
23	90＜S≤100	0.932	0.947	0.984	递增
24	100＜S≤115	0.873	0.915	0.955	递减
25	115＜S≤150	0.991	1.000	0.991	递减
26	150＜S≤270	1.000	1.000	1.000	不变
27	270＜S≤321	1.000	1.000	1.000	不变
	平均	0.925	0.933	0.991	—

数据来源：根据调查数据整理所得。

在27个规模区域中，有8个规模区域实现了水稻生产经营效率最优，此时水稻生产的综合效率、纯技术效率和规模效率均为最优，且规模报酬不变。具体来看，0～3亩、3～5亩和5～7亩三个规模区域的水稻种植效率均为1，表明小农经营能够实现生产要素的合理配置，即精耕细作的生产方式是有效率的，但是这三个区域的水稻种植规模过小，既不符合目前保障国家粮食安全的实际需求，也违背了我国发展适度规模经营的政策导向。在32～36亩、40～44亩、80～90亩、150～270亩以及270～321亩5个规模区间内的水稻生产经营效率也实现了最优，即此范围内的水稻种植户投入的各项生产要素都得到了充分的利用，不存在浪费的现象。

在7～32亩、36～40亩、44～80亩、90～150亩等规模区域内，水稻种植户的生产经营效率均没有实现最优，表明了此范围内的水稻种植户投入的各项生产要素并未得到有效利用，生产要素的增产潜力没有充分发挥出来。为实现上述规模区域内水稻生产经营效率的提升，可从技术推广和改变经营规模两个方面加以改进。此外，数据显示，上述规模区域内的纯技术效率普遍低于规模效率，这说明导致此规模区域内水稻种植户投入的生产要素没有实现有效利用的主要原因在于纯技术效率相对较低。

从规模报酬变化的趋势看，7～19 亩、23～32 亩、36～40 亩、50～56 亩、68～80 亩以及 90～100 亩等规模区域内，水稻种植户的规模报酬均为递增状态，在 19～21 亩、44～50 亩、56～68 亩以及 100～150 亩等规模区域范围内，水稻种植户的规模报酬均为递减状态，以上数据显示，处于递增状态的规模区域数量明显比递减状态的规模区域数量多，处于递增状态的规模区域所属的面积显著小于递减状态规模区域的面积。这表明对大多数被调查的水稻种植户而言，增加规模能够提高生产效率。但是，若规模过大也会导致生产经营效率无法达到最优状态，因而为实现产量最大化，水稻种植规模应该适度为佳。

（二）产量最大化目标下水稻种植的最优规模

由产量最大化目标下水稻生产的经营规模效率分析可知，水稻经营规模效率最优且符合适度规模经营政策导向的规模区域为 32～36 亩、40～44 亩、80～90 亩、150～270 亩以及 270～321 亩等 5 个规模区间。此时，无法通过相对效率确定水稻经营规模效率最优的唯一规模区间。对此，本书通过计算绝对效率指标来确定水稻种植效率最优的唯一规模区域。

在产量最大化目标下，水稻生产可以用成本产粮率的最大值来确定该最优规模区域。其中，成本产粮率为规模区域内水稻的平均总产量与平均总成本之商。由于水稻生产的各投入要素单位不统一，为便于核算，本书按照 2014 年《全国农产品成本收益汇编》中湖北省中稻、籼稻种植的土地成本（136.72 元/亩）和劳动力雇工工价（131.25 元/天）折算研究中的土地成本和人工成本，所得结果见表 9-3。

表 9-3 表明，当规模区域在 32～36 亩时，水稻生产的成本产

稻率最高，达到了1.23斤/元；其次是80～90亩的规模区域，成本产稻率为1.18斤/元；规模区域在150～270亩时，成本产稻率最低，仅为1.12斤/元。上述数据说明，产量最大化目标下，实现水稻经营规模效率最优的规模区间是32～36亩，其次是80～90亩。

表9-3　产量最大化目标下效率最优的不同规模区域内成本产粮率

规模区域（S）（亩）	土地成本（元）	人工成本（元）	物质投入（元）	货币化劳动投入（元）	总成本（元）	水稻产量（斤）	成本产粮率（斤/元）
32<S≤36	4 752.39	11 424	14 390.17	4 645	35 211.56	43 455.56	1.23
40<S≤44	5 806.5	13 650	13 597.05	8 682.4	41 735.95	48 170	1.15
80<S≤90	11 958.9	30 530.06	35 125	6 548.33	84 162.29	99 166.67	1.18
150<S≤270	35 880.80	62 821.5	98 354.25	56 995.35	254 051.9	285 125	1.12
270<S≤321	43 671.1	82 300.31	115 111	81 266.39	322 348.8	372 700	1.16

数据来源：根据调查数据整理所得。

四、收益最大化目标下水稻种植最优规模分析

经济学的“理性人”理论认为实现收益最大化是生产经营的主要目的，这对农业生产者也不例外。上一节分析了产量最大化目标下水稻种植的最优规模，但是，在此规模下并不一定能够实现收益的最大化。而对水稻种植户而言，从事水稻生产的目的主要是获取收益最大化。基于此，本节以水稻的折价收益为产出项，以播种面积、人工投入、物质投入和货币化劳动投入为投入项，对不同规模区域的水稻经营规模效率进行测算，进而确定收益最大化目标下水稻种植户的最优规模。

（一）收益最大化目标下水稻生产的经营规模效率分析

同上一节方法相同，本节仍采用DEAP2.1软件对水稻种植户

的经营规模效率进行分析，在投入导向下经过测算，水稻种植在不同规模区域的综合效率、纯技术效率、规模效率以及规模报酬情况见表 9－4。

表 9－4　收益最大化目标下水稻经营规模效率

编号	规模区域（S）（亩）	综合效率	纯技术效率	规模效率	规模报酬
1	0<S≤3	1.000	1.000	1.000	不变
2	3<S≤5	0.970	1.000	0.970	递增
3	5<S≤7	0.939	0.953	0.986	递增
4	7<S≤9	0.833	0.856	0.974	递增
5	9<S≤11	0.747	0.767	0.975	递增
6	11<S≤13	0.844	0.858	0.983	递增
7	13<S≤15	0.783	0.792	0.989	递增
8	15<S≤17	0.785	0.793	0.990	递增
9	17<S≤19	0.793	0.800	0.991	递增
10	19<S≤21	0.847	0.854	0.993	递增
11	21<S≤23	0.824	0.830	0.993	递增
12	23<S≤26	0.749	0.754	0.993	递增
13	26<S≤29	0.706	0.711	0.994	递增
14	29<S≤32	0.758	0.762	0.995	递增
15	32<S≤36	0.912	0.915	0.997	递增
16	36<S≤40	0.709	0.712	0.996	递增
17	40<S≤44	0.984	0.985	0.999	递增
18	44<S≤50	0.740	0.742	0.997	递增
19	50<S≤56	0.748	0.779	0.960	递增
20	56<S≤68	0.836	0.837	0.998	递增
21	68<S≤80	0.762	0.770	0.990	递增
22	80<S≤90	1.000	1.000	1.000	不变
23	90<S≤100	0.874	0.884	0.989	递增
24	100<S≤115	0.844	0.844	1.000	不变

（续）

编号	规模区域（S）（亩）	综合效率	纯技术效率	规模效率	规模报酬
25	115<S≤150	1.000	1.000	1.000	不变
26	150<S≤270	0.856	0.898	0.953	递减
27	270<S≤321	0.930	1.000	0.930	递减
	平均	0.844	0.855	0.986	—

数据来源：根据调查数据整理所得。

表 9-4 显示，在 27 个规模区域中，有 3 个规模区域实现了水稻生产经营效率最优，此时，水稻生产的综合效率、纯技术效率和规模效率均为最优，且规模报酬不变。具体来看，0～3 亩的规模区域内水稻种植效率为 1，但是与上一节的原因相同，0～3 亩的规模区域不会是水稻种植的最优规模。在 80～90 亩、115～150 亩这两个规模区间内的水稻生产经营效率也实现了最优，即此范围内的水稻种植户投入的各项生产要素得到了合理配置。从规模报酬变化的趋势看，在 3～5 亩至 68～80 亩这 20 个规模区域内，水稻种植户的规模报酬均为递增状态，在 150～270 亩和 270～321 亩这两个规模区域内为递减状态。这表明，在一定程度上扩大水稻种植规模能够增加种植收益，但是当规模过大时，水稻生产的收益反而会下降。因此，为实现收益最大化，水稻种植规模也应该适度为佳。

（二）收益最大化目标下水稻种植的最优规模

由收益最大化目标下水稻生产的经营规模效率分析可知，水稻经营规模效率最优且符合适度规模经营政策导向的规模区域为 80～90 亩和 115～150 亩两个规模区间。此时，无法通过相对效率确定水稻经营规模效率最优的唯一规模区间。对此，本节也将通过计算绝对效率指标来确定水稻种植效率最优的唯一规模区域。

在收益最大化目标下，水稻生产可以用成本利润率的最大值来确定该最优规模区域。其中，成本利润率为规模区域内水稻的平均折价收入与平均总成本之商。由于水稻生产的各投入要素单位不统一，为便于核算，本书也按照2014年《全国农产品成本收益汇编》中湖北省中稻、籼稻种植的土地成本（136.72元/亩）和劳动力雇工工价（131.25元/天）折算研究中的土地成本和人工成本，所得结果如表9-5所示。

表9-5　收益最大化目标下效率最优的不同规模区域内成本利润率

规模区域（S）	80＜S≤90		115＜S≤150	
	成本费用（元）	占总成本的比重（%）	成本费用（元）	占总成本的比重（%）
耕地成本	11 958.9	14.21	17 773.6	14.79
人工成本	30 530.06	36.28	34 639.5	28.82
物质投入	35 125	41.73	46 870	39.00
货币化劳动投入	6 548.33	7.78	20 910	17.40
总成本（元）	84 162.29		120 193.1	
水稻折价收益（元）	139 306.67		230 240	
利润总额（元）	55 144.38		110 046.9	
成本利润率（%）	65.52		91.56	

数据来源：根据调查数据整理所得。

表9-5表明，当规模区域在115～150亩时，水稻生产的成本利润率最高，达到了91.56%。80～90亩的规模区域内，水稻生产的成本利润率仅为65.52%，较115～150亩的规模区域低了26.04个百分点。这表明在收益最大化目标下，实现水稻经营规模效率最优的规模区间是115～150亩。

进一步对这两个规模区域的水稻生产成本构成进行比较发现：耕地成本所占的比重基本相同；80～90亩的规模区域内人工成本所占比重比115～150亩的规模区域高7.46个百分点；物质投入成本所占比重有一定差异，但并不明显；80～90亩的规模区域内货币化劳动投入所占比重比115～150亩的规模区域低9.62个百分点。由于货币化劳动力投入主要来自农业机械投入费用和雇工费用，是对自身人工农业劳动的替代，这组数据说明 115～150 亩的规模区域内水稻生产过程中发生的农业机械作业和雇工行为更频繁。

五、结论与讨论

本章基于水稻生产的宏观环境与微观调研，构建了水稻种植户的投入产出指标体系，运用 DEA 方法测算并比较了产量最大化目标下和收益最大化目标下水稻经营规模效率值，进而确定了两种目标下水稻经营的最优规模。主要结论如下。

第一，基于产量最大化目标的水稻经营规模效率同基于收益最大化目标的水稻经营规模效率往往存在着较大差异。运用 DEA 分析产量最大化目标下水稻经营规模效率结果显示，在 0～3 亩、3～5 亩、5～7 亩、32～36 亩、40～44 亩、80～90 亩、150～270 亩以及 270～321 亩 8 个规模区间内的水稻生产经营效率最优；结合我国发展适度规模经营的政策导向，对 32～36 亩、40～44 亩、80～90 亩、150～270 亩以及 270～321 亩 5 个规模区间的水稻种植成本产粮率进行进一步比较发现，产量最大化目标下，实现水稻经营规模效率最优的规模区间是 32～36 亩，其次是 80～90 亩。

第二，运用 DEA 分析收益最大化目标下水稻经营规模效率结果显示，在一定程度上扩大水稻种植规模能够增加种植收益，但是，当规模过大时，水稻生产的收益反而会下降。在 0～3 亩、80～90 亩以及 115～150 亩 3 个规模区间内的水稻生产经营效率最优。结合我国发展适度规模经营的政策导向，对 80～90 亩和115～150 亩 2 个规模区间的水稻种植成本利润率进行进一步比较发现，收益最大化目标下，实现水稻经营规模效率最优的规模区间是 115～150 亩。

第三，比较产量最大化目标下和收益最大化目标下水稻经营规模效率最优的规模区间，发现两种目标下水稻经营规模效率最优区间并不能达到一致，但其次优范围区间是一致的，即 80～90 亩，在此区间内，两种目标下水稻种植的综合效率、纯技术效率和规模效率均为 1。这表明在产量最大化目标下水稻经营规模效率与和收益最大化目标下水稻经营规模效率均达到最优的前提下，水稻种植规模的适度范围为 80～90 亩，这一结果与运用生产函数测算的水稻种植规模适度区间具有一致性，由此看来，样本地区水稻种植适度规模在 80～90 亩。

第四部分　水稻规模经营的提升路径分析

第十章　基于 Tobit 模型的水稻种植户经营规模效率的影响因素分析

在第九章中研究运用 DEA 方法分别测算了产量最大化目标下和收益最大化目标下水稻经营规模效率，并以此为基础确定了水稻种植的最优规模。水稻经营规模效率是一个综合指标，受到农户个体特征、家庭环境特征、水稻生产环境以及社会经济环境等多种因素的影响。那么，具体有哪些因素影响了水稻经营规模效率？该问题即为本章要研究的核心内容。查阅相关文献发现，当前，学术界已有部分学者对粮食经营规模效率的影响因素进行了相关研究。其中，黄祖辉等（1998）认为粮食经营规模效率的研究应根据农户家庭实际情况展开，需要涉及耕地条件，农业技术发展环境以及农业生产者等因素。罗必良（2000）基于制度经济学理论，指出粮食经营规模效率的影响因素包括交易费用与管理成本、资产专用性、产业性质、外部性以及垄断因素等方面。王秀清等（2002）构建生产函数模型与前沿生产函数模型，分析了耕地细碎化对规模效率的影响。魏丹、王雅鹏（2011）构建 DEA—Tobit 模型，对全国十三个粮食主产省的粮食生产宏观数据进行分析，测算了主产省的粮食生产要素配置效率，并分析了自然灾害、农村基础教育以及财政支农支出等因素对粮食生产要素配置效率的影响。薛龙、刘旗（2012）构建 DEA—Tobit 模型对河南省十八个市的粮食生产效率进行测算，并分析了财政支农资金、粮食的单位面积产量、耕地的有效灌溉面积等因素对河南省粮食生产效率的影响。高雪萍、檀竹平（2015）构建了 DEA—Tobit 模型，对江西省农民的粮食经营规模效率进行测算，并从户主个人特征、农户家庭特征、技术环境特征、政策支持特征以及经济环境特征五个方面分析了影响粮食经营规模效率的因素。上述研究成果为本研究提供了诸多启示。本章将在第九章分析的基础上，构建 Tobit 模型，对产量最大化和收益最大化两种目标下水稻经营规模效率的影响因素分别展开深入分析，以此为提高水稻经营规模效率提供参考。

一、研究方法、变量的选择与说明

（一）研究方法

Tobit 模型的基本结构为：$Y=X\cdot\beta$。

其中，Y 为被解释变量矩阵，X 为解释变量矩阵，β 为估计参数矩阵。在线性关系模型下经处理后表达如下：

$$y_j=\begin{cases}\beta\cdot x_j+u_j & \text{若 } \beta\cdot x_j+u_j>0\\ 0 & \text{若 } \beta\cdot x_j+u_j<0\end{cases}$$

$$u_i\sim(0,\ \delta^2),\ j=1,\ 2,\ \cdots,\ n$$

此模型被称为 Tobit 模型，也称为受限因变量模型。Tobit 模型的一个显著特点是解释变量取实际观测值，而被解释变量只能以受限制的方式观察到。本研究用 DEA 方法得出的水稻生产综合效率值是大于等于 0 且小于等于 1 的值，是有界变量，在这种情况下，最小二乘法的估计结果有偏误且不一致，为了避免最小二乘法估计带来的偏误，通常采用受限因变量模型，也就是 Tobit 模型。

（二）变量的选择与说明

1. 被解释变量的选择与说明

由于产量最大化和收益最大化两种目标下水稻经营规模效率并不相同，影响两种目标下水稻经营规模效率的因素也会存在差异，对此本研究将两种目标下水稻经营规模效率值均设置为被解释变量分别展开研究，且两种目标下水稻经营规模效率值均由 DEA 方法对 440 个水稻种植户进行测算所得。其中，产量最大化目标下水稻经营规模效率值的测算方法是：基于投入导向，以水稻产量为产出项，以播种面积、人工投入、物质投入和货币化劳动投入为投入项，对 440 个水稻种植户的水稻经营规模效率进行计算，所得出的水稻生产综合效率值即为该值。如表 10－1 所示，产量最大化目标下水稻经营规模效率的最小值为 0.375，最大值为 1.000，均值为 0.799。收益最大化目标下水稻经营规模效率值的测算方法是：基于投入导向，以水稻折价收入为产出项，以播种面积、人工投入、物质投入和货币化劳动投入为投入项，对 440 个水稻种植户的水稻经营规模效率进行计算，所得出的水稻生产综合效率值即为该值。如表 10－1 所示，收益最大化目标下水稻经营规模效率的最小值为 0.205，最大值为 1.000，均值为 0.626。

表 10－1　变量的选择与赋值

变量	代码	定义及赋值	最小值	最大值	均值	标准差
产量最大化目标下水稻经营规模效率	Y_1	反映产量最大化目标下的水稻经营规模效率的因变量	0.375	1.000	0.799	0.136
收益最大化目标下水稻经营规模效率	Y_2	反映收益最大化目标下的水稻经营规模效率的因变量	0.205	1.000	0.626	0.155
年龄	X_1	反映户主年龄的自变量	27	78	52.807	8.833
文化程度	X_2	文盲＝1；小学＝2；初中＝3；高中＝4；大专及以上＝5	1	4	2.834	0.740
是否兼业	X_3	是＝1，否＝0	0	1	0.450	0.497
是否是新型农业经营主体	X_4	是＝1，否＝0	0	1	0.048	0.213
农业机械拥有数量	X_5	反映农业机械拥有数量的自变量	0	5	1.143	0.944
租种耕地占耕地面积的比重	X_6	租种的耕地面积÷总耕地面积×100％	0	100	25.663	34.680
水稻种植面积	X_7	反映家庭水稻种植面积的自变量	2	320.84	26.273	35.829

（续）

变量	代码	定义及赋值	最小值	最大值	均值	标准差
总的人工投入	X_8	反映水稻生产总人工投入的自变量	6.798	653.946	61.919	71.019
总的物质投入	X_9	反映水稻生产总物质投入的自变量	664	140 556	10 186.058	13 545.489
货币化劳动投入	X_{10}	反映水稻生产总货币化劳动投入的自变量	200	91 618.771	4 734.325	8 674.377
水稻种植单块耕地的平均面积	X_{11}	水稻种植总面积÷水稻种植地块数量	0.667	239.880	8.747	16.701
水稻种植面积占耕地面积的比重	X_{12}	水稻种植总面积÷总耕地面积×100%	15.385	100	87.743	19.436
是否获得技术指导	X_{13}	是=1，否=0	0	1	0.548	0.498
对当前农业技术水平的满意度	X_{14}	非常不满意=1；不满意=2；一般满意=3；比较满意=4；非常满意=5	1	5	2.868	1.168
平均销售价格	X_{15}	反映水稻平均销售价格的自变量	0.8	1.7	1.276	0.155

2. 解释变量的选择与说明

根据相关文献（魏丹、王雅鹏，2011；薛龙、刘旗，2012；高雪萍、檀竹平；2015）对粮食经营规模效率影响因素的分析，结合本研究对水稻种植户的实地调研，本书将影响水稻经营规模效率的因素分为以下五个大方面：第一，农民是水稻种植的实际执行人，农民的个体特征主要包括年龄、文化程度和是否兼业三个方面；第二，家庭基本状况是水稻生产开展的重要前提，主要包括是否为新型农业经营主体、农业机械拥有数量和租种耕地占耕地面积的比重三个方面；第三，水稻生产的投入状况，主要包括水稻种植面积、人工投入、物质投入、货币化劳动投入、水稻种植单块耕地的平均面积以及水稻种植面积占耕地面积的比重六个方面；第四，农业生产技术特征，主要包括是否获得技术指导和对当前农业技术水平的满意度两方面；第五，水稻的平均销售价格。由于水稻售价属于水稻生产外环节，本研究假定该因素会对收益最大化目标下水稻经营规模效率值产生影响，而不会影响产量最大化目标下水稻经营规模效率值。具体而言，本研究假定因变量与各自变量间存在如下关系。

（1）年龄 X_1。稻农年龄越大，种植水稻的经验越丰富，能够更加合理地配置生产资源，实现更高的水稻产量和收益。因此研究认为年龄与产量最大化和收益最大化两种目标下水稻经营规模效率值均呈正相关。

（2）文化程度 X_2。稻农文化程度越高，接受新技术，学习并运用农业新技术的能力越强，能够更加有效地利用农业生产资源。因此研究认为文化程度与产量最大化和收益最大化两种目标下水稻经营规模效率值均呈正相关。

（3）是否兼业 X_3。兼业活动可能减少稻农从事水稻生产的劳动投入，但同时稻农的兼业活动能够提高家庭收入，而家庭收入的增长将有利于稻农增加水稻生产的资本投入。因此研究认为是否兼业与产量最大化和收益最大化两种目标下水稻经营规模效率值的关系均不确定。

（4）是否新型农业经营主体 X_4。新型农业经营主体是我国政府正大力扶持的农业适度规模经营者，新型农业经营主体的经营者经营能力更强，能够获得较普通农户更高的水稻产量和收益。因此研究认为是否为新型农业经营主体与产量最大化和收益最大化两种目标下水稻经营规模效率值均呈正相关。

（5）农业机械数量 X_5。随着农业机械在农业生产中得到广泛应用，农业机械在水稻种植中的作用越发突出。当前，机械化程度已成为衡量农业现代化水平的重要指标。因此研究认为农业机械数量与产量最大化和收益最大化两种目标下水稻经营规模效率值均呈正相关。

（6）租种耕地占耕地面积的比重 X_6。由于农村劳动力向非农产业转移，原本属于外出务工劳动力的耕地被出租给继续从事农业生产的劳动力，对租种耕地的农民而言，租种耕地占家庭实际经营耕地面积的比重越大，其投入更多的资源从事粮食生产以获取更多粮食产量和更高收入的意愿越强。因此研究认为租种耕地占耕地面积的比重与产量最大化和收益最大化两种目标下水稻经营规模效率值均呈正相关。

（7）水稻种植面积 X_7。耕地是水稻生产的基础资源。因此研究认为水稻种植面积与产量最大化和收益最大化两种目标下水稻经营规模效率值均呈正相关。

（8）总的人工投入 X_8。农业劳动力是水稻生产的唯一劳动者。因此研究认为总的人工投入与产量最大化和收益最大化两种目标下水稻经营规模效率值均呈正相关。

（9）总的物质投入 X_9。物质投入是实现水稻产出的重要保障。因此研究认为总的物质投入与产量最大化和收益最大化两种目标下水稻经营规模效率值均呈正相关。

（10）货币化劳动投入 X_{10}。货币化劳动投入是水稻生产劳动力的重要补充。因此研究认为货币化劳动投入与产量最大化和收益最大化两种目标下水稻经营规模效率值均呈正相关。

（11）水稻种植单块耕地的平均面积 X_{11}。水稻种植单块耕地的平均面积反映了水稻种植的实际规模状况。细碎分散的耕地无法实现水稻的规模经营。因此研究认为水稻种植单块耕地的平均面积与产量最大化和收益最大化两种目标下水稻经营规模效率值均呈正相关。

（12）水稻种植面积占耕地面积的比重 X_{12}。水稻种植面积占耕地面积的比重反映了水稻作物对家庭农业经营的重要程度，比重越大，对家庭越重要；稻农在农业生产活动中对水稻种植投入的各种资源越多，越有利于水稻生产。因此研究认为水稻种植面积占耕地面积的比重与产量最大化和收益最大化两种目标下水稻经营规模效率值均呈正相关。

（13）是否获得技术指导 X_{13}。稻农在水稻生产中获得的技术指导包括农业技术人员的培训、农资销售人员的指导以及植保站发放的农技信息资料等内容，获得过农业技术指导的稻农能够更好地组织生产，提高水稻产量和收益。因此研究认为是否获得技术指导与产量最大化和收益最大化两种目标下水稻经营规模效率值均呈正相关。

（14）对当前农业技术水平的满意度 X_{14}。稻农对当前农业技术水平越满意，表明稻农所掌握的农业技术越好或者是对获得的农业技术指导越满意，这有利于稻农在水稻种植中提高产量和收益。因此研究认为对当前农业技术水平的满意度与产量最大化和收益最大化两种目标下水稻经营规模效率值均呈正相关。

（15）平均销售价格 X_{15}。平均销售价格越高，稻农种植水稻获得收益越多，但是平均销售价格不会影响水稻产量。因此研究认为平均销售价格与收益最大化目标下水稻经营规模效率值呈正相关。

二、产量最大化目标下水稻经营规模效率的影响因素分析

基于以上分析，本研究选取产量最大化目标下水稻经营规模效率值为因变量，并以年龄、文化程度、是否兼业、是否为新型农业经营主体、农业机械拥有数量、租种耕地占耕地面积的比重、水稻种植面积、人工投入、物质投入、货币化劳动投入、水稻种植单块耕地的平均面积、水稻种植面积占耕地面积的比重、是否获得技术指导以及对当前农业技术水平的满意度 14 个因素为自变量，构建基于 Tobit 模型的产量最大化目标下水稻经营规模效率的多元线性回归模型为：

$$Y_1 = \alpha + \sum_{i=1}^{n} \beta_i X_i + \mu \quad i = 1, 2, \cdots, 14$$

其中，Y_1 为产量最大化目标下水稻经营规模效率值，α 为回

归公式的常数项，X_i 为各自变量，β_i 为各自变量的回归系数，μ 为随机扰动项。本研究采用 Eviews6.0 软件进行计算。表 10-2 是 Tobit 回归计算的结果。回归模型通过了多重共线性检验，不存在序列相关性和异方差性。

表 10-2　产量最大化目标下水稻经营规模效率的影响因素回归结果

变　量	系数	标准差	Z 统计量	P 值
α	0.772 5	0.065 9	11.715 7	0.000 0
年龄 X_1	−0.000 7	0.000 8	−0.868 8	0.385 0
文化程度 X_2	0.015 6*	0.009 1	1.704 4	0.088 3
是否兼业 X_3	0.012 9	0.012 8	1.010 9	0.312 1
是否为新型农业经营主体 X_4	0.036 9	0.033 2	1.111 9	0.266 2
农业机械拥有数量 X_5	0.007 7	0.008 0	0.966 3	0.333 9
租种耕地占耕地面积的比重 X_6	0.000 6***	0.000 2	3.033 6	0.002 4
水稻种植面积 X_7	0.003 1	0.002 0	1.530 5	0.125 9
总的人工投入 X_8	8.66E-06	0.000 6	0.014 9	0.988 1
总的物质投入 X_9	−1.24E-05***	2.94E-06	−4.224 1	0.000 0
货币化劳动投入 X_{10}	1.67E-06	2.78E-06	0.602 6	0.546 8
水稻种植单块耕地的平均面积 X_{11}	0.001 7***	0.000 6	2.991 2	0.002 8
水稻种植面积占耕地面积的比重 X_{12}	0.000 2	0.000 3	0.715 0	0.474 6
是否获得技术指导 X_{13}	0.018 6	0.013 6	1.369 8	0.170 8
对当前农业技术水平的满意度 X_{14}	−0.005 8	0.005 6	−1.047 1	0.295 1

注：***、**、* 分别表示在 1%、5%和 10%的水平上显著。

由表 10-2 可知，通过显著性检验的自变量有 4 个，分别为文化程度、租种耕地占耕地面积的比重、总的物质投入和水稻种植单块耕地的平均面积。具体而言：

（1）文化程度通过了水平为 10%的显著性检验，且系数估计值为 0.015 6，表明文化程度对水稻经营规模效率有一定程度的影响，且两者呈正相关关系，该结果与研究假设一致。研究表明加强对稻农的文化教育，能够增加稻农科学种粮的能力，对提高水稻经营规模效率具有重要作用。

（2）租种耕地占耕地面积的比重通过了水平为1%的显著性检验，且系数估计值为0.000 6，表明租种耕地占耕地面积的比重对水稻经营规模效率有一定程度的影响，且两者呈正相关关系，该结果与研究假设一致。研究表明租种耕地占耕地面积的比重更大的稻农在农业生产中投入的生产要素资源更多，这对提高水稻经营规模效率具有重要作用。

（3）总的物质投入通过了水平为1%的显著性检验，且系数估计值为－1.24E－05，表明租种耕地占耕地面积的比重对水稻经营规模效率有一定程度的影响，且两者呈负相关关系，该结果与研究假设相反。研究表明水稻生产中投入了过量的农药、化肥等物质，生产资源存在无效损耗，应该根据水稻生产需求合理配置农药、化肥等农业生产物质投入。

（4）水稻种植单块耕地的平均面积通过了水平为1%的显著性检验，且系数估计值为0.001 7，表明水稻种植单块耕地的平均面积对水稻经营规模效率有一定程度的影响，且两者呈正相关关系，该结果与研究假设一致。研究表明扩大单块耕地的面积是实施种植业规模经营的重要内容，是提高水稻经营规模效率的有效途径。

年龄、是否兼业、是否为新型农业经营主体、农业机械拥有数量、水稻种植面积、总的人工投入、货币化劳动投入、水稻种植面积占耕地面积的比重、是否获得技术指导以及对当前农业技术水平的满意度10个自变量没有通过显著性检验。具体而言：

（1）年龄对水稻经营规模效率影响不显著，表明由于年龄较大的稻农更为保守，学习农业新技术的能力也相对较差，难以跟上农业生产水平的发展，而水稻种植经验的累积并没有提高水稻经营规模效率。

（2）是否兼业对水稻经营规模效率的影响不显著，表明农业机械化的普及解放了农业劳动力，使农业劳动者在不影响农业生产的情况下有更多时间从事兼业活动。

（3）是否为新型农业经营主体对水稻经营规模效率的影响不显著，表明新型农业经营主体还没有发挥出提高水稻经营规模效率的示范带动作用。

（4）农业机械拥有数量对水稻经营规模效率影响不显著，其可能原因在于便利的农业机械服务能够满足稻农对农业机械的需求。

（5）水稻种植面积对水稻经营规模效率影响不显著，其可能原因在于南方地区细碎化的耕地影响了水稻经营规模效率的提高。

（6）总的人工投入和货币化劳动投入对水稻经营规模效率影响不显著，表明自然生长是水稻生产的主要过程，劳动力投入能够引导这一过程，但是不能通过投入大量劳动促进生产。

（7）水稻种植面积占耕地面积的比重对水稻经营规模效率影响不显著，其可能原因在于对农民而言种植的农作物在家庭农业生产中都是重要的，都需要投入足够的农业生产资料，不会因为水稻重要而忽视其他农作物。

（8）是否获得技术指导和对当前农业技术水平的满意度均不显著，表明需要进一步做好农业技术推广工作以促进水稻经营规模效率有效提升。

三、收益最大化目标下水稻经营规模效率的影响因素分析

同上一节的分析类似，对收益最大化目标下水稻经营规模效率的影响因素进行分析，本研究选取收益最大化目标下水稻经营规模效率值为因变量，并以年龄、文化程度、是否兼业、是否为新型农业经营主体、农业机械拥有数量、租种耕地占耕地面积的比重、水稻种植面积、人工投入、物质投入、货币化劳动投入、水稻种植单块耕地的平均面积、水稻种植面积占耕地面积的比重、是否获得技术指导、对当前农业技术水平的满意度以及平均销售价格等 15 个因素为自变量，构建基于 Tobit 模型的收益最大化目标下水稻经营规模效率的多元线性回归模型为：

$$Y_2 = \alpha + \sum_{i=1}^{n} \beta_i X_i + \mu \quad i = 1, 2, \cdots, 15$$

其中，Y_2 为收益最大化目标下水稻经营规模效率值，α 为回归公式的常数项，X_i 为各自变量，β_i 为各自变量的回归系数，μ 为随机扰动项。本研究采用 Eviews6.0 软件进行计算。表 10－3 是 Tobit 回归计算的结果。回归模型通过了多重共线性检验，不存在序列相关性和异方差性。

表 10－3　收益最大化目标下水稻经营规模效率的影响因素回归结果

变　量	系数	标准差	Z 统计量	P 值
α	−0.291 4	0.069 3	−4.202 9	0.000 0
年龄 X_1	−0.000 1	0.000 6	−0.103 9	0.917 3
文化程度 X_2	0.012 0*	0.007 3	1.657 1	0.097 5
是否兼业 X_3	0.012 7	0.010 3	1.234 4	0.217 1
是否为新型农业经营主体 X_4	0.025 0	0.027 6	0.904 5	0.365 7
农业机械拥有数量 X_5	0.009 3	0.006 3	1.461 0	0.144 0
租种耕地占耕地面积的比重 X_6	0.000 3*	0.000 2	1.929 1	0.053 7
水稻种植面积 X_7	0.003 3**	0.001 6	2.078 0	0.037 7
总的人工投入 X_8	−0.000 5	0.000 5	−1.159 7	0.246 2
总的物质投入 X_9	−9.06E−06***	2.51E−06	−3.606 6	0.000 3
货币化劳动投入 X_{10}	1.19E−06	2.26E−06	0.527 8	0.597 6
水稻种植单块耕地的平均面积 X_{11}	0.001 1**	0.000 5	2.272 2	0.023 1
水稻种植面积占耕地面积的比重 X_{12}	0.000 2	0.000 3	0.781 9	0.434 3
是否获得技术指导 X_{13}	0.011 0	0.010 9	1.006 0	0.314 4
对当前农业技术水平的满意度 X_{14}	−0.004 1	0.004 4	−0.919 8	0.357 7
平均销售价格 X_{15}	0.681 7***	0.036 2	18.846 1	0.000 0

注：***、**、* 分别表示在 1%、5%和 10%的水平上显著。

如表 10－3 所示，通过显著性检验的自变量有 6 个，分别为文化程度、租种耕地占耕地面积的比重、水稻种植面积、总的物质投入、水稻种植单块耕地的平均面积和平均销售价格。年龄、是否兼业、是否为新型农业经营主体、农业机械拥有数量、总的人工投入、货币化劳动投入、水稻种植面积占耕地面积的比重、是否获得技术指导以及对当前农业技术水平的满意度 9 个自变量对收益最大化目标下水稻经营规模效率的影响不显著。对比表 10－2 可知，除水稻种植面积与平均销售价格两个自变量外，其他自变量对两种目标下水稻经营规模效率的影响作用基本相同。基于收益最大化和产量最大化两种目标的相似性，本部分将重点考察水稻种植面积与平均销售价格两个因素对收益最大化目标下水稻经营规模效率的影响。

（1）水稻种植面积通过了水平为 5%的显著性检验，且系数估计值为 0.003 3，表明水稻种植面积对收益最大化目标下水稻经营规模效率有一定程度的影响，且两者呈正相关关系，该结果与研究假设一致。研究表明，种植面积越大，粮食总产量越高，而销售收入也多，因而水稻种植面积对提升收益最大化目标下水稻经营规模效率具有重要作用。

（2）平均销售价格通过了水平为 1%的显著性检验，且系数估计值为 0.681 7，表明平均销售价格对收益最大化目标下水稻经营规模效率有非常显著的影响，且两者呈正相关关系，该结果与研究假设一致。研究表明粮食销售价格是影响粮农收入的关键因素。

四、水稻规模效率的提升路径

本章在第三部分的分析基础上构建了 Tobit 模型，对产量最大化和收益最大化两种目标下水稻经营规模效率的影响因素分别展开深入分析，在此基础上提出以下提升水稻规模效率的路径。

第一，构建农民教育培训体系，增强农民规模经营能力。本章研究发现，文化程度对产量最大化目标和收益最大化目标下水稻规模经营效率有显著正向影响，这表明加强农民的职业教育培训有利于有效提高水稻规模效率。具体来看，虽然现阶段对农民教育培训的重视程度不断提升，但在实地调研中发现该项工作存在着许多不足，其中，缺乏法律条文的规范、经费不足等问题表现尤为突出。因此，结合本书研究结论，加强农民教育培训，提高其职业发展能力，应加强农民教育培训的制度化建设，继续完善农民教育培训的相关法律法规建设和经费投入支撑，在教育培训方面，要对职业培训的教学设施建设和师资的选择进行细致的考核和安排，保证农民能够更快更好地吸收培训的知识，真正发挥培训应有的效果，进而增强农民从事规模经营的能力。

第二，促进耕地集中连片流转，积极引导适度规模经营。本章研究发现，租种耕地占耕地面积的比重和水稻种植单块耕地的平均面积对产量最大化目标和收益最大化目标下水稻规模经营效率均有显著正向影响，这表明耕地流转和耕地集中经营能够有效提高水稻种植规模效率。当前，随着土地确权登记颁证工作的稳步推进，在不改变耕地承包权的情况下，耕地经营权的流转将更加便利。因此，为推进农村耕地流转，应该完善农村耕地流转市场，以法律形式保障农民经营耕地的权利，确保农户对耕地的承包权和经营权，并为保证农村耕地流转顺利进行提供各项服务，同时，加强土地整理工作力度，减轻耕地细碎化与零散化状况，为耕地集中连片流转创造条件。

第三，有效保障水稻销售价格，防范价格波动风险。水稻平均销售价格对收益最大化目标下水稻经营规模效率具有较为显著的影响，这表明通过保障水稻销售价格能够提高水稻种植户在收益最大化目标下的水稻经营规模效率，因此，可通过最低收购价配合良种补贴、农业机械补贴等农业支持政策，降低农业生产成本，稳定农民种植水稻的销售价格。但需要注意的是，最低收购价格造成了水稻价格不断上涨的预期，导致农地流转中流转地定价过高，影响水稻种植者的生产积极性，因此应该辅之以土地流转政策加以规范，稳定土地流转价格，避免过高的价格预期导致农地流转市场的农地租金上涨，从而增加水稻生产的成本。与此同时，对于大规模种植户，可以采取购买粮食期权等应对风险的措施防范价格波动风险。

第四，合理配置水稻生产物质投入结构，促进农业生产服务发展。本章研究发现，总的物质投入对产量最大化目标和收益最大化目标下水稻规模经营效率有显著负向影响，这主要是由于水稻生产中农药化肥等物质投入过量造成的，因此应合理配置物质投入结构，避免过量投入造成的低效率。同时，在实地调研过程中有农户反映，农药化肥的质量差，效果不好，这就需要提供农业生产服务，对农药化肥的价格和质量进行严格的把控，以此保持农资价格的平稳，维护农业生产资料市场的稳定发展。

第五，完善农业技术推广体系，培育新型农业经营主体。本章研究发现，是否为新型农业经营主体、是否获得技术指导和对当前农业技术水平的满意度等因素对产量最大化和收益最大化两种目标下水稻经营规模效率的影响均不显著，这主要是由于现阶段农业技术推广体系尚不健全，新型农业经营主体的带动作用尚未形成所致。因此，要加大力度发挥各地农技推广站的作用，对农业生产提供有效的技术服务，同时鼓励科研院所、高校、合作社、村集体以及专业大户等开展多样化的农技推广服务，形成各种社会力量广泛参与、分工明确的多元化农技推广体系，并进一步发挥新型农业经营主体在农技推广中的带动作用。

第十一章　基于效率损失 SFA 的水稻生产及其效率影响因素分析

上一章测算了目前湖北省适度经营规模，从产出、利润视角分别对水稻经营规模效率的影响因素展开深入分析，并提出相应提升水稻规模效率的路径。为细化和进一步验证规模经营的影响因素，更好地促进农业生产规模经营发展。本章从生产经营效率的角度出发，研究了在目前规模经营角度下提高生产效率的相关影响因素，结合随机前沿生产函数模型，构造土地细碎化、耕地地力变量作为主要影响变量的模型，对比研究了不同模型中个人因素、生产要素以及生产方式等要素对生产效率的影响，对于在发展适度规模经营过程中提高生产经营效率具有一定的指导意义。

一、引言

土地细碎化是指农业生产者耕种的土地地理分割、大小不一、形状不规则，且其中任意一块土地均被作为独立的生产单位(Mcpherson，1982)。土地细碎化现象普遍存在于我国地貌复杂、可利用耕地资源有限的中部和南部地区，是地理条件、文化约束、制度因素等共同作用的结果。首先是地理自然条件，丘陵或山区地带，耕地地质结构、坡度等地貌条件决定单位生产面积不宜过大。其次是土地制度，20 世纪 80 年代的家庭联产承包责任制为了保证公平优先于效率的农地分配原则，将稀缺的土地资源按照质量及通达度分割成为多个小块的土地，以便于进行分配；同时由大规模家庭向小规模家庭的结构转变，加剧了土地再分割，农户耕地土地细碎化现象加重。三是农户生产经营的理性选择结果，为了减少农业生产中的自然风险以及市场风险，农户会根据自身劳动力分配，作物的经济收益等进行多样化种植，促使了土地细碎化。土地细碎化问题已经成为影响农业生产的一个重要因素。

伴随着经济的快速发展和农村劳动力的不断转移，土地细碎化对农业产出和生产效率是如何影响的？许多学者做出了相应研究，认为土地细碎化不利于农业生产，会降低农业生产要素的配置效率，影响农业生产利润和效率，不利于农业生产和农户收入（Schultz，1953；Tan et al.，2010；陈培勇、陈风波，2011；Manjunatha et al.，2013）。另外，研究发现土地细碎化增加了农业生产成本，因为小地块之间的往来和运输增加了家庭劳动力投入，阻碍了现代农业机械的使用和农田基础设施建设，未能有效分担生产要素的投入（Hung et al.，2007；Tan et al.，2008；Latruffe and Piet，2014）。同时土地细碎化使部分土地用于边界划分，土地浪费严重，且不便于田间水利和田间管理，降低了土地的有效使用率（谭淑豪等，2006；黄贤金等 2001）。

关于土地细碎化对粮食产量的影响则存在争议，学者利用不同数据对土地细碎化和粮食产量之间的关系作了相应研究，发现土地细碎化对粮食产量有负面影响，不同类型的粮食细化研究也得出相同的结论（Fleisher and Liu，1992；Nguyen et al.，1996；Wang and Cheng，2001）。但 Sikor 等（2009）的观点正好相反，认为土地细碎化程度越高越有助于提高粮食产量，许庆等（2011）研究发现土地细碎化对粮食产量有正向影响，并猜测土地细碎化会影响产量的原因是为体现公平优先于效率的农地分配原则，质量越高的土地被划分的块数越多。目前关于土地细碎化对粮食生产影响的研究较多，但将土地质量与土地细碎化分离，并作为单独变量同时探究其各自对农业生产影响的研究较少，那么土地质量和土地细碎化对粮食生产的具体作用如何？本书基于微观调研数据，运用效率损失随机前沿生产函数，将土地质量与土地细碎程度进行分离并作为两个主要考察变量进行研究，探索了两个变量对粮食产出及效率的影响，得出相应的结论和启示，对未来粮食生产具有一定的指导意义。

二、理论分析及模型设定

（一）理论分析

农业生产效率主要从技术效率、规模效率以及要素配置效率几个方面进行分析（Aigner et al.，1977；Coelli，1996），任何一种因素利用不当引起的效率变化都会以最直接的形式反映在农业生产产能上。即在构造生产前沿面的前提下，计算农户效率与前沿生产面的差距。因而，在对估计农业生产效率的函数选择上，必须考虑理论的有效性并选择正确的生产函数。相对于传统的 C—D 函数，Translog（超越对数）生产函数虽然在计算和解释上不具有优势，但具有很强的灵活性，对生产弹性和要素替代弹性不设定任何条件，且对于任意的生产技术，该函数都能很好地近似（许庆，2011）。但该函数对数据质量和数量要求非常高，受限于调研样本和数量，本书采取灵活性同样较好的随机前沿生产函数和技术非效率模型，从不同角度探讨土地细碎化、耕地地力等因素对粮食生产产值和效率的影响。

本研究将随机前沿函数进行分解，试图从生产力和非效率影响因素两个方面进行研究。本书主要是研究土地细碎化和耕地地力对粮食生产产值及效率的影响，但其具体会对粮食生产产生什么样的影响很难确定，即这两个因素可能直接影响粮食产值，也可能是作为非效率影响因素影响粮食生产效率，因而在模型构建时，需要将影响因素和模型作用进行调整，因而当假定土地细碎化会同时影响粮食产出和效率时，就必须同时存在于生产模型和非效率影响因素模型中，若土地细碎化只作为非效率影响因素，则只需存在于非效率影响因素模型中。为了能够更全面地对问题进行研究，本书设立了 4 个模型，将土地细碎化和耕地地力以多种形式嵌入模型中。模型 1 中两个变量均作为影响生产效率的因素，放入非效率影响因素函数中；模型 2 中土地细碎化作为影响生产的因素，放入生产模型，耕地地力则放在非效率影响效率函数中；模型 3 对两个变量的处理与模型 2 相反，土地细碎化、耕地地力放入非效率影响因素函数；模型 4 中两个变量则均直接放入生产函数中。这四个模型能够较为全面地探索在现有的生产技术条件下，两因素对粮食生产的具体影响。

根据前面的描述，本书采用效率损失随机前沿生产函数（Battese、Coelli，1995）的具体形式如下：

$$Y_i = F(X_i, \beta)\exp(V_i - U_i)，其中，U_i = \gamma_0 + \sum_{i=1}^{n} \gamma_i z_i + \varepsilon_i$$

Y 代表第 i 个农户单位面积总产值（单位：元/公顷），F 是生产函数，表示在一定技术水平下，农业生产经营中相应要素投入可能的最大产出，X 代表生产所需的各类生产要素总投入量，β 为待估计参数；V_i 代表随机误差（测量误差和随机干扰因素的影响），U_i 是非负的非效率影响因素函数，$V_i - U_i$ 为混合误差，且假定 $V_i \sim N(0, \sigma_v^2)$，$U_i \sim N(\gamma_i z_i, \sigma_u^2)$。

在技术非效率影响因素模型中，z_i 为影响农户粮食种植效率的外生性因素，ε_i 为模型扰动项，γ_i 是对技术非效率变量的影响。结合整体模型，若 γ_i 为负，则对粮食技术效率存在正向影响，反之，则存在负面影响。根据 1995 年 Battese 和 Coelli 提出的，方程利用 $\sigma_0^2 = \sigma_v^2 + \sigma_u^2$ 和 $\gamma = \frac{\sigma_u^2}{\sigma_v^2 + \sigma_u^2}$ 代替 σ_v^2 和 σ_u^2，然后采用极大似然估计，则得到所有参数值。其中，γ 代表的是技术无效率所占的比例，且 $\gamma \in (0, 1)$，当 γ 趋近于 1，则表示误差项主要来源于技术非效率项，即效率损失大；当 γ 趋近于 0，则表示误差项主要来源于随机误差项，即不存在技术非效率误差。

生产技术效率 TE_i 为实际粮食总产出与随机前沿生产函数可能性最大产出之比，具体为：

$$TE_i = \frac{E(\hat{Y}_i / U_i, X_i)}{E(\hat{Y}_i / U_i = 0, X_i)}$$

$TE_i \in (0, 1)$，当 $U_i = 0$ 时，$TE_i = 1$，代表生产具有完全技术

效率。当 $U_i>0$，则 $0<TE_i<1$，表示生产存在技术效率损失。

对于技术非效率影响因素模型，其处理方法包括两种：一步法和两步法。目前最普遍的做法是两步法，首先利用随机前沿模型获得非效率项 U 的估计值，然后利用外生性因素 Z 对 U 估计并分析其影响因素。一步法则是在给定分布函数的前提下随机前沿项和技术非效率项参数被同时回归出来（Kumbhakar 等 1991；Huang 等，1994），但是此方法的非效率项分布假设过于严苛，必须服从正态截尾分布。

（二）实证模型构建

本书研究的重点是土地细碎化和耕地地力对粮食产值和效率的影响，因而除了生产函数的选择，各影响因素的正确选择与表达也至关重要。本书将影响效率的因素划分为三种：

1. 品种因素

主要是因不同作物品种对生长环境的反应不同而引起的产量不同，但本书以江汉平原水稻生产为主，且调查样本基本全为单季稻也即单季稻的种植，因而可忽略此项因素。

2. 个体差异

不同农户的个人特征会对农户种植方式、技术以及要素投入产生影响，因而户主年龄、户主教育程度、栽培技术选择、劳动力投入状况等均会影响农业生产效率。

3. 生产环境的不同

地区差异带来的气候、土壤、社会发展水平。本书主要是研究土地细碎化和耕地地力，因而这两个变量的界定非常重要。土地细碎化会影响农业生产的整个过程（Wan、Cheng，2001），但是土地细碎化并非农业生产所需的投入要素，因此土地细碎化指数 SI_i 作为影响生产函数效率的变量进入模型。关于度量土地细碎化指数的因子有单位地块面积、地块数量等，本书采用辛普森指数（Wu et al.，2005；Tan et al.，2008；Tan et al.，2010）作为衡量土地细碎化的指标。辛普森指数的定义如下：

$$SI_i = 1 - \frac{\sum_{k=1}^{m} P_{ik}^2}{(\sum_{k}^{m} P_{ik})^2}$$

式中：m 代表农户所拥有的土地地块数，P_{ik} 代表农户 i 每块种植地的实际面积，SI_i 处于 0～1 之间，当 $SI_i=0$ 时该农户 i 有且仅有一块种植土地，当 $SI_i=1$ 代表农户 i 拥有的土地细碎化程度非常严重。

耕地地力（LQ）是对耕地土壤的地形、地貌条件、成土母质特征、农田基础设施及培肥水平、土壤理化性状等的综合评价。农户作为土地最为熟悉的使用者，能够对耕地地力等级做出准确的判断，因而从农田基础设施建设状况（道路通达度、灌溉沟渠是否完善）、耕地培肥水平（土壤是否板结）、灌排能力（是否出现旱涝）、土壤理化性状（是否适宜耕种、是否能涵养水分）四个方面对耕地地力状况进行细分。

根据理论分析，将实证模型进行完善，具体模型如下

$$\ln P_i = \beta_0 + \sum_{i=1}^{m} \beta_i \ln x_i + v_i - u_i$$

其中 P_i 表示单位面积粮食生产产值，x_i 代表粮食生产中各项要素投入①，包含生产投入所需土地，单位面积有效劳动力投入量(包含家庭用工、雇工以及邻里亲戚换工)，生产过程中单位面积投入的农药、化肥、种子、机械服务费（包含机械作业费用，灌溉费用及其他相关费用），u_i 技术非效率函数中包含辛普森系数和耕地地力等级两个变量以及个体特征变量。

三、变量选择与描述性分析

本书从农业生产的角度出发，主要考察了土地细碎化和耕地地

---

① 文中的要素投入根据全国成本收益汇编进行划分。

力对农业产值和效率的影响。其中耕地地力因研究对象范围的限定，消除了土壤的地形地貌条件差异，主要代表的是土壤理化性状、农田基础设施、灌排能力及培肥水平等的评价。根据理论模型，相关变量的选择和解释如表 11－1。

表 11－1　变量解释及描述性分析

变　量	变量解释	平均值（方差）
产值（Y）	单位面积产量×粮食价格（元/公顷）	22 762.55（3 594.315）
土地（X_1）	生产种植面积（公顷）	1.38（0.884）
劳动力费用（X_2）	单位面积家庭雇工、自投工和邻里换工等总和（元/公顷）	2 073.992（986.361）
种子费用（X_3）	单位面积种子投入费用，包含市场购买种子及自留种，自留种按市场成本价格折算（元/公顷）	1 193.114（556.721）
农药费用（X_4）	单位面积农药投入费用（元/公顷）	1 634.132（641.528）
化肥费用（X_5）	单位面积有机化肥和无机化肥投入费用（元/公顷）	2 848.482（897.106）
机械服务费（X_6）	单位面积机械雇佣费及灌溉费等之和（元/公顷）	2 732.948（655.732）
户主年龄（Z_1）	种植户户主年龄（岁）	51.204（9.132）
户主受教育程度（Z_2）	种植户户主受教育程度，1～5 分别代表文盲、小学、初中、高中或中专、大专及以上	2.833（0.786）
栽培技术（Z_3）	水稻不同栽培技术（1. 撒播，2. 插秧）	1.374（0.484）
劳动用工量（Z_4）	单位种植面积劳动力用工量，检测农户农业投入精力（日/公顷/年）	44.808（7.858）
耕地地力（lq）	耕地地力等级，1～5 分别代表优等、较好、一般、较差、劣等	2.713（0.723）
辛普森指数（si）	反映耕地细碎化程度，指数越大细碎化程度越高	0.601（0.293）

表 11－1 给出了模型中各变量的解释说明和描述性分析。数据显示了农户种植过程中所需的各项成本，化肥和机械服务费总量很接近且占总量的第一和第二，其次是劳动力费用。各项成本差距不大，农业生产要素的价格上涨使农业生产“地板效应”[①] 日益严重，降低农户生产效益，影响农户粮食种植积极性。农户机械费用反映江汉平原目前机械普及率之高，但是化肥和农药的高费用也反映江汉平原对土地的污染和破坏现象的严重性，不利于农业的长期可持续发展。

现阶段，农村劳动力兼业现象常见，因而农户特征变量中，家庭劳动力数量并不能准确代表农户家庭对农业生产的实际劳动投入状况，此处用单位种植面积劳动力用工量代替常用的平均家庭务农人数，农户户主平均年龄为 51.2 岁，50 岁以上的农户占 57.18%，而 40 岁以下的比例仅为 7.18%，说明农业生产老龄化现象严重，户主受教育年限平均值为 2.83，反应样本主要是小学或初中文化程度。

样本地区的辛普森指数均值为 0.601，说明大多数农户有多块地，分布在村子附近不同位置。地块大小不同、距离农户远近差异会改变农户生产经营的资源配置方式。耕地地力等级为 2.713，说明样本区的耕地地力水平整体情况较为乐观，即江汉平原农田基础设施及培肥水平整体较好，基础设施以及自然条件利于农业生产。

为了能够更直观地看出江汉平原耕地细碎化情况，本书将数据进一步进行整理（图 11－1），平均单位地块面积为 0.600 5 公顷，其中大于 0.5 公顷的占 27.59%，小于 0.1 公顷的占 8.62%，即 0.1～0.5 公顷是占比最大的区间。相对而言，江汉平原单位地块面积较大，说明其前期的土地整理有一定的效果，结合辛普森系数可以确定其农户拥有地块数总量也较多。

---

① 地板效应又称低限效应，是指任务过于困难，各不同水平的自变量均获得无差别的很差结果，称为实验中出现了低限效应。此处是指农业生产过程中各种农业生产要素价格上涨，出现农业生产成本上升这个不适于农业发展的现象，也称为“地板效应”。

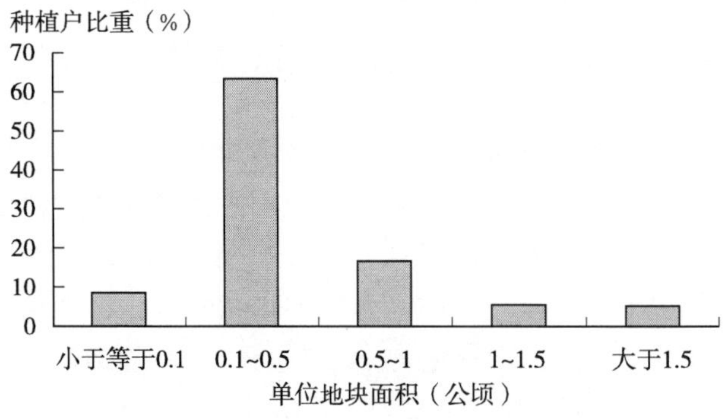

图 11－1　2015 年江汉平原耕地细碎化情况

四、模型估计结果及分析

尽管随机前沿生产函数符合线性性质，但其回归方程误差项包含两个不可观测的量，不能满足最小二乘法的经典假设，因而本书采用极大似然估计法来估计随机前沿生产函数模型和非效率影响因素模型中的各参数项，具体结果见表 11－2。模型初始假设为 $H_0=\gamma_1=\gamma_2=\cdots=\gamma_6=0$，模型结果中所得到的似然比值均大于临界值，4 个模型均在 1%的显著性水平下均拒绝原假设，说明 4 个生产函数模型中非效率影响显著，且各模型中 γ 均大于 0.85，且前两个模型结果显著，说明误差项中主要误差来源于技术非效率，而非测量误差和随机干扰项。假设检验和方差比值结果均在一定程度上说明粮食生产的技术非效率性，函数选择及估计结果具有一定的合理性。

4 个模型中，发现生产函数估计结果存在着相似特性，即土地、种子、农药、化肥与粮食生产呈负相关性，且除了农药，其余估计均显著。这可能是农户为了追求更高的收益，认为过量的资产投入会带来更高的收益，导致各投入要素没有实现资源的有效配置。劳动投入（labor）和机械及相关服务费（mc）则对粮食生产有显著正向影响，说明江汉平原目前的粮食生产中，劳动投入量有待加强，或者改善和提高机械技术服务以弥补劳动力不足带来的不利。

模型 1 和模型 3 结果显示，土地细碎化对农户粮食生产技术非效率存在正向影响，模型 2 和模型 4 中，土地细碎化对粮食产出存在负向影响，虽然这种影响并不显著，但与 Rahman（2008）对孟加拉国土地细碎化对水稻生产力和效率影响的研究结果相一致，与土地面积越大土地生产效率越低这一经典理论相反（Niroula、Thapa，2007）。Wu 等（2005）、Tan 等（2008）、Latruffe 等（2014）的研究结果表明土地细碎化程度高，会导致粮食生产在农业劳动力非生产性时间浪费多、非生产性土地浪费较多、机械化以及其他投入要素上不能很好地实现技术更新，因而各生产要素的投入产出率下降，同时会降低粮食生产效率。

农业生产越来越注重耕地质量及其可持续利用，耕地地力等级作为衡量土地质量的重要指标之一，将会如何影响粮食生产产能？模型 3 和模型 4 中，耕地地力等级和粮食生产产能存在显著的负相关关系，模型 1 和模型 2 中，耕地地力等级和粮食生产技术非效率之间存在显著的正相关关系（表 11－2）。在生产函数模型中显著性为负，表明耕地地力越差，粮食生产能力随之下降，在技术非效率模型中显著性为正，表明耕地地力下降，技术非效率上升。因此不管是生产函数模型还是技术非效率模型，耕地地力的提升都存在积极的作用，对粮食生产具有一定的推动作用。

表 11－2　模型极大似然估计结果

变量	模型 1	模型 2	模型 3	模型 4
X_1	−0.017 7*	−0.017 8*	−0.019 2**	−0.019 8**
	(−1.86)	(−1.89)	(−2)	(−2.19)
X_2	0.051 0*	0.059 8**	0.058 8*	0.068 4**
	(1.75)	(2.04)	(1.86)	(2.33)
X_3	−0.031 1***	−0.031 4***	−0.031 2***	−0.031 6***
	(−3.2)	(−3.27)	(−3.23)	(−3.3)

（续）

变量	模型 1	模型 2	模型 3	模型 4
X_4	−0.020 8	−0.021 4	−0.022 6	−0.022 5
	(−1.05)	(−1.13)	(−1.17)	(−1.18)
X_5	−0.055 6**	−0.058 0**	−0.054 1**	−0.055 3**
	(−2.43)	(−2.58)	(−2.38)	(−2.44)
X_6	0.058 0*	0.056 9**	0.053 7*	0.053 0*
	(1.86)	(2.09)	(1.85)	(1.95)
si	—	−0.034 0	—	−0.035 9
	—	(−1.54)	—	(−1.62)
lq	—	—	−0.019 2**	−0.019 1**
	—	—	(−2.13)	(−2.16)
_ *cons*	10.097 3***	10.061 1***	10.109 6***	10.060 0***
	(27.83)	(28.09)	(28.2)	(27.91)
mu	—	—	—	—
Z_1	0.001 9*	0.002 0**	0.001 8*	0.001 8*
	(1.9)	(2.48)	(1.83)	(1.76)
Z_2	0.007 0	0.010 1	0.005 1	0.008 3
	(0.61)	(0.98)	(0.44)	(0.72)
lq	0.024 1*	0.022 5*	—	—
	(1.7)	(1.95)	—	—
si	0.038 1	—	0.038 1	—
	(0.7)	—	(0.93)	—
Z_3	0.129 2***	0.135 6***	0.142 8***	0.152 2***
	(3.81)	(4.29)	(3.72)	(4.54)
Z_4	−0.019 9***	−0.019 1***	−0.020 2***	−0.019 9***
	(−5.46)	(−10.24)	(−8.84)	(−9.95)
_ *cons*	0.597 0***	0.551 6***	0.653 2***	0.628 6***
	(3.69)	(5.7)	(4.89)	(5.34)
model diagnostics				
σ^2	0.070 3***	0.070 1**	0.082 3	0.082 4*
	(−3.35)	(−2.85)	(−1.4)	(−1.66)
γ	0.853 0**	0.850 5*	0.874 3	0.872 8
	(1.98)	(1.67)	(1)	(1.17)
*H*0：No inefficiency *component*（Prob≤*z*）：	0.002	0.004	0.002	0.004

注：*、**、*** 分别表示在 10%、5%、1%的水平下显著。

从样本个体特征来看，四个模型中农户家庭户主的年龄对技术非效率的影响均显著为正，说明随着年龄的增加，劳动力生产技能逐渐下降，生产效率下降（许庆等，2011；张海鑫等，2012）。虽然年龄上升能够提升经验值和技术熟练度，但是当年龄达到一定值后，农户农业生产的新技术获取和生产管理能力减弱，因而农业生产效率下降，这与目前主流所担忧的农业生产劳动力呈现老龄化现象的结论相一致。户主受教育程度同样对技术非效率影响为正，但并不代表江汉平原目前的粮食种植技术不需要较高文化水平的种植户，或者说文化水平较高的农户会较多从事非农生产，造成农户精力和投入上的分散，农业劳动力生产存在兼业化和劣质化现象。

为了进一步反映农户农业生产精力投入对粮食生产的影响，本书选取了反映不同样本农户农业生产特征的变量。4 个模型中，单位面积劳动力投入量均极显著且为负，即劳动投入量和技术非效率呈负相关关系，也说明随着单位面积农业劳动投入的增多，农业生产效率逐渐上升，反映了目前农户兼业现象降低了农户农业生产投入的质量，对农业生产造成了很大的负面影响。另外在粮食种植中，种植模式的选择也对粮食生产效率产生影响。模型结果显示，种植模式与技术非效率呈显著的正相关关系，即插秧相对于撒播而言，粮食生产效率下降，单位面积粮食产量更高[①]，但是这种形式的栽种并不能提高各投入要素的配置效率，因为插秧需要更多的劳动力投入，劳动力价格不断上涨，不利于提高粮食生产的整体效率。

五、小结与建议

本研究利用随机前沿生产模型和技术非效率影响因素模型分析

---

① 陈风波等 2011 年的研究显示，早稻、中稻撒播和插秧单位面积产量分别为：早稻，5 292.75 千克/公顷，5 412.75 千克/公顷；中稻，6 411.75 千克/公顷，7 353.6 千克/公顷。

了土地细碎化和耕地地力对粮食生产产能和效率的影响，结果显示土地细碎化与耕地地力对粮食生产及其效率存在负向影响。

本研究将土地细碎化和耕地质量分离，排除了为保证农户土地承包的公平性，高质量的土地细碎化更加严重的假设，保证了变量的单一性，证实土地细碎化对粮食生产存在负面影响，即土地细碎化不利于粮食产量以及农业生产效率的提高。土地细碎化程度高，只能是依靠高密度的劳动投入来弥补无法进行机械生产等资本投入带来的不足，造成农户劳动和资本投入结构不合理。土地细碎化程度降低，达到能够进行现代机械生产的条件，由劳动密集型向资本密集型转变，便于进行资源的合理配置，提高了农业生产效率。目前农业生产存在大量的非农生产带来农业生产劳动力投入不足的现象，研究结果显示劳动力投入不足对农业生产存在显著的负面影响。当土地细碎化程度高与农业劳动力投入低并存，则不能顺利地实现劳动力密集型向资本密集型的转变，农业生产效率则受到严重影响。因而为保障粮食生产，降低土地细碎化程度是目前农业生产中土地政策的一个重要方面。但这是一个漫长而复杂的过程，因为土地整理、土地流转等措施与农户的社会保障、经济收入、家庭结构、文化传承等均有关。因而，政府在推进农业适度规模经营过程中应更加全面周到。

耕地地力对粮食生产具有显著的正向影响，有助于提高粮食产量和农业生产效率。农业生产对耕地质量具有较高的依赖性，即耕地农田水利设施、培肥水平、土壤理性性状等对农业生产具有重大影响。为追求更高的收益，农户大量投入农药化肥以保证产量，这种错误的认知和生产行为造成江汉平原目前的农药化肥使用超标。但过量的资本投入并未给该地区农业生产带来正效应，长此以往也会对土壤产生破坏。在今后的农业生产中，应控制和管理农药化肥的使用量，在节约成本的前提下有助于土壤的可持续发展；同时应注重农田基础设施建设，注重耕地肥力蓄积，适当休耕，提高耕地质量。

从样本个体特征来看，农户家庭户主年龄和受教育程度对技术非效率的影响均显著为正。年龄增加，农户对农业生产新技术和生产管理能力减弱，劳动力生产技能逐渐下降，生产效率随之降低。户主受教育程度对技术非效率影响为正，文化水平较高的农户较多从事非农生产，造成农户精力分散，使农业生产劳动力劣质化。关于种植过程，模型结果显示劳动投入量和技术非效率呈负相关关系，证实农户兼业现象降低了农业生产劳动力投入质量，对农业生产造成负面影响。另外种植模式与技术非效率呈显著的正相关关系，但相对撒播而言，要素配置效率低，不利于提高粮食生产的整体效率。

以上的研究结果对江汉平原农业现代化发展具有重要的启示。首先，江汉平原的耕地整理效果显著，有利于进行现代农业生产，机械技术服务水平的提高能继续为江汉平原创造收益。为了提高江汉平原粮食生产的整体效率以及农户家庭的整体收入，由插秧等劳动密集型的生产模式转为以撒播为主的资本密集型生产已经成为必然，合理地引导过渡，有利于部分农户家庭的整体收入提高。其次，应注重大规模农户的资产管理配置能力的培养，提高农户对自身生产要素的合理配置，有利于增加粮食生产效率；对于小规模农户和主要从事非农生产的农户，则在公平自愿的前提下鼓励其进行土地流转，有助于改善土地细碎化现象，在实现农业现代化发展的同时实现规模经济。再次，应注重高质量农田及基础设施建设，增强耕地地力，耕地地力为农业生产带来正外部性效应，减弱因土地细碎化以及资产配置不当带来的负面影响，有利于促进粮食增产和农民增收。最后，注重休耕、轮作等生产模式的实施，耕地地力已成为影响江汉平原粮食生产效率的重要因素，因而在保障粮食生产、农业发展的同时保护耕地质量，有利于农业生产的可持续发展。

第十二章　水稻种植户规模经营意愿的影响因素分析

提高水稻规模经营效率需要发展农业规模经营，农民是规模经营的重要主体。因此，发展农业规模经营必须高度重视农民的主体地位，关注农民规模经营行为，并积极采取措施推动农民扩大经营规模。实现这一重要目标，首先必须了解农户的规模经营意愿及其影响因素。我国学者们围绕该课题展开了一系列研究，并取得了丰硕的成果。其中，林善浪（2005）根据福建省和江西省 224 个农户的调查数据，描述分析了农户土地规模经营的意愿和行为特征。张忠明、钱文荣（2008）根据长江中下游地区六个省份 307 个农户的调查资料，构建 Multinomial Logistic 模型实证分析了影响农民土地规模经营意愿的因素。陈秧分、刘彦随等（2009）根据对东部沿海地区 323 个农民的调查数据，构建了二元 Logistic 回归模型分析了影响农户农地规模经营意愿的因素。此后，杨倩倩、陈英等（2012）和凌莎（2014）等人基于不同地区的农村调研资料，构建二元 Logistic 回归模型分析了影响农户农地规模经营意愿的因素。前人的研究为本课题提供了成熟的研究方法。

上述研究里，在对于“农户是否愿意规模经营”这一因变量的设计中选择项均为“希望扩大、希望缩小”或者是“愿意、不愿意”等主观选项，没有对“规模经营”的统一标准。而被调查农户受个体特征、家庭条件以及所处的社会经济环境影响，对“规模经营”也缺乏统一的认知。例如，对于耕作三五亩农地的农民而言，四十亩农地是规模经营，而在耕作七八十亩农地的农民看来，四十亩农地则明显是规模过小。而因变量的主观性过强可能导致研究结果与现实存在偏差。对此，在规模经营意愿的影响因素研究中，应该结合地区社会经济发展环境确定“规模经营”的标准，并根据标准确定“农户是否愿意规模经营”这一因变量。

第九章的研究结果表明，在产量最大化和收益最大化两种目标下水稻种植规模效率均为最优的规模范围是80～90亩。但是，从农户经营规模来看，如第六章中表6-3和表6-5所示，被调查农户的耕地经营面积平均值为32.4亩，水稻种植面积为26.3亩，远远没有达到80～90亩的规模范围。此外，结合当地农村社会经济发展实际，短期内达到80～90亩的规模范围也较难实现，因而本章中没有将80～90亩的规模范围设为“规模经营”的标准。2014年，中共中央办公厅、国务院办公厅印发了《关于引导农村土地经营权有序流转发展农业适度规模经营的意见》，该文件指出“土地经营规模相当于当地户均承包地面积10～15倍，务农收入相当于当地二、三产业务工收入的，应当给予重点扶持”。2010—2014年湖北省农村户均耕地面积约为4.7亩，按照“10～15倍”的最低标准，湖北省耕地的适度规模经营面积将至少到达47亩。因此，将47亩设为“规模经营”的标准符合实际。被调查者期望的经营规模等于或者超过47亩，算作有规模经营意愿；不足47亩，算作无规模经营意愿。此即为本章研究中对“水稻种植户是否愿意规模经营”这一因变量的衡量标准。基于以上分析，本章将根据2015年7月湖北省440个水稻种植户的调研数据，构建二元Logistic模型，分析影响水稻种植户规模经营意愿的因素，以此提出推动水稻种植户实施规模经营的路径。

一、理论分析与研究假设

本研究将基于计划行为理论对水稻种植户规模经营意愿的影响因素进行分析。计划行为理论（Theory of Planned Behavior，TPB）为美国学者Fishbein和Ajzen在1975年首次提出。该理论提出个体拥有的与行为相关的信息可能会形成认知，而认知将形成行为态度，同时个体对信息的处理会形成信念（包括行为信念、规范信念、控制信念），这些信念在一定的时期和环境下只有极少的信念会被个体获取成为突显信念，突显信念将决定个体的行为态度、主观规范和知觉控制行为。其中，行为态度是个体对执行某一特定行为的认知与评价，行为态度越积极，知觉行为控制越强，重要他人、团体或制度的支持越大，个体的行为意向就越强烈，反之则越小。知觉行为控制则是个体感知自己在执行某特定行为时的难易程度和可控能力，准确的知觉行为控制可以直接预测行为发生的可能性。主观规范是个体在决策某一特定行为时所感受到的外界压力，它反映了重要他人、团体或制度等对个体决策的影响力，个体是否执行某种行为受到个人能力、机会以及资源等条件的制约。行为态度、知觉行为控制和主观规范是决定个体行为意向的三个主要变量。在上述三个条件充分的情况下行为意向将直接决定行为。

基于上述理论，结合水稻种植户水稻生产经营的调研实践，本研究将影响水稻种植户规模经营意愿的因素分为三类：第一类因素是水稻种植户的个体特征和家庭特征，主要包括户主的年龄、文化程度、兼业收入、家庭人口数量、农业机械拥有数量和农业生产对家庭收入的重要程度 6 个因素，水稻种植户会根据自身能力与家庭特点对是否愿意规模经营做出判断，从而形成对规模经营意愿的行为态度。第二类因素是水稻种植户的耕地经营特征，主要包括实际经营耕地面积、租种耕地占耕地面积的比重和对家庭实际经营规模的满意度 3 个因素。水稻种植户的耕地经营特征会使其根据耕地经营实际状况决定是否愿意规模经营，从而形成对规模经营意愿的知觉行为控制。第三类因素是农业生产的客观环境，主要包括对当前农业技术水平的满意度、对农业支持政策的满意度和对水稻销售价格的满意度 3 个因素。农业生产的客观环境制约了农户经营规模的意愿，从而形成对规模经营意愿的主观规范。以上三类因素都在一定程度上从不同角度影响了水稻种植户规模经营意愿。本研究对规模经营意愿影响因素的变量选择及赋值见表 12－1，具体设置如下。

表 12-1 变量的选择与赋值

变量	代码	定义及赋值	最小值	最大值	均值	标准差
是否有规模经营意愿	Y	是=1，否=0	0	1	0.452	0.498
年龄	X_1	反映户主年龄的自变量	27	78	52.807	8.833
文化程度	X_2	文盲=1；小学=2；初中=3；高中=4；大专及以上=5	1	4	2.834	0.740
兼业收入	X_3	反映户主从事兼业的收入金额	0	100 000	6 491.591	12 194.668
家庭人口	X_4	反映家庭人口数量的自变量	1	13	4.527	1.650
农业机械拥有数量	X_5	反映家庭农业机械拥有数量的自变量	0	5	1.143	0.944
农业生产对家庭收入的重要程度	X_6	非常不重要=1；不重要=2；一般重要=3；比较重要=4；非常重要=5	1	5	3.255	1.149
实际经营耕地面积	X_7	反映家庭实际经营面积的自变量	2	400	32.358	48.948
租种耕地占耕地面积的比重	X_8	租种的耕地面积÷总耕地面积×100%	0	100	25.663	34.68
对实际经营规模的满意度	X_9	非常不满意=1；不满意=2；一般满意=3；比较满意=4；非常满意=5	1	5	2.909	1.089
对当前农业技术水平的满意度	X_{10}	非常不满意=1；不满意=2；一般满意=3；比较满意=4；非常满意=5	1	5	2.868	1.168
对农业支持政策的满意度	X_{11}	非常不满意=1；不满意=2；一般满意=3；比较满意=4；非常满意=5	1	5	3.232	0.916
对水稻销售价格的满意度	X_{12}	非常不满意=1；不满意=2；一般满意=3；比较满意=4；非常满意=5	1	5	2.595	0.925

1. 年龄 X_1

农户年龄越小，身体状况越佳，从事繁重农业劳动的能力越强，实施规模经营的能力越强。因此研究认为年龄与水稻种植户规模经营意愿呈负相关。

2. 文化程度 X_2

农户文化程度越高，学习并运用农业新技术的能力越强，实施规模经营的能力越强。因此研究认为文化程度与水稻种植户规模经营意愿呈正相关。

3. 兼业收入 X_3

农户兼业收入越高，对于实施规模经营增加农业收入的意愿越弱。因此研究认为兼业收入与水稻种植户规模经营意愿呈负相关。

4. 家庭人口数量 X_4

农户家庭人口数量越多，可从事农业生产的劳动力越多，实施规模经营的能力越强。因此研究认为家庭人口数量与水稻种植户规模经营意愿呈正相关。

5. 农业机械拥有数量 X_5

农业机械是农业规模经营的主要生产工具，家庭农业机械数量越多，实施规模经营的能力越强。因此研究认为农业机械拥有数量与水稻种植户规模经营意愿呈正相关。

6. 农业生产对家庭收入的重要程度 X_6

农户认为农业生产对家庭收入越重要，对实施规模经营增加农业收入的意愿就越强。因此研究认为农业生产对家庭收入的重要程度与水稻种植户规模经营意愿呈正相关。

7. 实际经营耕地面积 X_7

农户实际经营耕地面积是农户实施规模经营行为的直接表现，实际耕地面积越大，表明农户规模经营意愿越强。因此研究认为实际经营耕地面积与水稻种植户规模经营意愿呈正相关。

8. 租种耕地占耕地面积的比重 X_8

农户租种耕地的主要目的就是扩大经营规模，租种耕地占耕地面积的比重越大，表明农户租种耕地的行为获得的收益越多，因而农户规模经营意愿越强。因此研究认为租种耕地占耕地面积的比重与水稻种植户规模经营意愿呈正相关。

9. 对实际经营规模的满意度 X_9

农户对实际经营规模越满意，实施规模经营意愿越弱。因此研究认为对实际经营规模的满意度与水稻种植户规模经营意愿呈负相关。

10. 对当前农业技术水平的满意度 X_{10}

农业技术是农户规模经营能力的重要保障，当前农业技术水平越高，农户实施规模经营的能力越强。农户对当前农业技术水平的满意度可直观反映农业技术的发展程度。因此研究认为对当前农业技术水平的满意度与水稻种植户规模经营意愿呈正相关。

11. 对农业支持政策的满意度 X_{11}

农业支持政策是引导农户实施规模经营的重要因素，农户对农业支持政策越满意，实施规模经营的动力越强。因此研究认为对农业支持政策的满意度与水稻种植户规模经营意愿呈正相关。

12. 对水稻销售价格的满意度 X_{12}

收益是农户从事农业生产的主要目的，农产品销售价格越高，农民可获得的农业生产收益越高，为获取更多的收入，农民规模经营意愿越强。因此，本研究认为对水稻销售价格的满意度与水稻种植户规模经营意愿呈正相关。

二、基于二元 Logistic 模型的水稻种植户规模经营意愿实证分析

（一）研究方法

二元 Logistic 模型在分析微观个体意愿及其影响因素领域广泛应用。该模型适用于因变量为两分变量的回归分析，同时自变量可以全部是定量变量、定性变量或者是定性变量与定量变量相结合，是分析决策行为的理想模型（王济川、郭志刚，2001）。本研究模型的因变量即水稻种植户规模经营意愿（为“0”或“1”），符合二元 Logistic 模型要求，故构建二元 Logistic 的概率

函数模型如下：

$$p_i = F(y) = F(\beta_0 + \sum_{i=1}^{n} \beta_i x_i) = \frac{1}{1 + \exp(\beta_0 + \sum_{i=1}^{n} \beta_i x_i)}$$

公式中，p_i 表示水稻种植户规模经营意愿的概率；y 是因变量，表示水稻种植户是否有规模经营意愿（是＝1，否＝0）；β_i 表示影响因素的回归系数；n 表示影响因素的个数；x_i 是自变量，表示第 i 种影响因素；β_0 表示回归方程的常数项。

（二）结果分析

运用 SPSS20.0 软件对水稻种植户规模经营意愿的影响因素进行二元 Logistics 回归，结果见表 12－2。由表 12－2 可以看出，Hosmer 和 Lemeshow 模型拟合检验中，零假设为方程对数据的拟合良好，分析结果显示 $P>0.05$，说明方程对数据拟合良好。在最终模型拟合优度检验中，用对数似然比值乘以－2 来度量模型对数据的拟合度，值为 414.413，也表示模型对数据的拟合度较好。在影响水稻种植户规模经营意愿的因素分析结果中，通过显著性检验的自变量有 6 个，分别为年龄、农业机械拥有数量、实际经营耕地面积、租种耕地占耕地面积的比重、对实际经营规模的满意度、对水稻销售价格的满意度。具体而言：

表 12－2　农户规模经营意愿分析结果

自变量	系数	标准差	*Wald* 值	显著性水平	*Exp* (B)
常数项	－0.376	1.288	0.085	0.770	0.686
年龄 X_1	－0.032**	0.016	3.959	0.047	0.969
文化程度 X_2	－0.208	0.179	1.357	0.244	0.812
兼业收入 X_3	0.000	0.000	0.043	0.836	1.000

（续）

自变量	系数	标准差	*Wald* 值	显著性水平	*Exp* (*B*)
家庭人口 X_4	－0.014	0.090	0.024	0.878	0.986
农业机械拥有数量 X_5	0.383***	0.161	5.626	0.018	1.466
农业生产对家庭收入的重要程度 X_6	0.105	0.184	0.324	0.569	1.111
实际经营耕地面积 X_7	0.089***	0.018	23.632	0.000	1.093
租种耕地占耕地面积的比重 X_8	0.007*	0.004	2.849	0.091	1.007
对实际经营规模的满意度 X_9	－0.473***	0.118	16.003	0.000	0.623
对当前农业技术水平的满意度 X_{10}	－0.062	0.112	0.301	0.583	0.940
对农业支持政策的满意度 X_{11}	0.058	0.140	0.170	0.680	1.059
对水稻销售价格的满意度 X_{12}	0.292**	0.145	4.032	0.045	1.339
X^2			8.700		
－2 对数似然值			414.413		
样本量			440		

注：***、**、*分别表示在1%、5%和10%的水平上显著。

（1）年龄通过了水平为5%的显著性检验，且系数估计值为－0.032，表明年龄对水稻种植户规模经营意愿具有一定程度的影响，且两者呈负相关关系。该结果与研究假设一致。研究发现年老的农民在家庭中的角色多表现为“留守人员”，这类家庭主要收入来自青壮年在外务工收入，年老的农民从事农业生产目的在于满足日常生活需求，与此同时，年老的农民也缺乏足够的劳动能力来实施规模经营。因此年龄越大，水稻种植户规模经营意愿越弱。

（2）农业机械拥有数量通过了水平为1%的显著性检验，且系数估计值为0.383，表明农业机械拥有数量对水稻种植户规模经营意愿具有显著影响，且两者呈正相关关系。该结果与研究假设一致。研究发现农户购置农业机械的目的主要有两个，一是满足家庭农业生产需求；二是为他人有偿提供农机服务。农业机械拥有数量较多的农户实施规模经营的能力更强，相较于为他人提供有偿农机服务，这类农户更愿意实施规模经营。

（3）实际经营耕地面积通过了水平为1%的显著性检验，且系数估计值为0.089，表明实际经营耕地面积对水稻种植户规模经营意愿具有较显著的影响，且两者呈正相关关系。该结果与研究假设一致。研究发现实际经营耕地面积较大的水稻种植户具有一定规模经营经验，同时这类农户在规模经营中获得了比小规模经营更高的收益，为进一步增加收入，他们具有较强的规模经营意愿。

（4）租种耕地占耕地面积的比重通过了水平为10%的显著性检验，且系数估计值为0.007，表明租种耕地占耕地面积的比重对水稻种植户规模经营意愿具有一定程度的影响，且两者呈正相关关系。该结果与研究假设一致。研究发现对租种耕地占耕地面积的比重较大的水稻种植户而言，农业生产收益对其家庭收入具有重要作用，因而这类农户通过规模经营获得更多收益的意愿更强烈。

（5）对实际经营规模的满意度通过了水平为1%的显著性检验，且系数估计值为−0.473，表明对实际经营规模的满意度对水稻种植户规模经营意愿具有显著影响，且两者呈负相关关系。该结果与研究假设一致。研究表明对实际经营规模越满意，农户扩大经营规模的意愿越低，因而其实施经营规模的意愿也相对较低。

（6）对水稻销售价格的满意度通过了水平为5%的显著性检验，且系数估计值为0.292，表明对水稻销售价格的满意度对农户规模经营意愿具有显著影响，且两者呈正相关关系。该结果与研究假设一致。研究表明收益是农民从事农业生产的主要目的，务农收入越高，农民农业生产的积极性越高，而满意的农产品销售价格意味着农民能够从销售农产品中获得更高的收益，因而农民实施规模经营的意愿也将更加强烈。

此外，文化程度、兼业收入、家庭人口、农业生产对家庭收入的重要程度、对当前农业技术水平的满意度和对农业支持政策的满意度6个自变量没有通过显著性检验，表明这六个因素对水稻种植户规模经营意愿并无明显影响。其中，需要重点关注的是农业支持政策。近年来，为促进新型农业经营主体发展，国家出台了一系列鼓励农地流转和支持新型农业经济主体的政策。但根据调研情况看，耕地流转行为主要发生在农村“熟人社会”，被流转的耕地细碎化，流转方式随意性强，而只有少部分新型农业经营主体能够享受政府的支持，农业补贴政策仍是“撒胡椒面”式，促进农民规模经营的政策效应不足。因此，应该转变农业支持政策实施方式，加强对水稻种植户规模经营的引导与扶持。

三、水稻种植户规模经营意愿的提升路径

本章根据对440个水稻种植户的调研数据，构建了二元Logistic模型，分析了影响水稻种植户规模经营意愿的因素，在此基础上，提出以下提升水稻种植户规模经营意愿的路径。

第一，鼓励青壮年劳动力扩大经营规模。本章研究发现，年龄对水稻规模经营意愿有显著负向影响，实际经营耕地面积对水稻规模经营意愿有显著正向影响，因此，应鼓励青壮年劳动力扩大种植规模，实现经营的规模化。农业生产的规模化是未来农业发展的趋势，随着人口老龄化程度不断增加，从事水稻种植的农民愈来愈呈现老龄化趋势，未来农业发展必须依靠青年一代。年龄较大的农户能力有限，也比较安于现状，进行生产规模扩大的积极性不足。但是，对于青壮年农民而言，视野比较开阔，赚钱的欲望比较强烈，规模经济带来的效益对其有一定的吸引力，因此，需采取一些扶持措施，鼓励青壮年农户扩大规模，在规模经济中获得利润。

第二，开展农业机械服务，提升农业生产机械化水平。本章研究发现，农业机械拥有数量对水稻规模经营意愿有显著正向影响，因此，一方面，要鼓励农民使用农业机械，小型农机与大中型农业机械发展并重。现阶段大多数地区耕地比较细碎，小型农业机械因此而发展得比较迅速，但为促进农业长期发展，大型农业机械的推广也要不断推进。另一方面，要完善农业机械市场，加强农业机械质量监管。在实地调研过程中，有专业大户反映，有农机补贴的大中型农业机械品牌质量较差，几乎没有售后。因此，政府对于重点

扶持的农业机械，应该要严格把控农业机械质量，这样才能保证农民的种粮积极性，与此同时，现阶段农村的机械化服务一般靠专业大户自己摸索，但其技能水平有限，从而影响其农机服务质量，因此，需要培育专门的农机操作人才，使其掌握农业机械使用的技能，从而进一步提升服务质量。

第三，优化水稻销售方式，着力保障水稻销售价格。本章研究发现，农产品销售价格的满意度对水稻规模经营意愿有显著正向影响。具体来看，一方面，水稻销售中湿稻谷的销售价格要远低于干稻谷，因此，鼓励并扶持有条件的水稻种植户在现有政策允许的条件下，建设具有一定规模的仓储设施和晒谷场所，进而提高水稻销售价格。另一方面，鼓励水稻规模种植户发展大米加工，直接对接市场。既能够降低城乡居民购置大米的成本，也能够提高规模种植户的附加值，增加种植收益。

第四，规范耕地流转制度，积极引导适度规模经营。本章研究发现，实际经营耕地面积、租种耕地占耕地面积的比重对水稻规模经营意愿具有显著正向影响，这与第七章对水稻规模效率的影响作用和程度相一致。当前，随着土地确权登记颁证工作的稳步推进，在不改变耕地承包权的情况下，耕地经营权的流转将更加便利。因此，为推进农村耕地流转，应该完善农村耕地流转市场，以法律形式保障农民经营耕地的权利，确保农户对耕地的承包权和经营权，并为保证农村耕地流转顺利进行提供各项服务。

第五，转变农业支持政策实施方式，有效促进新型农业经营主体发展。文化程度、兼业收入、家庭人口、农业生产对家庭收入的重要程度、对当前农业技术水平的满意度和对农业支持政策的满意度 6 个因素对水稻种植户的规模经营意愿并无明显影响。对此，可采取措施增强这些因素对水稻种植户规模经营意愿的积极影响。其中需要重点关注的是农业支持政策。近年来，为促进新型农业经营主体发展，国家出台了一系列鼓励农地流转和支持新型农业经济主体的政策。但根据调研情况看，耕地流转行为主要发生在农村“熟人社会”，被流转的耕地细碎化，流转方式随意性强，而只有少部分新型农业经营主体能够享受政府的支持，农业补贴政策仍是“撒胡椒面”式，促进水稻种植户规模经营的政策效应不足。因此，应该转变农业支持政策实施方式，加强对水稻种植户规模经营的引导与扶持。

第五部分　结论与建议

第十三章　研究结论与对策建议

本书以水稻规模经营为研究对象，在明确选题缘由和理论框架的基础上，基于宏观视角分析了水稻生产整体环境与投入产出特征；基于微观调研剖析了水稻种植户的生产经营特征；在宏观微观相结合的基础上测算了产量最大化和收益最大化两种目标下水稻经营规模的适度区间，同时，运用 DEA 方法对两种目标下水稻种植户的经营规模效率进行了测算，并以此讨论了两种目标下水稻种植的最优规模；在此基础上构建 Tobit 模型研究了产量最大化和收益最大化两种目标下湖北省水稻经营规模效率的影响因素；并构建二元 Logistic 模型分析了农户规模经营意愿的影响因素。全书研究得出的主要结论以及对应的政策建议如下。

一、研究结论

（1）中稻和一季晚稻是长江中下游平原最主要的水稻种植类型。从宏观上看，长江中下游平原对不同水稻种植类型的比较优势存在着明显的省际差异，但湖北省能够兼顾长江中下游平原其余省份的生产特征，现阶段水稻生产净利润和成本利润率相对较高，但面临着农业劳动力数量减少且质量下降的困局。

长江中下游平原最主要的粮食作物是水稻，该地区水稻生产在全国占有重要地位，而中稻和一季晚稻是该地区最主要的水稻类型。当前，长江中下游平原水稻生产正处于稳定增长时期，但其产量周期性波动仍随时可能发生。与此同时，长江中下游平原各省水稻种植存在明显的差异，不同种植类型在不同省份之间显示出不同的比较优势，但湖北省能够兼顾长江中下游平原其余省份的相应生产特征，对长江中下游平原具有良好的代表性。对湖北省中稻的投入产出特征分析发现，1978年以来，农村劳动力向非农产业转移的趋势明显，农林牧渔业从业人员数量大幅度下降。同时，农林牧渔业从业人员还呈现出明显的老龄化趋势，男性农业劳动力减少，受教育程度普遍较低等问题。外出农村劳动力具有男性居多，青壮年为主，受教育程度相对较高的特点。现阶段水稻生产中面临着农业劳动力数量减少且质量下降的困局。同时，中稻净利润较高且具有明显的增长趋势，其成本利润率也相对较高。

（2）水稻种植劳动力质量相对较低，农业机械在水稻生产中的作用日益提升。农户经营耕地面积较小，耕地流转制度尚不健全。耕地制度是影响水稻规模种植户的关键因素，政府组织耕地流转有利于耕地规模化经营。

两轮微观调研资料表明，在水稻种植户的个体特征方面：青壮年劳动力严重偏少，中老年人是主要农业劳动力来源，水稻种植者的文化程度相对不高，从事兼业的水稻种植者较多，兼业收入是水稻种植者在农业收入之外重要的收入来源。在经营规模特征方面：农户的经营耕地面积较小，仅有少部分农户的经营耕地面积达到较大的规模，耕地流转行为多发生在“熟人社会”里，以小规模流转为主，流转过程中以口头约定为主，流转期限不确定的较多，耕地租金差别较大，耕地流转市场尚不健全，农民实行耕地规模经营面临的不确定性因素较多，但相比较来看，水稻规模种植户的耕地流转规模较大，流转过程中签订合同的形式也较为常见。在水稻生产特征方面：水稻生产的规模偏小，耕地细碎化较为严重，农业机械在水稻生产中发挥的作用越来越重要，节省劳动力的农业技术（如撒播技术）是水稻生产技术推广的重要内容，在销售前，对稻谷投入一定劳动作业（如晒谷或加工成大米）能够增加销售收入，企业资本介入农业影响了稻农利益。增加农产品附加值是提高经营收益的主要方式。新型农业经营主体的水稻生产经营收入明显高于普通水稻种植者，规模经营效益由多种因素综合决定，经营规模并非越大越好，而应遵循适度原则。政府组织耕地流转有利于耕地规模化经营，在一定程度上避免了寻租行为，能够保护集体资产，促进耕地有序流转，但是，耕地租金价格过高，严重挤占了承租者的利润空间，对粮农的种植积极性打击较大，租期过短，既增加了招标制度的运行成本，也极大地影响了规模耕作者的长期经营计划。

（3）产量最大化目标下，通过生产函数测算出水稻适度种植规模区间为120～160亩，收益最大化目标下，水稻适度种植规模区间为160亩以上（不超过580亩），两种目标下水稻适度种植规模并不能达成一致，但次优规模区间是一致的，即80～120亩，因此在兼顾保障粮食安全和促进农民增收双重目标下，水稻种植适度经营规模为80～120亩。产量最大化目标下，随着农户水稻种植规模的扩大，其单产水平显现出“下降—上升—下降”的变化趋势；不同水稻种植规模区间对水稻总产出的影响结果显示，以水稻种植规模区间在0～20亩为参照组，种植规模在50～80亩、80～120亩、120～160亩的农户的产出水平显著提高；对水稻种植规模在20～50亩、50～80亩、80～120亩、120～160亩、160亩以上区间的规模报酬系数进行比较分析发现，产量最大化目标下，水稻适度种植规模区间为120～160亩，其次是80～120亩。产量最大化目标下，劳动投入对水稻产出的影响显著且弹性为正，这说明目前水稻种植劳动力几乎不存在剩余现象，而土地和资本的产出弹性虽为正值，但却并未通过显著性检验，这说明现阶段样本地区土地和资本投入已趋于饱和，盲目扩大土地和资本投入是不可取的。收益最大化目标下，相对于小规模农户而言，扩大种植规模更有利于增加农户水稻种植的收入，这部分农户更加符合“理性经济人”的基本特征，其从事水稻种植的主要目标也由满足家庭日常生活需要而转变为追求整体利润的最大化。以0～20亩为参照项，水稻种植规模在50～80亩、80～120亩、160亩以上的农户，其水稻生产利润水平得到了显著提升；进一步计算比较发现，收益最大化目标下，水稻适度种植规模区间为160亩以上（不超过580亩），其次是80～120亩。比较产量最大化目标下和收益最大化目标下水稻适度种植规模区间，发现两种目标下水稻适度种植规模并不能达成一致，但是次优区间是一致的，即 80～120 亩，这表明，在兼顾保障粮食安全和促进农民增收双重目标下，水稻种植适度经营规模为 80～120 亩。

（4）产量最大化目标下，运用 DEA 方法测算出实现水稻经营规模效率最优的规模区间是 32～36 亩，收益最大化目标下，实现水稻经营规模效率最优的规模区间是 115～150 亩，两种目标下水稻经营规模效率达到一致的最优区间不存在，但次优范围区间是一致的，即 80～90 亩，因此，在产量最大化目标下水稻经营规模效率与和收益最大化目标下水稻经营规模效率均达到最优的前提下，水稻种植规模的适度范围为 80～90 亩，这一结果与运用生产函数测算的结果具有一致性。

基于产量最大化目标的水稻经营规模效率同基于收益最大化目标的水稻经营规模效率往往存在着较大差异。运用 DEA 分析产量最大化目标下水稻经营规模效率结果显示，在 0～3 亩、3～5 亩、5～7 亩、32～36 亩、40～44 亩、80～90 亩、150～270 亩以及 270～321 亩 8 个规模区间内的水稻生产经营效率最优；结合我国发展适度规模经营的政策导向，对 32～36 亩、40～44 亩、80～90 亩、150～270 亩以及 270～321 亩 5 个规模区间的水稻种植成本产粮率进行进一步比较发现，产量最大化目标下，实现水稻经营规模效率最优的规模区间是 32～36 亩，其次是 80～90 亩。运用 DEA 分析收益最大化目标下水稻经营规模效率结果显示，在一定程度上扩大水稻种植规模能够增加种植收益，但是当规模过大时，水稻生产的收益反而会下降。在 0～3 亩、80～90 亩以及 115～150 亩 3 个规模区间内的水稻生产经营效率最优。结合我国发展适度规模经营的政策导向，对 80～90 亩和 115～150 亩 2 个规模区间的水稻种植成本利润率进行进一步比较发现，收益最大化目标下，实现水稻经营规模效率最优的规模区间是 115～150 亩。两种目标下水稻经营规模效率最优区间并不能达到一致，但是次优范围区间是一致的，即 80～90 亩，在此区间内，两种目标下水稻种植的综合效率、纯技术效率和规模效率均为 1。这表明在产量最大化目标下水稻经营规模效率与和收益最大化目标下水稻经营规模效率均达到最优的前提下，水稻种植规模的适度范围 80～90 亩。

（5）产量最大化和收益最大化两种目标下水稻经营规模效率均具有一定程度影响的有：文化程度、租种耕地占耕地面积的比重、总的物质投入和水稻种植单块耕地的平均面积四个因素。收益最大化目标下水稻种植面积和平均销售价格对水稻经营规模效率具有较为显著的影响，因此水稻规模效率的提升路径有：构建农民教育培训体系、增强农民规模经营能力，促进耕地集中连片流转、积极引导适度规模经营，有效保障水稻销售价格、防范价格波动风险，合理配置水稻生产物质投入结构、促进农业生产服务发展，完善农业技术推广体系、培育新型农业经营主体。

构建 Tobit 模型对产量最大化和收益最大化两种目标下水稻经营规模效率的影响因素分析结果表明，对产量最大化和收益最大化两种目标下水稻经营规模效率均具有一定程度影响的因素有文化程度、租种耕地占耕地面积的比重、总的物质投入和水稻种植单块耕地的平均面积四个因素，因此通过构建农民教育培训体系、增强农民规模经营能力，促进耕地集中连片流转、积极引导适度规模经营，合理配置水稻生产物质投入结构、促进农业生产服务发展等方式能够有效提高水稻经营规模效率。水稻种植面积和平均销售价格两个自变量对收益最大化目标下水稻经营规模效率具有较为显著的影响，通过有效保障水稻销售价格、防范价格波动风险等途径能够有效提高水稻经营规模效率。是否为新型农业经营主体、是否获得技术指导和对当前农业技术水平的满意度等因素对产量最大化和收益最大化两种目标下水稻经营规模效率的影响均不显著，这主要是由于现阶段农业技术推广体系尚不健全、新型农业经营主体的带动作用尚未发挥所致，因此应该完善农业技术推广体系、培育新型农业经营主体，以促进水稻经营规模效率的提高。

（6）显著影响水稻规模经营意愿的因素有：年龄、农业机械拥有数量、实际经营耕地面积、租种耕地占耕地面积的比重、对实际经营规模的满意度、对农产品销售价格的满意度六个因素；对规模经营意愿影响不显著的因素包括：文化程度、兼业收入、家庭人口数量、农业生产对家庭收入的重要程度、对当前农业技术水平的满意度和对农业支持政策的满意度六个方面。因此，水稻规模经营意愿的提升路径有：鼓励青壮年劳动力扩大经营规模，开展农业机械服务、提升农业生产机械化水平，优化水稻销售方式、保障水稻销售价格，规范耕地流转制度、积极引导适度规模经营，转变农业支持政策实施方式、有效促进新型农业经营主体发展。

年龄、农业机械拥有数量、实际经营耕地面积、租种耕地占耕地面积的比重、对实际经营规模的满意度、对农产品销售价格的满意度六个因素对水稻规模经营意愿具有显著影响。这表明，青壮年水稻种植户、拥有农业机械数量更多的水稻种植户、实际经营耕地面积更大的水稻种植户、租种耕地占耕地面积的比重更大的水稻种植户、对实际经营规模不满意的水稻种植户以及对水稻销售价格满意的水稻种植户规模经营意愿明显比其他农户更强。因此，促进水稻种植户的规模经营，应该根据农户实际特点，重点支持上述六种水稻种植户扩大经营规模，具体可通过鼓励青壮年劳动力扩大经营规模，开展农业机械服务、提升农业生产机械化水平，优化水稻销售方式、着力保障水稻销售价格，规范耕地流转制度、积极引导适度规模经营等途径提升水稻规模经营意愿。文化程度、兼业收入、家庭人口数量、农业生产对家庭收入的重要程度、对当前农业技术水平的满意度和对农业支持政策的满意度六个因素对水稻种植户的规模经营意愿并无明显影响。对此，可采取措施增强这些因素对水稻种植户规模经营意愿的积极影响，其中需要重点关注的是农业支持政策。近年来，为促进新型农业经营主体发展，国家出台了一系列鼓励农地流转和支持新型农业经营主体发展的政策。但根据调研情况看，耕地流转行为主要发生在农村“熟人社会”，被流转的耕地细碎化，流转方式随意性强，而只有少部分新型农业经营主体能够享受政府的支持，农业补贴政策仍是“撒胡椒面”式，促进水稻种植户规模经营的政策效应不足。因此，应该转变农业支持政策实施方式，加强对水稻种植户规模经营的引导与扶持。

二、政策建议

基于以上结论，本研究认为提高水稻规模经营效率，应围绕水稻生产的产前、产中和产后三个环节，重点在耕地资源、劳动力要素、农业科技、水稻生产的社会化服务体系以及水稻销售五个方面做好政策保障工作。对此，本研究提出以下政策建议。

（一）加强农田基础设施建设，规范耕地资源流转制度

1. 加强农田基础设施建设，增强耕地粮食生产能力

农田基础设施建设主要包括耕地整理、水利灌溉系统、田间道路、供电设施等农业设施建设。本研究结论表明，加强农田基础设施建设，既是保障农业生产顺利进行的前提，也能为推动耕地规模化经营创造良好条件。完善农田基础设施建设，重点应做好三方面工作。第一，加强中低产田改造，推进测土施肥工程。加强中低产田改造，要做好中低产田改造前期规划工作。科学合理的规划工作是改造中低产田，建设高标准基本农田的重要保障。在规划里面应包含农田道路改造、排灌系统改造、土地平整改造、土壤培肥管理、农田防护系统改造等方面的内容。各地区要对农田分布、自然条件以及农田基础设施进行考察，并结合国家相关政策，因地制宜制定出适合各地高标准农田建设的规划，在此基础上有步骤有目标地完成改造工程，配合其他手段保证改造工程的顺利进行。第二，加强农田水利设施建设。①将沟渠疏通和排灌系统工程建设放在同等重要的位置。农田水利设施建设主要有两个方面的工作，一方面是老化的水利设施维护和疏通，另一方面是新建的农田基本水利设施，因此要将渠道疏通和排灌系统建设放在同等重要的地位。②要提高政府水利建设效率。农田水利设施建设工程浩大，是属于公共服务的范畴，因此该项工程的实施更多是依赖政府。政府作为农村农田水利建设的主体，如何激励政府发挥作用是当前解决农田水利设施建设的关键。应进一步完善政府官员的政绩考核体系，保障农

田水利设施建设顺利进行。通过完善政府官员的政绩考核体系，增加农田水利设施建设的财政支出经费比例，并严格监管经费使用，提高经费使用效率，尽量发挥经费的最大效果。第三，加快土地整理，为实施农业机械化打下良好的基础。农田改造的主要目的是为了农业机械进入田间地头，为机械化的实施提供可能性。调研中发现，很多地区土地细碎化和零散化严重，不利于农业机械高效运作。对此，可通过土地流转，实现大块耕地的集中经营，并进行土地整理，方便农业机械作业。

2. 规范耕地资源流转制度，促进耕地适度规模经营

随着土地确权登记颁证工作的稳步推进，在不改变耕地承包权的情况下，耕地经营权的流转将更加便利。因此，为推进农村耕地流转，应该完善农村耕地流转市场，以法律形式保障农民经营耕地的权利，确保农户对耕地的承包权和经营权，并为保证农村耕地流转顺利提供各项服务。为规范并进一步促进农村土地流转，可以从以下五个方面采取措施：第一，规范流转程序，明确土地出让方和土地承包方的权利和义务关系。结合国家土地流转政策，主要依据各地土地流转实际情况，有针对性地制定土地流转的地方性规章制度。流转双方应签订流转合同，明确规定双方的权利和义务，以法律的形式来保护流转双方的权益。第二，加强农地流转的监管，形成第三方监督，建立矛盾仲裁机构。在双方自愿流转耕地的前提下，由村委会或者村民组成的代表小组代表农地转出方的利益，集中进行农地流转，由乡一级政府对流转行为进行规范管理，保证双方的权利和义务，保证交易环境的公平性，并积极接受群众监督，预防寻租行为的发生，尽量减少农地流转过程中存在的一些矛盾。为解决土地流转过程中的矛盾，可以建立仲裁机构，并配合司法部门协调解决土地流转过程中的各种纠纷和矛盾。第三，土地流转期限延长，鼓励三年或五年以上的长期流转，避免“一年一签”（即每年都重新签订流转合同的行为），一年一签的流转行为，使得谈判和交易成本提高，也不利于承包农户做长期的农业生产规划，不利于农业的长期发展，因此鼓励延长流转期限，将有利于耕地经营者的长期投入，有利于农业的持续发展。第四，因地制宜制定耕地流转价格。土地流转价格过高，将会提高承包农户的农业生产成本，利润空间缩减，会提高农户承包土地的准入水平。因此，土地流转价格过高将会极大抑制大规模种植户的种植积极性。土地价格过低，会损害土地转让方的土地转让的积极性，这样可能会形成恶性竞争，不利于农村土地有序流转。应该协调好土地转入方和转出方的利益，寻找一个合适的流转价格。政府应给土地流入者留足合理的农业生产利润空间，制定价格上下浮动的合理区间，随着粮食价格的波动制定农地流转价格。第五，严格控制工商业资本在农地流转中的不合理行为。对于改变基本农田用途的行为要进行严格管理，如将种植水稻用地改为鱼塘或水产养殖基地等行为，或者是将农地进行硬化建厂房等非农行为。

（二）完善农业职业教育体系，培养新型职业农民队伍

1. 鼓励青壮年劳动力扩大经营规模，培养种粮骨干队伍

土地等外部客观条件是导致农民生产困难和农业收入增长的基础因素，但是劳动力素质更是农业发展不可忽视的关键性因素。2013 年中央 1 号文件提出要建立农业规模化经营体系，构建新型农业经营体系，其核心内容是农业规模化经营，是农业生产力提高的必然产物。鼓励有能力的农民扩大种植规模，实现经营的规模化。一方面，扶持从事农业生产的青壮年劳动力在力所能及的前提下扩大经营规模。农业生产的规模化是未来农业发展的趋势，随着人口老龄化程度不断增加，从事水稻种植的农民愈来愈呈现老龄化趋势，未来农业发展必须依靠青年一代。年龄较大的农户能力有限，也比较安于现状，进行生产规模扩大的积极性不足。但是，对于青壮年农民而言，视野比较开阔，赚钱的欲望比较强烈，规模经济带来的效益对其有一定的吸引力，因此需采取一些扶持措施，鼓励青壮年农户扩大规模，在规模经济中获得利润。另一方面，培养骨干种粮队伍，形成专业化生产。对种粮农户进行扶持，重点在农

业生产资金、技术等方面进行扶持，使其具备专业化生产的各项技能，保证农业生产的顺利进行，并且要重点发挥骨干种粮队伍的带头作用，带动周围小农户的种粮积极性，并保证农业生产的顺利进行。

2. 构建农业职业教育体系，增强农民规模经营能力

在我国大力发展现代农业，全面实施乡村振兴战略的背景下，培育新型职业农民的重要性是不言而喻的。目前，华中农业大学、长江大学等高等院校对新型职业农民培训工作已做了初步尝试，并取得了一定成效，但其作为一项长期性和具有挑战性的工作，仍需要各方力量协同推进。现阶段，农民教育培训缺乏法律条文的规范、经费不足等问题日益显露，因此，结合本书研究结论，促进农民的职业培训，提高其职业发展能力，可以从以下四个方面来开展工作。第一，完善职业农民培养的相关法律法规，使职业农民培养制度化，为促进农业发展提供职业型人才。要不断明确职业农民的含义以及职业培训对象的选拔。确定选拔流程和条件，并对选拔对象的潜在职业发展能力进行测量，选择最合适的人作为职业农民培训的重点对象。第二，完善经费投入，做好基础培训工作。中央和地方政府要对职业农民培训经费的使用做出明确的规定，重点明确经费的投入数量、投入用途并加强资金的监管，防治腐败行为的发生。在教育培训方面，要对职业培训的教学设施建设和师资的选择进行细致的考核和安排，保证农民能够更快更好地吸收培训的知识，发挥培训的效果。第三，有针对性地扶持，为其进行规模化生产提供条件。参加职业培训的农民存在的资金、技术不足困境，主要从土地流转、资金扶持等方面进行有针对性的扶持。第四，建立两个体系，全方面进行考核和交流。一方面，要对各级政府的人、财、物投入状况进行评估和监督，对培训活动的效果进行评估和改进，建立绩效考核体系。另一方面，建立农业技术教育培训体系，构建农业专家、种田能手和普通农民的沟通交流平台，共享农业技术信息，并对培训过程中遇到的困难和经验进行分享，提高整个队伍的素质。

（三）优化水稻科技研究体系，切实执行藏粮于技战略

1. 加强水稻科技研究，因地制宜发展水稻急需种植技术

科学技术是第一生产力，提高水稻经营规模效率需充分发挥农业科技的作用。重点应从以下两个方面进行提高和改进。第一，加强农业技术研究，提高农业技术的可转化率。在农业技术研究中，要坚持实用性和可操作性。从节省用工角度出发，现阶段人工成本较高，种植技术应重点研究节省劳动力的技术和有利于机械作业的技术，对于地块零碎的地区，应该有针对性地研发一些可以进入田间的小型机械，使得农民种田能够依靠科学技术节约成本，提高产量。从节约种植环节角度出发，应该加强节省种植环节和成本节约方面的技术研发。传统种植水稻过程中，从育苗到栽种需要经历：育种—培育秧苗—插秧移栽等作业流程，但随着直播稻的推广，现在的水稻种植能够省去“培育秧苗”和“插秧移栽”的环节，省去了大量的人工作业，且随着技术的进步，直播稻在正常年份的产量也能不低于插秧稻。但是，直播稻生长初期容易受温度、水分以及病虫害等外界环境影响，遇到特殊年份容易减产。因此，需要加强直播稻稻种的研究推广。第二，从环境保护角度出发，应该加强环境友好型技术的研发，随着现阶段抛秧技术的不断推广，节省了前期的移栽成本，但却造成了新的环境污染。由于抛秧盘价值低，并且没有回收利用的价值，因此抛秧后留下的塑料抛秧盘绝大多数农户都是随意丢弃，有的则会被焚烧。无论哪种处理方式，对环境的污染都比较大，因此需要研发新的技术，来弥补现有抛秧盘的劣势，降低环境污染。现阶段农业技术的研发应该注重对环境的保护，应坚决贯彻可持续发展原则。

2. 完善农业技术推广体系，推动农业技术推广方式多元化

首先，充分发挥各地农技推广站的作用，服务粮农。目前，散布在乡村各地的农资销售点已经成为农业技术推广的重要力量。参照国内外经验，需要对现有农技推广体系进行定位建设，充分考虑农业发展的大环境和区域农业发展的特点，完善相关法律法规，发

挥专业大户、合作社以及农业企业等新型农业经营主体在农技推广中的作用，调动各个主体的力量，鼓励科研院所、高校、合作社、村集体以及专业大户等开展多样化的农技推广服务，形成各种社会力量广泛参与、分工明确的多元化农技推广体系。此外，应有计划、有组织地加强对农业技术推广体系中的主体进行全方位的培训，利用好这些“毛细血管”，打通农技服务的“最后一公里”，解决种粮大户农业生产中的农业技术问题。其次，促进农业技术推广方式创新。现有的农业技术推广主要以发放资料、发送手机短信、组织培训等推广方式为主，对于信息化推广方式的应用还比较少，应该鼓励各个地方的农技站，积极利用信息化推广方式，如物联网技术的使用，加强病虫害灾害预警、精准灌溉和精准施肥等农业信息技术的推广，使得规模种植户可以利用先进的技术提高自己的种植水平。

（四）培育多元化服务主体，保障农民生产服务需求

1. 促进农业生产性服务发展，培育多元化服务主体

农业生产性服务产业是现代农业发展的重要支撑，生产性服务作为一种要素投入，有利于促进农业分工，促进农业生产的产业化和市场化，提高农产品的竞争力，增加农民收入。农业生产性服务业主要指为农产品的生产者提供的与生产活动相关且涵盖农业生产全过程的生产性支撑服务，主要包括：产前的服务，例如种子、农药以及化肥等农资供应服务；产中的服务，例如灌溉、病虫害防治、保险等服务；产后的服务，例如农产品收获、保鲜储运、加工包装、销售等服务；以及贯穿整个生产过程的资金服务。为发挥农业生产性服务的作用，可以从以下三个方面进行完善。首先，构建多元化的农业生产性服务供给体系，以满足农民不断增长的服务需求。农业生产性服务种类繁多，需求较大。在构建多元化服务体系的进程中，一方面要积极促进农业科研机构等非营利性服务组织发挥作用，提供一些公益性服务，比如技术指导等。另一方面，鼓励专业大户、生产服务专业队和合作社等服务组织提供服务。这部分

主体能更好地理解农户的需求，并且容易取得农户的信任，有利于开展服务指导。其次，利用各种信息宣传媒介，加强生产性服务信息的宣传，加快农户对各种农业生产性服务的认知，帮助农民了解生产性服务，帮助其做出理性选择。随着农业技术的发展，农业信息化手段不断丰富，农业技术推广相关部门应该加强农业生产性服务知识的宣传，帮助农民转变传统观点，提高其对农业生产性服务的认知水平，帮助他们选取质量可靠的种子、农药化肥等，以保障农业生产的顺利进行。最后，对农业生产性服务质量进行监控和引导，提高服务质量。在实地调研过程中有农户反映，农药化肥的质量差，效果不好。因此，农业部门和工商部门要严格控制农业生产资料的价格和质量。农民作为弱势群体，投诉渠道狭窄，这就需要加强农业生产资料的管理，并对农药化肥的价格和质量进行严格的把控，以此保持农资价格的稳定，进而维护农业生产资料市场的稳定，保证卖到农民手中的生产资料是可靠的产品。

2. 积极开展农业机械服务，提升农业机械化水平

农业机械化作为农业现代化发展的核心，在整个农业经济发展过程中起着很重要的作用。农业机械化有利于农业新技术的发展，促进劳动生产效率的提高，替换落后的生产经营方式，从而使得农业发展得到整体提升。为促进农业发展，提高水稻种植规模经营的效率，农业机械化势在必行。一方面，要鼓励农民使用农业机械，小型农机与大中型农业机械发展并重。现阶段大多数地区耕地比较细碎，小型农业机械因此发展比较迅速，但为促进农业长期发展，大型农业机械的推广也要不断推进。另一方面，要完善农业机械市场，加强农业机械质量监管。在实地调研过程中，有专业大户反映，有农机补贴的大中型农业机械品牌质量较差，几乎没有售后。因此，政府对于重点扶持的农业机械，应该严格把控农业机械质量，才能保证农民的种粮积极性。此外，要有力发挥农业机械补贴的作用，规范农机补贴政策的落实，保证政策发挥最大效果。与此同时，现阶段农村的机械化服务一般靠专业大户自己摸索，但其技能水平有限，从而影响其农机服务质量，因此需要培育专门的农机操作人才，使其掌握农业机械使用的技能，从而进一步提升服务质量。

（五）稳定水稻市场销售价格，优化水稻销售方式

1. 构建水稻市场价格稳定机制，防范水稻销售价格大涨大跌

粮食价格波动会影响农民的种粮积极性。如何稳定粮食价格，对于农业发展具有重要的意义。首先，增强粮食的抗冲击能力，减少其脆弱性。增强农产品的抗击力，有利于产品更好地适应季节或者其他外在风险的冲击。例如，在选择水稻品种时，要考虑气候变化带来的灾害因素，选择抗倒伏性的品种，将有利于减少灾害损失，但在进行选择时要权衡好农产品的抗击力和产量增加的取舍问题。其次，为减少价格波动对农户水稻种植的影响，需要出台一些辅助性政策。粮食最低收购价格给水稻粮食价格引导了不断上涨的预期，导致农地流转中土地流转定价过高，影响粮农的种粮积极性，因此应该辅助以土地流转规范政策，稳定土地流转价格，避免过高的价格预期导致农地流转市场的农地租金上涨，影响专业大户的生产成本。同时，也要预防过低的水稻价格影响粮农种植积极性，因此配合良种补贴、农业机械补贴等其他措施，降低农业生产成本，稳定农民种植水稻的利润空间，稳定其生产的积极性。此外，积极推广农产品风险管理手段。对于大规模种植户，可以采取购买粮食期权等应对风险的措施，这些措施对降低粮价波动的风险具有重要作用。

2. 扶持农户建设现代化粮食仓储设施，鼓励农户储备粮食

现在的规模种植户大多将稻谷存储在自己家里面，由于缺乏晒谷的场所以及简易的存储方式，使其不便于长期保存。在水稻销售中，湿稻谷的销售价格远低于干稻谷的价格，同时由于农民晒谷场所的缺乏，或因农田距离较远而导致运输不便，使得稻谷质量不高，这样会降低产品的市场竞争力，使得农民在水稻销售市场中一直是价格的接受者，即使收购价格与国家粮食收购价格相差甚远，农民也不得不售卖。因此，为改变农户售卖稻谷的被动局面，政府

相关部门应该在现有政策允许的条件下，对达到一定规模的农户进行扶持，鼓励有条件的稻农建设一定规模的仓储设施和晒谷的场所，这不仅可以提高产品质量，也有利于农户选择合适的时期和价格进行销售，以此提高产品的市场竞争力，从而提高农业生产的利润。另一方面，农户能够对稻谷进行储藏，也能缓解国家临时仓储的压力。

3. 推动稻米加工业发展，提高稻谷产品附加值

随着市场经济的不断发展以及农村劳动力的非农转移，绝大多数水稻种植户将稻谷直接出售，这使得水稻销售利润空间狭窄。为提高农户的利润空间，可以对稻谷进行加工，从而增加产品的附加值。具体而言，一方面，种植规模较大的农户可以发展稻米加工业，不仅可以解决自己对大米的需求，还可以解决当地农户对大米的需求。因此，鼓励规模种植户发展大米加工，直接对接市场。既能够降低城乡居民购置大米的成本，也能够提高规模种植户的附加值，增加种植收益，从而实现双赢。另一方面，积极鼓励稻米加工企业发展与稻米相关食品的加工和生产，并构建自己的特色品牌，发挥品牌效应，打开销售网，解决销售难的问题。此外，在发展稻米加工业时应该注意严格监控产品质量，产品质量要经过严格的质量检测，必须符合国家的各项检测标准，同时积极做好产品质量溯源工作，以此保证消费者的权益，从而有利于进一步打开销售市场。

三、研究展望

本书在前人研究的基础上对水稻规模经营效率及其影响因素进行了分析，并以规模经营意愿为切入点对其提升路径进行了初步探索，后续的研究可在以下方面继续深入。

第一，继续做好水稻种植户的后续追踪调研。通过开展农户调研积累更丰富的微观农户生产经营资料。在调研中注意对固定资产折旧、管理费用等农业生产的间接费用的统计整理。在此基础上，结合历年的调查数据，形成水稻种植户生产经营的面板数据，并据此分析水稻种植户经营规模效率在时间序列维度的变化。

第二，土地政策会通过作用于农户的生产经营行为影响规模经营效率。对此，应加强土地确权与三权分置等政策对土地流转的影响、对水稻种植户的生产行为的影响、对水稻经营规模效率的作用路径等方面的研究，通过分析上述土地政策对水稻种植户经营规模效率的作用路径与影响机理，探索普通水稻种植户向处于适度规模经营效率状态的规模种植户转型的关键环节与主要障碍。

参考文献

保罗·萨缪尔森，威廉·诺德豪斯，2004. 经济学［M］. 北京：人民邮电出版社.

蔡昉，2008. 刘易斯转折点后的农业发展政策选择［J］. 中国农村经济（8）：4-15，33.

蔡昉，2007. 破解农村剩余劳动力之谜［J］. 中国人口科学（2）：2-7，95.

蔡基宏，2005. 关于农地规模与兼业程度对土地产出率影响争议的一个解答——基于农户模型的讨论［J］. 数量经济技术经济研究（3）：28-37.

曹瑞芬，张安录，2014. 基于耕地资源综合水平的区域耕地保护补偿分区研究——以湖北省为例［J］. 农业技术经济（12）：15-24.

曾福生，唐浩，等，2010. 农村土地适度规模经营主体及实现形式研究［J］. 农村经济（12）：21-24.

陈百明，2002. 未来中国的农业资源综合生产能力与食物保障［J］. 地理研究，21（3）：294-304.

陈池波，韩占兵，2013. 农村空心化、农民荒与职业农民培育［J］. 中国地质大学学报（社会科学版），13（1）：74-80.

陈海磊，史清华，等，2014. 农户土地流转是有效率的吗？——以山西为例［J］. 中国农村经济（7）：61-71.

陈洁，罗丹，2010. 我国种粮大户的发展：自身行为、政策扶持与市场边界［J］. 改革（12）：5-29.

陈庆根，廖西元，孙越华，2000. 水稻生产投入与产出经济效益比较分析［J］. 农业技术经济（5）：32-36.

陈锡文，2013. 鼓励和支持家庭农场发展［J］. 上海农村经济（10）：4-7.

陈欣欣，史清华，蒋伟峰，2000. 不同经营规模农地效益的比较及其演变趋势分析［J］. 农业经济问题（12）：6-9.

陈秧分，刘彦随，翟荣新，2009. 基于农户调查的东部沿海地区农地规模经营意愿及其影响因素分析［J］. 资源科学，31（7）：1102-1108.

褚保金，游小建，1998. 种植业土地规模经济问题的探讨［J］. 农业技术经济（2）：17－23.

方福平，王磊，廖西元，2006. 中国早稻生产波动及成因分析［J］. 中国农村经济（2）：11－17.

高帆，2009. 我国粮食生产的波动性及增长趋势——基于 H－P 滤波法的实证研究［J］. 经济学家（5）：57－58.

高帆，2006. 中国农业弱质性的依据、内涵和改变途径［J］. 云南社会科学（3）：49－53.

高雷，王凤忠，2012. 水稻种植户生产性资金投入行为及其影响因素——以黑龙江佳木斯地区为例［J］. 华中农业大学学报（社会科学版）（1）：21－25.

高雪萍，檀竹平，2015. 基于 DEA－Tobit 模型粮食主产区家庭农场经营效率及其影响因素分析［J］. 农林经济管理学报，14（6）：577－584.

郭庆海，2014. 土地适度规模经营尺度：效率抑或收入［J］. 农业经济问题（7）：4－10.

国家计委宏观经济研究院课题组，2002. 保障粮食安全与提高农民收入关系研究［J］. 经济研究参考（92）：2－48.

韩纪江，孔祥智，2001. 城镇化进程对农村经济的负面效应浅议［J］. 农业经济问题（7）：26－30.

贺雪峰，2011. 论农地经营的规模——以安徽繁昌调研为基础的讨论［J］. 南京农业大学学报（社会科学版）（2）：6－14.

侯亚南，倪锦丽，郭庆海，2007. 吉林省松辽平原农户土地适度规模经营预测分析［J］. 吉林农业大学学报，29（6）：710－714.

胡初枝，黄贤金，2007. 农户土地经营规模对农业生产绩效的影响分析——基于江苏省铜山县的分析［J］. 农业技术经济（6）：81－84.

胡浩，张锋，2009. 中国农户耕地资源利用及效率变化的研究［J］. 中国人口·资源与环境（6）：131－136.

黄新建，姜睿清，付传明，2013. 以家庭农场为主体的土地适度规模经营研究［J］. 求实（6）：94－96.

黄宗智，1992. 长江三角洲小农家庭与乡村发展［M］. 北京：中华书局.

黄祖辉，陈欣欣，1998. 农户粮田规模经营效率：实证分析与若干结论［J］. 农业经济问题（11）：2－7.

黄祖辉，王建英，陈志钢，2014. 非农就业、土地流转与土地细碎化对稻农技术效率的影响［J］. 中国农村经济（11）：4－16.

黄祖辉，俞宁，2010. 新型农业经营主体：现状、约束与发展思路——以浙江省为例的分析 [J]. 中国农村经济（10）：16－26，56.

纪志耿，2013. 中国粮食安全问题反思——农村劳动力老龄化与粮食持续增产的悖论 [J]. 厦门大学学报（哲学社会科学版）（2）：38－46.

贾贵浩，2014. 城镇化进程中粮食安全问题及对策 [J]. 宏观经济管理（8）：61－63.

江松颖，刘颖，王嫚嫚，2016. 我国谷物全要素生产率的动态演进及区域差异研究 [J]. 农业技术经济（6）：13－20.

姜长云，2014. 创新政策解决"谁来种地"问题 [J]. 中国发展观察（1）：8－9.

蒋和平，2013. 适度规模经营是农业现代化的重要途径 [N]. 农民日报，2013－01－01.

金涛，陆建飞，2011. 江苏粮食生产地域分化的耕地因素分解 [J]. 经济地理，31（11）：1886－1890.

金涛，陶凯俐，2013. 江苏省粮食生产时空变化的耕地利用因素分解 [J]. 资源科学，35（4）：758－763.

金涛，2014. 中国粮食生产时空变化及其耕地利用效应 [J]. 自然资源学报，29（6）：911－919.

匡远配，2010. 农村劳动力流动影响粮食安全的新解释 [J]. 人口与经济（5）：1－7.

郎秀云，2013. 家庭农场：国际经验与启示 [J]. 毛泽东邓小平理论研究（10）：36－91.

雷海章，2003. 现代农业经济学 [M]. 北京：中国农业出版社.

李谷成，冯中朝，范丽霞，2007. 农户家庭经营技术效率与全要素生产率增长分解——基于随机前沿生产函数与来自湖北省农户的微观证据 [J]. 数量经济技术经济研究（8）：25－34.

李谷成，冯中朝，范丽霞，2010. 小农户真的更加具有效率吗？——来自湖北省的经验证据 [J]. 经济学（季刊），9（1）：95－124.

李实，1999. 中国农村劳动力流动与收入增长和分配 [J]. 中国社会科学（2）：16－33.

李文明，罗丹，陈洁，等，2015. 农业适度规模经营：规模效益、产出水平与生产成本——基于 1552 个水稻种植户的调查数据 [J]. 中国农村经济（3）：4－17.

李寅秋，陈超，2011. 细碎化、规模效应与稻农投入产出效率 [J]. 华南农业大学学报（社会科学版），10（3）：72－78.
梁流涛，曲福田，冯淑怡，2013. 经济发展与农业面源污染：分解模型与实证研究［J］. 长江流域资源与环境，22（10）：1369－1374.
廖洪乐，2005. 中国南方稻作区农户水稻生产函数估计［J］. 中国农村经济（6）：11－18.
林善浪，2005. 农户土地规模经营的意愿和行为特征——基于福建省和江西省224个农户问卷调查的分析［J］. 福建师范大学学报（哲学社会科学版），132（3）：15－20.
林燕，丁冷，2006. 中国粮食产量波动分析［J］. 吉林农业大学学报，28（3）：346－350.
林毅夫，2004. 自生能力、经济发展与转型：理论与实证［M］. 北京：北京大学出版社.
凌莎，2014. 农户规模经营意愿及其影响因素——基于全国26个省区的抽样问卷调查的思考［J］. 农村经济（4）：96－100.
刘凤芹，2006. 农业土地规模经营的条件与效果研究：以东北农村为例［J］. 管理世界（9）：71－79，171－172.
刘维佳，邱立春，2009. 基于DEA模型的家庭农场规模经营评价与分析［J］. 农机化研究（12）：49－51.
刘玉，高秉博，潘瑜春，等，2014. 基于LMDI模型的中国粮食产量变化及作物构成分解研究［J］. 自然资源学报，29（10）：1709－1720.
刘玉铭，刘伟，2007. 对农业生产规模效益的检验——以黑龙江省数据为例［J］. 经济经纬（2）：110－113.
卢荣善，2007. 经济学视角：日本农业现代化经验及其对中国的适用性研究［J］. 农业经济问题（2）：95－100.
罗必良，2013. 产权强度、土地流转与农民权益保护［M］. 北京：经济科学出版社.
罗必良，2000. 农地经营规模的效率决定［J］. 中国农村观察（5）：18－24.
罗必良，2014. 农业经营制度的理论轨迹及其方向创新：川省个案［J］. 改革（2）：96－112.
罗丹，李文明，陈洁，2017. 粮食生产经营的适度规模：产出与效益二维视角［J］. 管理世界（1）：78－88.
罗静，2010. 提高农民种粮经济收益是确保国家粮食安全的关键［J］. 南京农业大学学报（社会科学版）（2）：1－6.

罗艳，王青，2012. 基于小农户制现状探索家庭农场制及其规模［J］. 湖北农业科学（6）：1281-1284.

罗伊·普罗斯特曼，蒂姆·汉斯达德，李平，1996. 中国农业的规模经营：政策适当吗?［J］. 中国农村观察（6）：17-29.

吕新业，2003. 我国粮食安全现状及未来发展战略［J］. 农业经济问题（11）：43-47.

毛晓丹，冯中朝，2014. 基于聚类分析的农业循环经济分区模式选择研究——以湖北省为例［J］. 农业现代化研究，35（4）：403-409.

梅建明，2003. 二元经济结构转换与农业劳动力转移［J］. 上海经济研究（6）：8-14.

聂英，2015. 中国粮食安全的耕地贡献分析［J］. 经济学家（1）：83-93.

农业部农村经济研究中心课题组，1996. 农村劳动力外出就业对农业影响的实证研究［J］. 中国农村经济（8）：12-18.

潘文博，方福平，2008. 我国东北地区粳稻生产波动测定分析［J］. 农业现代化研究，29（3）：343-346.

庞英，李树超，周蕾，等，2008. 中国粮食生产资源配置效率及其区域差异——基于动态 Malmquist 指数的经验［J］. 经济地理（1）：113-117，162.

齐城，2008. 农村劳动力转移与土地适度规模经营实证分析——以河南信阳市为例［J］. 农业经济问题（4）：40-43.

钱贵霞，李宁辉，2004. 粮食主产区农户最优生产经营规模分析［J］. 统计研究（10）：40-43.

钱克明，彭廷军，2014. 我国农户粮食生产适度规模的经济学分析［J］. 农业经济问题（3）：4-7.

钱文荣，张忠明，2007. 农民土地意愿经营规模影响因素实证研究——基于长江中下游区域的调查分析［J］. 农业经济问题（5）：28-34.

秦立建，张妮妮，蒋中一，2011. 土地细碎化、劳动力转移与中国农户粮食生产——基于安徽省的调查［J］. 农业技术经济（11）：16-23.

曲福田，朱新华，2008. 不同粮食分区耕地占用动态与区域差异分析［J］. 中国土地科学，22（3）：34-40.

任治君，1995. 中国农业规模经营的制约［J］. 经济研究（6）：54-58.

瑞定杰，康赛优，2000. 对菲律宾土地改革的再思考［M］. 北京：中国经济出版社：100-103.

邵晓梅，2004. 鲁西北地区农户家庭农地规模经营行为分析［J］. 中国人口·

资源与环境，14（6）：120－125.

申云，刘志坚，2012. 农户水稻规模种植决策行为的影响因素分析——基于江西省 3 县 306 户的调查数据［J］. 湖南农业大学学报（社会科学版），13（3）：8－13.

盛来运，2007. 中国农村劳动力外出的影响因素分析［J］. 中国农村观察（3）2－15.

宋洪远，赵海，2014. 新型农业经营主体的概念特征和制度创新［J］. 新金融评论（3）：122－139.

宋伟，陈百明，陈曦炜，2007. 东南沿海经济发达区域农户粮食生产函数研究——以江苏省常熟市为例［J］. 资源科学，29（6）：206－210.

速水佑次郎，弗农・拉坦，2000. 农业发展的国际分析［M］. 北京：中国社会科学出版社.

谭淑豪，Nico Heerink，曲福田，2006. 土地细碎化对中国东南部水稻小农户技术效率的影响［J］. 中国农业科学（12）：2467－2473.

谭淑豪，曲福田，Nico Heerink，2003. 土地细碎化的成因及其影响因素分析［J］. 中国农村观察（6）：24－30.

田传浩，陈宏辉，贾生华，2005. 农地市场对耕地零碎化的影响——理论与来自苏浙鲁的经验［J］. 经济学（季刊）（3）：699－784.

万广华，程恩江，1996. 规模经济、土地细碎化与我国的粮食生产［J］. 中国农村观察（3）：31－36.

王济川，郭志刚，2001. Logistic 回归模型—方法与应用［M］. 北京：高等教育出版社.

王建军，陈培勇，陈风波，2012. 不同土地规模农户经营行为及其经济效益的比较研究——以长江流域稻农调查数据为例［J］. 调研世界（5）：34－37.

王嫚嫚，刘颖，陈实，2017. 规模报酬、产出利润与生产成本视角下的农业适度规模经营［J］. 农业技术经济（4）：83－94.

王嫚嫚，刘颖，高奇正，等，2017. 湖北省水稻种植模式结构和比较优势时空变化［J］. 经济地理，37（8）：134－144.

王全忠，周宏，朱晓莉，2013. 规模扩大能否带来要素投入节约？——以江苏农户水稻为例［J］. 科技和产业，13（11）：41－46，84.

王为农，2011. 保障粮食安全与提高农民收入的思路［J］. 宏观经济管理（12）：18－21.

王玺. 农户技术效率差异及影响因素实证分析——基于随机前沿生产函数与

果农微观数据 [J]. 经济问题，2011 (6)：72 - 77.

王小鲁，樊纲，2004. 中国地区差距的变动趋势和影响因素 [J]. 经济研究 (1)：33 - 44.

王兴稳，钟甫宁，2008. 土地细碎化与农用地流转市场 [J]. 中国农村观察 (4)：29 - 34，80.

王秀清，苏旭霞，2002. 农用地细碎化对农业生产的影响——以山东省莱西市为例 [J]. 农业技术经济 (2)：2 - 7.

王迎春，张婧，王艳丽，等，2013. 我国"农民断层"问题的现状及其原因 [J]. 中国农业资源与区划，34 (6)：187 - 191.

王跃梅，姚先国，周明海，2013. 农村劳动力外流、区域差异与粮食生产 [J]. 管理世界 (11)：67 - 76.

王征兵，2011. 机会成本下的水稻合理种植规模研究——以江西省抚州市临川区何岭村为例 [J]. 农村经济 (3)：9 - 11.

王志刚，申红芳，廖西元，2011. 农业规模经营：从生产环节外包开始——以水稻为例 [J]. 中国农村经济 (9)：4 - 12.

魏丹，王雅鹏，2011. 粮食主产省粮食生产要素配置效率评价 [J]. 统计与决策 (2)：60 - 63.

吴胜军，洪松，任宪友，等，2007. 湖北省土地利用综合分区研究 [J]. 华中师范大学学报（自然科学版），41 (1)：138 - 142.

伍崇利，2011. 论农业适度规模经营之模式选择 [J]. 特区经济 (3)：184 - 186.

西奥多·W·舒尔茨，2006. 改造传统农业 [M]. 北京：商务印书馆.

西蒙·库兹涅茨，1985. 各国的经济增长 [M]. 北京：商务印书馆.

夏益国，宫春生，2015. 粮食安全视阈下农业适度规模经营与新型职业农民——耦合机制、国际经验与启示 [J]. 农业经济问题 (5)：56 - 63.

夏永祥，2002. 农业效率与土地经营规模 [J]. 农业经济问题 (7)：43 - 47.

效赛丽，朱秀英，邓蒙芝，等，2014. 基于 HP 滤波法的河南省粮食产量波动分析 [J]. 河南农业大学学报，48 (6)：785 - 789.

辛良杰，李秀彬，朱会义，等，2009. 农户土地规模与生产率的关系及其解释的印证——以吉林省为例 [J]. 地理研究，28 (5)：1276 - 1284.

徐国泉，刘则渊，姜照华，2006. 中国碳排放的因素分解模型及实证分析：1995—2004 [J]. 中国人口·资源与环境，16 (6)：158 - 161.

徐莉，2010. 我国农地抛荒的经济学分析 [J]. 经济问题探索 (8)：60 - 64.

许庆，尹荣梁，章辉，2011. 规模经济、规模报酬与农业适度规模经营——基于我国粮食生产的实证研究 [J]. 经济研究 (3)：59-71，94.
薛龙，刘旗，2012. 基于 DEA-Tobit 模型的河南省粮食生产效率分析 [J]. 河南农业大学学报，46 (6)：700-704.
亚当·斯密，2002. 国民财富的性质和原因的研究 [M]. 北京：商务印书馆.
杨倩倩，陈英，金生霞，等，2012. 河西走廊中部山丹县农地规模经营意愿及其影响因素研究 [J]. 干旱区地理，35 (6)：1004-1011.
叶乐安，吴永兴，茅国芳，2007. 沪郊水稻生产的数量经济分析 [J]. 华东师范大学学报（自然科学版）(2)：30-35.
叶乐安，吴永兴，茅国芳，2008. 粮食直补后水稻生产经济效益评价——来自上海市郊 1887 个水稻监测点的动态分析 [J]. 农业经济问题 (7)：38-45.
郧文聚，2015. 我国耕地资源开发利用的问题与整治对策 [J]. 中国科学院院刊，30 (4)：484-491.
翟荣新，刘彦随，梁昊光，2009. 东部沿海地区农业结构变动特征及区域差异分析 [J]. 人文地理 (1)：72-76.
张光辉，1996. 农业规模经营与提高单产并行不悖——与任治君同志商榷 [J]. 经济研究 (1)：55-58.
张宏永，刘伟平，2011. 烟农种植规模及意愿的实证分析——基于福建烟区 644 户烟农的调查数据 [J]. 西南农业大学学报（社会科学版）(11)：50-53.
张建杰，张改清，关付新，2014. 农地规模调适下农户营粮行为及效率研究——基于对中部主产区 1861 个农户的问卷调查 [J]. 西北农林科技大学学报（社会科学版）(1)：56-63.
张乐，曹静，2013. 中国农业全要素生产率增长：配置效率变化的引入——基于随机前沿生产函数法的实证分析 [J]. 中国农村经济 (3)：4-15.
张利国，陈苏，2014. 基于耕地利用效用的粮食生产时空变化分析——以江西省为例 [J]. 江西财经大学学报 (1)：10-17.
张茜，屈鑫涛，魏晨，2014. 粮食安全背景下的家庭农场“非粮化”研究——以河南省舞钢市 21 个家庭农场为个案 [J]. 东南学术 (3)：94-100，247.
张侠，葛向东，彭补拙，2002. 土地经营适度规模的初步研究 [J]. 经济地理，22 (3)：351-355.
张兴华，熊菊喜，2014. 我国农业劳动力供求状况与粮食安全 [J]. 改革与战略 (8)：61-63.
张越杰，霍灵光，王军，2007. 中国东北地区水稻生产效率的实证分析——

以吉林省水稻生产为例［J］. 中国农村经济（5）：24－32.
张忠根，黄祖辉，1997. 规模经营：提高农业比较效益的重要途径［J］. 农业技术经济（5）：4－6.
张忠根，史清华，2001. 农地生产率变化及不同规模农户农地生产率比较研究——浙江省农村固定观察点农户农地经营状况分析［J］. 中国农村经济（1）：67－73.
张忠明，钱文荣，2010. 农户土地经营规模与粮食生产效率关系实证研究［J］. 中国土地科学，24（8）：52－58.
郑风田，2013. 发展家庭农场要因时因地制宜［J］. 农村经营管理（5）：28.
郑少锋，1998. 土地规模经营适度的研究［J］. 农业经济问题（11）：8－11.
中国农业科学院食物发展研究课题组，1991. 再论人均400公斤粮食必不可少［J］. 科技进步与对策，8（4）：31－32.
钟甫宁，纪月清，2009. 土地产权、非农就业机会与农户农业生产投资［J］. 经济研究（12）：43－51.
周波，万洁，朱述斌，等，2008. 种粮大户粮食生产效益的非价格影响因子分析——对江西省种粮大户的调查［J］. 中国农业资源与区划（4）：31－34.
周清明，2013. 发展和规范家庭农场制度［J］. 新湘评论（7）：11－14.
周应恒，严斌剑，2014. 发展农业适度规模经营既要积极又要稳妥［J］. 农村经营管理（11）：16－17.
周祝平，2008. 中国农村人口空心化及其挑战［J］. 人口研究（2）：45－52.
朱启臻，2013. 家庭农场的特点、优势及成长环境［J］. 中国乡村发现（4）：38－40.
朱喜，史清华，等，2011. 要素配置扭曲与农业全要素生产率［J］. 经济研究（5）：86－98.
朱颖，2012. 规模经营、专业合作社与粮食供给机制的现实因应［J］. 改革（1）：41－49.
Amartya Sen，1962. An Aspect of Indian Agriculture［J］. Economic Weekly，14（4－6）：243－246.
Amartya Sen，1966. Peasants and Dualism with or Without Surplus Labor［J］. Journal of Political Economy，74（5）425－450.
Ana R Rios，Gerald E Shively，2005. Farm Size and Nonparametric Efficiency Measurements for Coffee Farms in Vietnam［J］. Selected Paper Prepared for Presentation at the American Agricultural Economics Association Annual

Meeting，Providence，Rhode Island（7）：24－27.

B W Ang，F Q Zhang，Ki－Hong Choi，1998. Factorizing Changes in Energy and Environmental Indicators Through Decomposition [J]. Energy，23（6）：489－495.

Bagi F，Huang C，1983. Estimating Production Technical Efficiency for Individual Farms in Tennessee [J]. Canadian Journal of Agricultural Economics（31）：249－256.

Banker R D，Morey R，1986. The use of envelopment analysis [J]. Management Science，categorical variables in data，32（12）：1613－1626.

Berry R A，Cline W R，1979. Agrarian Structure and Productivity in Developing Countries [M]. Baltimore：John Hopkins University Press：232－240.

Bhalla S S，Roy P，1988. Mis－specification in Farm Productivity Analysis：The Role of Land Quality [J]. Oxford Economic Papeis，40（1）.

Carter M R，1984. Identification of the Inverse Relationship between Farm Size and Productivity：An Empirical Analysis of Peasant Agricultural Production [J]. Oxford Economic Papers，36（1）：131－145.

Chang Hoon Lee，Ui Gum Kang，Ki Do Park，at al，2008. Long－Term Fertilization Effects on Rice Productivity and Nutrient Efficiency in Korean Paddy [J]. Journal of Plant Nutrition，31：1496－1506

Charlotte Goodburn，2009. Learning from Migrant Education：A Case Study of the Schooling of Rural Migrants Children in Beijing [J]. International Journal of Educational Development（5）：495－504.

Charnes A，Cooper W W Rhodes，1978. Measuring Efficiency of Decision Making Units [J]. European Journal of Operational Research（2）：429－444.

Coelli T J，1998. A multi－stage methodology for the solution of orientated DEA models [J]. Operations Research Letters，23（3）：143－149.

Deolalikar A B，1981. The Inverse Relationship Between Productivity and Farm Size：A Test Using Regional Data from Lndia [J]. American Journal of Agricultural Economics，63（2）：275－279.

Fishbein M，Ajzen I，2010. Predicting and Changing Behavior：The Reasoned Action Approach [M]. New York：Psychology Press.

Hall B F，LeVeen E P，1978. Farm Size and Economic Efficiency：The Cage of California American [J]. Journal of Agicultural Economics（11）：589－600.

Hazarika J, Alwang J, 2003. Access to credit, plot size and cost inefficiency among smallholder tobacco cultivators in Malawi [J]. Agricultural Economics (29): 99－109.

Heltberg Rasmus, 1998. Rural Market Imperfections and the Farm Size－productivity Relationship: Evidence from Pakistan [J]. World Development, 26 (10): 1807－1826.

Hoque A, 1988. Farm Size and Economic－Allocative Efficiency in Bangladesh Agriculture [J]. Applied Economics (10): 1353－1368.

James M Mac Donald, Penni Korb, Robert A, 2013. Farm Size and the Organization of U. S. Crop Farming [J]. Hoppe, 2013 (8): 1－8.

Johnson D G, 2000. "Can Agricultural Labour Adjustment Occur Primarily through Creation of Rural Non－farm Jobs in China?" [J]. Urban Studies, 39: 2163－2174.

Kawasaki K, 2010. The Costs and Benefits of Land Fragmentation of Rice Farms in Japan and Australia [J]. Journal of Agricultural and Resource Economics, 54 (4): 509－526.

Mancinelli Susanna, Mazzanti Massimiliano, Piva Nora, et al, 2010. Education, Reputation or Network? Evidence on Migrant Worker Employability [J]. Journal of Socio－Economics, 2010 (1): 64－71.

Newell A, Pandya K, Symons J, 1997. Farm Size and the Intensity of Land Use in Gujarat [J]. Oxford Economic Papers, 49 (2): 307－315.

Nguyen, Tin, Cheng Engjiang, et al, 1996. Land Fragmentation and Farm Productivity in China in the 1990s [J]. China Economic Review (2): 169－180.

Reardon T, Kelly V, Crawford E, et al, 1996. Determinants of Farm Productivity in Africa: A Synthesis of Four Case Studies [J]. MSU International Development Paper (22): 194－207.

Richard T Yao, Gerald E Shively, 2007. Technical Change and Productive Efficiency: Irrigated Rice in the Philippines Asian [J]. Economic Journal, 21 (2): 155－168.

Robert J Hodrick, Edward C Prescott, Postwar, 1997. U. S. business cycles: an empirical investigation [J]. Journal of Money, Credit and Banking, 29 (1): 1－16.

Sherlund S M, Barrett C B, Adesina A A, 2002. Smallholder technical efficiency controlling for environmental production conditions [J]. Journal of Development Economics, 69: 85-101.

Steven M, Helfand, Levine E S, 2004. Farm Size and the Determinants of Productivity Efficiency in the Brazilian Center-West [J]. Agricultural Economics (31): 241-249.

Tan S, Heerink N, Kruseman G, et al, 2008. Do Fragmented Landholdings Have Higher Production Costs? Evidence From Rice Farmers in Northeastern Jiangxi Province, P. R. China [J]. China Economic Review (3): 347-358.

Tolga Tlpi, Mural Yildiz, Mehmet Nargelefeken ler, et al, 2009. Measuring the Technical efficiency and Determinants of Efficiency of Rrice (Oryza sativa) Farms in Marmara Region, Turkey [J]. New Zealand Journal of Crop and Horticultural Science, 37: 121-129.

Wadud M A, White B, 2000. Farm household's efficiency in Bangladesh: a comparison of stochastic frontier and DEA methods [J]. Applied Economics (32): 1665-1673.

Wan G, Cheng E, 2001. Effect of land fragmentation and returns to scale in the chinese farming sector [J]. Applied Economics, 33 (2): 83-194.

Xiaosong Xu, Scott R Jeffrey, 1995. Efficiency and Technical Progress in Traditional and Modern Agriculture: Evidence from Rice Production in China [J]. Rural Economy (2).

Zhu Qizhen, Yang Huiquan, 2011. Who Are Engaging in Agriculture? Investigations and Recognition to the Agricultural Labor Force [J]. China Agricultural University Journal of Social Sciences Edition (1): 162-169.